# Hilde Spiel

# Welche Welt
# ist meine Welt?

Erinnerungen
1946 – 1989

List Verlag
München · Leipzig

Umschlagentwurf: Bernd und Christel Kaselow, München
Nach einem Photo von Christine de Grancy

ISBN 3-471-78633-3

© 1990 Paul List Verlag
in der Südwest Verlag GmbH & Co KG München
Alle Rechte vorbehalten · Printed in Austria
Satz: Fotosatz Leingärtner, Nabburg
Druck und Bindung: Wiener Verlag, Himberg bei Wien

# Inhalt

Denn kraftlos und schwach ist das Königreich einer einzigen Sprache und Sitte.

HL. STEPHAN, KÖNIG
VON UNGARN
1000-1038

Nos desirs vont s'interférant, et dans la confusion de l'existence il est rare qu'un bonheur vienne justement se poser sur le désir qui l'avait réclamé.

MARCEL PROUST

# I.

# Ut mine Satrapentid

Wer mag nicht seine Jugend mit all den Schwankungen des Gemütes schildern, die ihm im Gedächtnis geblieben sind? Doch wenn das äußere Geschehen sich häuft, bleiben die Gefühle auf der Strecke. Dann scheint verlorengegangen zu sein, was in einer frühen Schule der Empfindsamkeit ausgebildet worden ist – die geschärfte Wahrnehmung, die Bereitschaft, zarteste Schwingungen jener Membrane zu verzeichnen, die uns vor den heftigen Eindrücken der Umwelt schützt, aber selbst von ihnen berührt wird.

Mit wahrer Hast habe ich in einem ersten Band von Erinnerungen den Ablauf unseres Lebens seit Kriegsbeginn berichtet, jedoch nicht verraten, wie sehr seine Düsternis mich und meinen Mann im Inneren betroffen hat. Die Wahrheit ist, daß wir uns Seelenregungen versagen mußten. Angesichts der Ungeheuerlichkeit, die schon das alltägliche Morden aus der Luft und die latente Gefahr einer Invasion der Deutschen für uns darstellten, lange bevor der Abgrund menschlicher Teufelei, die »Endlösung«, an den Tag getreten war, panzerten wir uns bis zur Stumpfheit, fast bis zur Betäubung unserer Sinne, wenn nicht bis zur Lethargie.

Der Gleichmut, mit dem die Engländer all die Schicksalsschläge hinnahmen, machte uns dieses Verhalten leicht. In Neapel, selbst in Wien wären wir von der hemmungslosen Angst und Verzweiflung wohl mitgerissen worden. Stoizismus, ja Phlegma in sich aufzubringen, lernte man im pausenlos und gnadenlos der Zerstörung ausgesetzten

London jener Zeit. Hinzu kamen die eigenen Prüfungen, Krankheit, Operation, Verlust eines Kindes, Elend der Eltern, des Vaters Tod. Vor langem hatte ich einen Film gesehen, in dem der große Schauspieler Raimu einen Zirkusdirektor mimte. Als dessen Tochter vom Trapez gestürzt war, raffte er sich aus seinem Kummer auf und murmelte: »La tenue!« Diese Ermahnung zur Würde hatte ich mir in weniger bedrängter Lage oft selbst erteilt. Nun sagte ich sie mir alltäglich vor.

Auch nach dem Ende des langen Winters, als die Türen und Fenster aufsprangen und wir hinausdrängten in die befriedete Wirklichkeit, lieferten wir uns den Emotionen noch nicht rückhaltlos aus. Einmal brach ich zusammen bei meiner ersten Rückkehr nach Wien, am Heiligenstädter Pfarrplatz, ich hatte es vorausgeahnt. Doch die ambivalente Lage, in der ich mich unter den Besatzern meiner einstigen Heimat befand, das Schwanken zwischen Zuversicht und Zweifel, ob wir nun wahrhaft im englischen Raum Wurzeln geschlagen hatten und von den neuen Landsleuten vorbehaltlos aufgenommen wurden, war zu aufreibend, um auch noch heftig gefühlt zu werden. So drang denn alles wie durch einen Schleier zu uns. Und wenn wir uns auch dauernd der Gegenwart stellten, wenn wir uns ihren Absurditäten, ihren Genüssen und Entbehrungen, ihrer ständigen Herausforderung nicht verschlossen, scheuten wir vor dem Blick in die Zukunft so sehr zurück wie vor dem in die Vergangenheit.

Im Dienst der westlichen Alliierten ist Peter, mein Mann, seit Kriegsende in Deutschland tätig gewesen. Nun bin ich ihm, im zweiten Herbst danach, gleich anderen Familien des Personals der britischen Armee und Zivilbehörden, mit Sohn und Tochter gefolgt. Eine Wohnsiedlung im Grunewald, im Stil funktioneller Moderne 1930 erbaut, ringsum eine große rechteckige Fläche, deren ursprünglicher Baumbestand so gut wie erhalten geblieben ist: das soll unser Aufenthalt sein bis Ende August 1948. Karlsbader

Straße 13a. Auf zwei Etagen liegen die Schlaf- und Kinderzimmer, die Musik- und Empfangsräume, die Stuben für das Personal: ein Herrschaftsdomizil, in dem wir fast zwei Jahre lang – von Hans Flesch-Brunningen später spöttisch, frei nach Fritz Reuter, unsere »Satrapentid« genannt – die Existenz höherer Kolonialbeamter führen werden. Den Engländern war diese Lebensform aus Jahrhunderten imperialer Verwaltung vertraut. Uns ist sie neu. Und, würden wir uns nicht einigermaßen dagegen wappnen, in ihrer Distanz zu den herzzerreißenden Sorgen und Plagen der eingeborenen Berliner immer wieder Anlaß, wenn nicht zu Schuldgefühlen, so doch zu ratloser Betroffenheit.

Den Anfang hat der expressionistische Alptraum dieser Überfahrt auf wildbewegtem Meer gemacht. Ein vollbesetztes Schiff, auf dem sich außer den Seeleuten nur Frauen, Kinder und Armeehelferinnen in der dunkelgrünen WAAF-Uniform befinden, eine schwankende Ladung, zumeist auf schrägstehendem Boden und mit schiefen Perspektiven, von erwachsenen Stoßseufzern und kindlichem Wehgeschrei, durcheinanderpurzelnden Kleinen und seekranken Müttern. Auch die kleine Tochter weinte bitterlich, weil sie, eben sieben Jahre alt, zu dem eingefriedeten Spielplatz auf dem Zwischendeck, in dessen Baby-Gewühl der zweijährige Bruder verschwunden war, nicht zugelassen wurde. In Cuxhaven merkte ich, daß der Bub hoch fieberte. Im Zug nach Berlin schien er apathisch, sah immer blasser, immer durchscheinender aus. Am Tag nach der Ankunft holten wir den Militärarzt. Doch die britische Armee am Rhein war für die schwere Magen- und Darmgrippe eines winzigen Wesens nicht gerüstet. Peter, mit den amerikanischen Kollegen aus dem Vorjahr immer noch gut befreundet, rief auf deren Rat die GesundheitsStadträtin von Zehlendorf zu Hilfe. Dr. Käthe Hussels, eine großartige Frau, erschien alsbald mit einem so ehrwürdigen wie zerknitterten alten Männchen, das sich als die Kapazität der Charité für Kinderheilkunde entpuppte.

9

Ohne Medikamente, nur mit Quark und Weißkäse, machte dieser Arzt im Verlauf einer Woche das am Verlöschen scheinende Kind gesund.

Ich gehe in jenen ersten Tagen in den Straßen des Villenvororts umher, die schon winterlich schneebestäubt sind im späten November, atme die reine scharfe Luft dieser Stadt, belebend, aber wildfremd für jemand, der das warmfeuchte, nebelverhangene Klima Englands gewöhnt war, und empfinde Furcht, ja, tiefe Furcht, bei dem Anblick der Tannen und Fichten in allen Gärten. Es war ein anderes Gefühl gewesen, am Arlberg die riesigen Nadelwälder wiederzusehen, die mich an die Skiwanderungen meiner Jugend erinnerten, als hier, im gezähmten Wohnbereich, diese stacheligen Ungetüme wie Wächter rund um alle Häuser vorzufinden. Welchem Engländer fiele es auch ein, seine Gärten mit Nadelbäumen zu bepflanzen statt blühender Sträucher, vielfarbiger Hecken, Rosenbüschen und, wenn das Ausmaß groß genug ist, schützender Kastanien und lieblicher Weiden, gebeugt über einen kleinen Teich. Abweisend und zugleich angriffslustig, ja »trutzig« wirken auf mich diese Bäume, und besonders widerwärtig sind mir die Silbertannen und Silberfichten, in denen mir, völlig irrational, der ganze germanische Hochmut, unter dem wir so gelitten haben, verkörpert scheint.

Was vor uns liegt, ist der »Hungerwinter«, die »Winterschlacht«, wie sie später genannt wird, des Jahres 1946. Die Kalorien der Berliner Einwohner sacken unter die Tausend ab. Ausgemergelte Figuren, abgezehrte Gesichter, wohin man blickt, und nur der Umstand, daß wir in Peters kleinem Dienstwagen von einem Ort zum anderen fahren, erspart uns die unablässige Konfrontation mit ihrer Not. Nicht, daß es den britischen Besatzern so viel besser ginge. Wir befinden uns oberhalb der Hungergrenze, aber jede Art von hochwertiger Nahrung muß, ganz wie bei den wohlhabenderen Deutschen, auf dem Schwarzmarkt beschafft werden, und zu üppigen Einkäufen reichen unsere

Mittel keineswegs. Wäre Peter nicht inzwischen dem Rang eines Oberstleutnants gleichgestellt worden, dann sähe es noch schlimmer um uns aus. Wir leben von den Zuweisungen der NAAFI, mit britischem Besatzungsgeld, den BAAFS bezahlt, von Eipulver, Kartoffelpulver, Haferflocken, Fischkonserven, gelegentlichem Fleisch. Den Amerikanern geht es besser, wie man bald erkennt, wenn man bei ihnen eingeladen ist. Doch selbst die eintönige und wenig nahrhafte Kost, die den Haushalten der westlichen Alliierten zubemessen ist, reicht aus, um eine Stelle in ihnen höchst begehrenswert zu machen. Unser Personal, bestehend aus Köchin, Stubenmädchen, Chauffeur und dem Ehegatten der Köchin als zusätzlicher Hilfskraft, führt eine eigene, fast behagliche Existenz in seinem Teil der Wohnung, ganz wie es in den englischen Herrenhäusern üblich ist und Jahrzehnte später in dem Fernsehfilm »Upstairs downstairs« (»Das Haus am Eaton Place«) so liebevoll wie sozialkritisch dargestellt wird.

Frau Kuhn ist eine füllige, hessische Bürgersfrau, der es – ganz wie irgendeiner Wiener Kürschners- oder Kaufmannsgattin im englischen Exil – nicht an der Wiege gesungen wurde, daß sie einst bei »Herrschaften« häusliche Dienste verrichten muß. Sehr bald bewährt sie sich nicht nur in der Küche, sondern erweist sich als umsichtige Wirtschafterin. Sie schreibt dem übrigen Personal seine Tätigkeiten vor, hält das Stubenmädchen Hedwig, ein einfaches, gutmütiges Geschöpf, verheiratet mit dem zur Zeit kriegsgefangenen Landser Brodkorb, zu dauernden Reinigungs- und Servierarbeiten an, schickt ihren eigenen behäbigen Ehemann mit dem kleinen Buben zum Gesundheitsspaziergang an den Grunewaldsee und setzt dem Fahrer Gruehn eine gute Suppe vor, wann immer er ausgefroren von einer langen Wartezeit vor einem Militärgebäude zurückkommt. Herr Gruehn ist der Berliner schlechthin, den ich sogleich, wie diese ganze geschundene, auf weite Strecken in sich zusammengesunkene Stadt, lieben lerne: klein, schmächtig, knochig, ein wenig verwachsen, trocken, wortkarg, aber wenn er spricht, von absoluter Treffsicherheit. Er bringt mich zum »British Families' Shop«, wartet geduldig auf mich, während ich drinnen nach Londoner Muster mit den anderen »B.A.O.R.wives« manchmal stundenlang Schlange stehen muß, um unsere täglichen Lebensmittel zu ergattern, und schleppt dann mit mir die Kartons in den Volkswagen, auf den er unendlich stolz ist und in dem er mir nebenbei Fahrstunden gibt. Dauernd scheint er seinem Glück zu danken, daß er nicht nur bei Alliierten gelandet ist, sondern bei solchen, die nicht, wie mancher kleine britische Offizier oder Kontrollbeamte, mit ihren Untergebenen umgehen, als wäre man in Poona und nicht in Berlin.

Allesamt sitzen unsere Hausgehilfen zu Weihnachten inmitten der Winterschlacht vor gefüllten Schüsseln. Daß sie zu den arbeitsamsten Menschen gehören, die mir je begegnet sind, hat mit dem guten Einvernehmen zwischen uns nicht unbedingt etwas zu tun. Von deutscher Pflichterfüllung, ja blinder Hingabe an den einmal erhaltenen Auftrag kann man sich täglich überzeugen. Im Heinz-Ullstein/ Helmut-Kindler-Verlag sehe ich einmal, wartend in dem schwer beschädigten, notdürftig reparierten Vorraum, eine Putzfrau die wenigen heilgebliebenen Holzrahmen der durch Pappe ersetzten Türfüllung andächtig schrubben. Als rieselte daneben nicht dauernd Mörtel aus der bloßgelegten Ziegelwand, bringt sie das bißchen unversehrte, nur noch Spuren des vormaligen weißen Lackanstrichs tragende Holz auf Hochglanz – ein oft erinnerter Vorgang, der mich den Wiederaufbau Deutschlands während der kommenden Jahre keineswegs als ein Wunder erblicken läßt.

Auch Frau Sibylle im Frisiersalon am Roseneck bewegt unaufhörlich ihre zarten Finger und ihre geläufige Gurgel. Die pfiffige blonde Person, die bald zu einer Vertrauten wird, denn ich suche sie mehrmals die Woche auf, hat zwanzig Monate zuvor noch die Haarpracht hoher Frauen, vor allem die von Frau Ley, getönt, geflochten und toupiert. Sie weiß so manches Geheimnis der führenden Schicht unter Hitler, etwa, daß die meisten der Herren im »Dritten Reich« ihre ursprünglichen Ehefrauen abgehalftert und sich jüngere und hübschere zugelegt haben. Zum ersten Mercedes wünscht sich der kleinbürgerliche Parvenu eben auch eine entsprechende Gattin, mit der mehr Staat als mit der bisherigen zu machen ist.

Die Kontinuität der Lebensführung ist kein vereinzeltes Phänomen. So nehmen die Damen der alliierten Besatzung scheinbar übergangslos, ohne merkliche Erschütterung der damit befaßten Handlanger, die Annehmlichkeiten der zugleich mit ihren hingerichteten oder inhaftierten Männern in der Versenkung verschwundenen »hohen Frauen« der nationalsozialistischen Elite nun für sich in Anspruch – dieselben Friseusen, Maniküren, Pediküren, Modeschneider, Pelzhändler, Diener und Dienerinnen. Aber auch im Theater agieren, manchmal schon seit den Weimarer Tagen und unbeirrt durch die zwölf Nazijahre, dieselben Schauspieler vor einem durchaus veränderten Publikum, das sie jedoch – für sie maßgeblich – mit gleicher Wärme bejubelt. Was mir als Mittelschülerin Otto Schneider, Besucher aus der faszinierenden Hauptstadt der ersten deutschen Republik, so verlockend ausgemalt hat: hier liegt es nun, in Restbeständen, aber durchaus noch erkennbar, vor meinen Augen.

Wie in Herrn Gruehns kleine Figur verliebe ich mich in das Urbild der jungen, flotten Berlinerin – schlank, behend, oft kunstvoll lispelnd, häufig gefärbten Haares in Schattierungen von dämonischem Kupfer bis zu erotischem Tomatenrot, ohne Malice, aber um eine schnippische Antwort nie verlegen. Das reicht von meiner Sibylle über Schönheiten von der Bühne wie Nina Raven bis zu den blitzgescheiten jungen Frauen, zumeist mit dem französisch lizenzierten *Kurier* und dessen Kulturchef Carl

Linfert verbunden, die hier zu den besten Journalistinnen des westlichen Deutschland heranwachsen: Christa Rotzoll, Kyra Stromberg, Karena Niehoff, Sabina Lietzmann, Barbara Klie. Auch diesen Prototyp muß es immer gegeben haben, neben den redlichen Berliner Muttchen, und beide kann ich mir schwer als Parteigänger des scheußlichen Regimes vorstellen. Wenn in Wien zu dieser Zeit noch so manche Hausmeisterin oder Verkäuferin die Anlage zu raschem Gesinnungswechsel verrät, sind solche Visagen hierorts nicht anzutreffen. Fichten oder Tannen in den Vorgärten mögen mir Angst einflößen: aus den Gesichtern der meisten Menschen spricht ein Charakter, zu dem ich Vertrauen haben kann.

Eine der ersten deutschen Wohnungen, die ich betrete, ist die von »Miss Gerda«, der Hüterin unserer kleinen Tochter in Cambridge, nun mit Peters Hilfe so rasch wie möglich aus England heimgekehrt. Ihr Verlobter hat acht Jahre lang treu und brav auf das Fräulein Gerda Stettiner gewartet, das seine Heimat verlassen mußte, obwohl es sich von den anderen Berlinerinnen durch nichts unterschied. Die endlich getrauten Brautleute leben bescheiden, aber umgeben von Büchern und Schellackplatten in einem späten Glück. Von Herrn Löffler erhalte ich zum Geschenk zwei Bände der *Wiener Lieder und Tänze* in der Ausgabe von Eduard Kremser, diese geliebte, urgemütlich illustrierte Sammlung von alten Noten und Texten – ein vom Geber ungeahnter Ersatz für unsere eigenen Exemplare, die mit dem »Lift« der Eltern verlorengegangen sind. Seine Frau drängt mir, gleichfalls zum Dank für die rasche Wiedervereinigung, eine kleine, dunkel funkelnde Granatbrosche auf: die einzige Sammlerpassion in mir erweckend, der in Berlin nachzugeben ich mich danach nicht enthalten kann.

Die zweite berlinische Familie, in die wir Eingang finden, ist die der Stadträtin Dr. Hussels, Retterin unseres kranken Buben. Eine unversehrte Zehlendorfer Villa, gepflegte Interieurs. Das musikalische Ärztepaar hat zwei schöne und ebenso musikbegabte Töchter. Ein Hauskonzert ist angesagt. Wir finden eine große, kultivierte Gesellschaft vor, ehrfürchtig im Kreis um ein Streichquartett versammelt, dessen erste Geige die begabte Tochter Helga ist. Es wird, wie denn anders, Beethoven gespielt. Während des dritten Satzes öffnet sich die Tür: der Bürgermeister von Zehlendorf tritt ein. Das Konzert wird augenblicklich abgebrochen, die Gäste erheben sich, der Bürgermeister schreitet an etwa zwanzig Herren und Damen vorbei und schüttelt ihnen die Hände. Auch uns. Dann nimmt er feierlich Platz, und die Streicher spielen weiter. Ein Zeremoniell, das uns den Atem verschlagen hat.

»Gute Deutsche«, fraglos. Und wie weit sind wir von ihnen entfernt! Aber fühlen wir uns eher am Platz beim Umtrunk, der reihum an Sonntagvormittagen von den britischen Mitbewohnern der Karlsbaderstraße veranstaltet wird? Es ist das Ritual der englischen Pubs, in London und auf dem Lande, in denen zu den üblichen Öffnungszeiten, mit Vorliebe aber nach einem reichlichen Sonntagsfrühstück, vielleicht auch Kirchgang, ab zwölf Uhr mittags ein vergnügtes Besäufnis vor sich geht, von dem man um halb drei nach Hause zurückkehrt zu einem zweiten ausführlichen Mahl. Ja, gewiß, auch hier gehören wir dazu, nur in beiden Fällen nicht ganz, nicht mit Leib und Seele. Im übrigen sind neben den Militärs und Kontrollbeamten auch Auslandskorrespondenten in der Siedlung untergebracht. Und so erscheint eines Tages John Peet, den ich aus dem Wiener Salmschlößl kenne, und zieht ins gegenüberliegende Haus. Der lange, schlenkrige Mensch, liebenswert exzentrisch, ein Abenteurer in der alten Tradition der spleenigen »Milords«, hat in einer seiner frühen Phasen als Mitglied der Palestine Police ein Israelimädchen zur Frau genommen. Im Nachkriegs-Wien für die Nachrichtenagentur Reuter tätig, ist auch er der Anziehung hübscher adeliger Damen erlegen und hat sich mit der Komtesse

Christl Gudenus vermählt, die ein kleines Töchterchen in die Ehe eingebracht hat. Bis zu seinem nächsten, noch überraschenderen Rösselsprung wird John einer der zuverlässigsten Freunde in diesem kunterbunten Getümmel sein, das sich aus den sonderbaren sozialen Verflechtungen während der Vier-Mächte-Verwaltung Berlins ergeben hat und bis zu deren Auseinanderfall im März 1948 besteht.

Eine Vorahnung, wie vielfältig und dynamisch unsere Existenz in den nächsten Jahren verlaufen wird, war mir bei meinem kurzen Aufenthalt im September 1946 vergönnt. Fast unmittelbar nachdem die Koffer ausgepackt sind und der kleine Bub außer Lebensgefahr ist, setzt nun mein Leben sich in Trab. Unzählige Freunde, Vorgesetzte und Mitarbeiter Peters aus seiner ersten, amerikanischen Arbeitsperiode in dieser Stadt wie aus seiner jetzigen in britischem Dienst strömen ins Haus oder laden uns zu sich ein und versammeln sich überdies fast täglich in einem der Clubs, die von den Besatzern requiriert sind. Zu den Kollegen von der U.S. Information Services Control gehört Mike Josselson, ein ruhiger, herzlicher, etwas melancholischer Mann, gebürtiger Russe, der seit Jahren in den Staaten eingebürgert und nun für die kulturellen Verbindungen mit den Deutschen zuständig ist. Ihm, dem passionierten Musikliebhaber, ist es sogleich gelungen, den Verbleib der Berliner Philharmoniker im amerikanischen Sektor der Stadt zu sichern. Nicht ohne Schwierigkeiten: Brigadegeneral McClure und Generalmajor Bishop sollen über der Frage, wem das Orchester nun wirklich zufallen soll, in Streit geraten sein. Schließlich, so heißt es, sagte McClure zu Bishop: »Say, Alec, why should you and I quarrel over a German band?« Und der Brite, mit entwaffnetem Lächeln, gab augenblicklich nach.

Die Briten sind, obgleich nicht alle aus dem uns vertrautesten südlichen England stammend, ein homogener Haufen, geeint durch die Armee. Michael Balfour, Direktor der Information Services, ist Historiker, ein Angehöriger

*Mit Robert Birley und General Brian Robertson (Berlin 1947)*

jener sozialen und intellektuellen Elite, die mir immer, bis
heute, trotz ihres häufig herablassenden Hochmuts, als ge-
lungenste Ausformung des zivilisierten Europäers erschienen ist. Von ihm rührt die Lizenz des *Spiegel.* Doch wir
haben weit mehr mit seinem Assistenten, dem Major Nick
Huysman, zu tun. Er stammt aus Südafrika, trägt aber die
Uniform der Royal Welsh Fusiliers, von deren Kappe ein
langes schwarzes Band herabhängt. Dies, aber auch der
»Kilt« von Steel McRitchie, dem Kontrolloffizier der *Welt,*
oder eines anderen Schotten, »The McClaren of McClaren«,
nötigt einmal dem russischen Oberst Koltypin ein
Kopfschütteln ab und den halb unterdrückten Ausruf »Lächerlich!«. Koltypin seine eigenen, mit viel lächerlicheren
Ordensbrüsten herumlaufenden Stabsoffiziere zum Vergleich vorzuhalten, haben wir uns gleichwohl erspart.

Peter, der im vergangenen Mai die Zeitung *Telegraf* neu

*Mit dem Ehepaar Götz und Edwin Redslob*

lizensiert und zu täglichem Erscheinen gebracht hat, ist innerhalb der PRISC (der Public Relations and Information
Services Control) weiter für sie verantwortlich. Die deutschen Presseleute und Lizenzträger, mit denen er zuerst bei
den Amerikanern, dann bei den Briten zu tun hatte, zählen
jetzt zu unserem häufigen Umgang. Die Herausgeber des
*Tagesspiegel*, von denen er mir in seinen ersten Briefen aus
Berlin berichtet hat, Walther Karsch, Erik Reger und der
eindrucksvolle Professor Redslob, durch familiäre Beziehungen und jahrzehntelange Werkstudien mit Goethe verknüpft, sind ebenso oft in der Karlsbaderstraße zu Gast
wie der massige Arno Scholz, erster Gründer des *Telegraf*,
ein grader deutscher Michel im besten Sinn, der sich, obschon Journalist von Beruf und Neigung, nach der Macht-
ergreifung jeglichen Publizierens enthalten und mit Hilfe
einer kleinen Klischieranstalt über die schlimmen Jahre
hinweggerettet hat. Der einstige Reichstagspräsident Paul
Löbe und Frau Annedore Leber, die Witwe des hingerichteten Mitverschworenen des 20. Juli Julius Leber, beide

von Peter in das Herausgebergremium des *Telegraf* geholt, gehören zu unseren ersten deutschen Besuchern. So auch der junge, überaus vitale Helmut Kindler, der lange in Gestapohaft gewesen und dreier Delikte, die mit der Todesstrafe belegt waren, angeklagt war. Gemeinsam mit Heinz Ullstein, einem Enkel des Gründers der Dynastie, dessen mirakulöses Überleben der Hitlerzeit in Berlin seiner tapferen Frau Änne zu danken war, und eine Weile noch mit einem anderen ehedem Verfolgten, Gerhard Grindel, gibt Kindler die Frauenzeitschrift *sie* nebst anderen Publikationen heraus und hat auch schon einen Buchverlag gegründet. Wir lernen den Schriftsteller Günther Weisenborn kennen, einen aufrechten Kommunisten, der für seine Überzeugung jahrelang im Zuchthaus gesessen hat. Am Silvesterabend treten Peter Suhrkamp – freundlich, aber dünnlippig und undurchsichtig – mit seiner Frau Annemarie oder »Mirl«, im Lauf der nächsten Monate das uns bald ans Herz wachsende Ehepaar Friedrich und Heide Luft in unseren Kreis.

Viele dieser Beziehungen hat Peter vor meiner Ankunft geknüpft, doch jetzt, da wir »ein Haus führen« können, werden sie intensiviert. Ende Januar berichte ich an Mimi, meine Mutter in London, die während meiner gesamten Berliner Zeit zumindest einen Brief wöchentlich von mir erhalten wird, von unserer ersten Einladung: »Vierzig bis fünfzig Leute kamen zu unserer Party. Neben den Briten hatten wir eine Menge Amerikaner hier und zwei russische Offiziere, was als Triumph gilt. Sie gehen fast nie zu privaten Einladungen, und es machte großen Eindruck auf alle, daß sie die unsere annahmen. Ich bin, ganz wie Peter, von ihnen fasziniert, und sehr froh, daß sie uns gegenüber nicht schüchtern sind. Sie tranken ziemlich viel und schienen sich gut zu unterhalten, sonst wären sie nicht fast die ganze Zeit dageblieben.« Eine Woche danach schreibe ich Mimi: »Unlängst kam ein katholischer Priester und segnete unser Haus, was vor allem Lonny freuen wird. Er war ein netter

*Rudolf und Heinz Ullstein mit Helmut Kindler (rechts)*

*Friedrich Luft (um 1950)*

und naiver kleiner Ire mit einem reizenden Dubliner Akzent.«

Es ist unser Verhältnis zu den Sowjetrussen, es sind die Begegnungen und Gespräche mit ihnen, über die hier endlich einmal Aufschluß zu geben ist. Alle Verleumdungen und falschen Bezichtigungen, denen wir uns in späteren Jahren ausgesetzt sahen, rührten aus der Berliner Zeit und gingen auf unsere Kontakte mit Vertretern unserer damaligen östlichen Alliierten zurück. Daß diese Kontakte bis zum Auseinanderfall des gemeinsamen Kontrollrates im Frühjahr 1948 von Peters englischen Vorgesetzten gefördert, wenn nicht gar gefordert wurden, war den Kalten Kriegern der Fünfzigerjahre freilich unbekannt. Aber gewiß: hätten wir jenen grundsätzlichen Abscheu vor allem Russischen empfunden, der keinen Unterschied macht zwischen Stalin und dessen Werkzeugen und dem übrigen Sowjetvolk, dann hätten wir uns um ein gutes Einvernehmen mit den »Kulturoffizieren« in Berlin nicht bemüht. Doch wir empfanden diesen Abscheu nicht. Schließlich hatte ein Russe, nämlich der Zar Alexander II., Peters Großvater den mit dem erblichen Adel verbundenen Annenorden verliehen, war seine Großmutter eine Baltin gewesen, die gleich Moura Budberg russisch und französisch so selbstverständlich sprach wie deutsch. Mir aber war aus den frühen Wiener Tagen noch etwas von der romantischen Hingezogenheit zu den Russen geblieben, die sich von Dostojewski und Tolstoi auf Lunatscharsky und die Kollontai übertrug.

Vor meiner Übersiedlung nach Berlin, im Juni 1946, hatte ich Peter in einem Brief von einer dramatisierten Fassung von *Schuld und Sühne* mit John Gielgud und Edith Evans berichtet, die ich gesehen hatte, »und, Darling, ich war so erschüttert, daß ich mir wieder wie das vierzehnjährige Schulkind vorkam, das aus russischen Stücken weinend nach Hause lief. Nichts geht einem mehr an die Knochen, nichts bewegt einen mehr bis ins Innerste als die

21

Russen. Und wenn man ihre großen Meister sorgfältig liest, erklärt sich alles von selbst, ihre Politik zu jeder Zeit, die Moskauer Prozesse – alles in *Schuld und Sühne,* wenn der Anstreicher plötzlich herauszuschreien beginnt, daß er den Pfandleiher umgebracht hat, und der Polizeichef (wunderbar gespielt von Ustinov) sagt: ›Ich weiß, daß er lügt, obwohl ich es nicht beweisen kann‹. – ›Weshalb lügt er dann?‹ – ›Er hat ein schlechtes Gewissen, St. Petersburg hat ihn korrumpiert, wissen Sie, Wein, Weiber. Jetzt will er dafür büßen.‹ Und jeder respektiert das. Na, was sonst ist die Erklärung für das Verhalten der russischen Angeklagten, wenn nicht dies: daß sie und jeder andere Mensch in Rußland ohne Widerspruch die Theorie akzeptieren, daß man für die eine Sünde büßen muß, indem man sich zu einer anderen bekennt.«

Selbst die Schandurteile der Moskauer Prozesse, selbst die noch früher begangenen Greuel der Kulakenmorde, selbst der ungeheuerliche Pakt Stalins mit Hitler, der uns knapp vor Ausbruch des Krieges so tief verstörte, hatten die Liebe zu den Russen in mir nicht erstickt. Jenen Pakt als einen listigen Zeitgewinn zu deuten, hatte man nach dem Einmarsch der Wehrmacht in die Sowjetunion versucht. Noch war uns das ganze entsetzliche Ausmaß der Groß-bauern-Vernichtung in den frühen Dreißigerjahren nicht bekannt, noch wußten wir nichts von der Schuld an Katyn. In Stalin das gleiche entmenschte Monstrum zu erblicken, als das Hitler uns erschien – dazu waren wir damals nicht bereit. In einem Roman, den ich lange nach Kriegsende schrieb, nannte ich den Faschismus immer noch die Inkarnation des Bösen, den Kommunismus aber nur einen gefallenen Engel. Gleichwohl: gefallen, in den Abgrund gestürzt. Als der Emigrant Nicolas Nabokow, später geschäftsführender Sekretär des »Kongresses für kulturelle Freiheit«, sich in Berlin zum ersten Mal einem Sowjetmenschen und einstigen Landsmann gegenübersah, ging er auf ihn zu, umarmte ihn, trat dann einen Schritt zurück und spuckte vor ihm aus. Wer hätte diese Gesten besser als wir verstanden?

Aber auch die Engländer waren, was ihren amerikanischen Verbündeten schon zu jener Zeit kaum, im weiteren Verlauf noch weniger einleuchten sollte, den Sowjets gegenüber keineswegs feindlich gesinnt. Die Erleichterung, die mein Vater und alle anderen Exilierten bei Hitlers Einmarsch in Rußland gefühlt hatten, galt für die meisten anderen Menschen im Land. Winston Churchill, von Beginn an einer der erbittertsten Gegner der russischen Revolution, erklärte damals, 1941: »Die russische Gefahr ist unsere Gefahr.« Und bald gab er zu verstehen, er hätte sich »selbst mit dem Teufel gegen Hitler verbündet«. Das merkliche Nachlassen der deutschen Bombenangriffe auf England, die Erkenntnis, daß der weitaus größte und gefährlichste Teil der Wehrmacht jetzt im Osten eingesetzt war, hatte auf den Britischen Inseln nicht nur Dankbarkeit, sondern auch Schuldgefühle ausgelöst. Man verstand, warum Stalin dem amerikanischen Präsidenten Roosevelt, als dieser die Invasion von Frankreich immer weiter und schließlich auf 1944 verschob, den Vorwurf machte: »Ihre Entscheidung überläßt es der Sowjetarmee . . ., den Kampf allein zu führen.« Das war zwar äußerst übertrieben, denn die westlichen Alliierten waren längst an anderen europäischen und afrikanischen Fronten tätig. Aber nur zu gut erinnerte man sich in England an die Zeit nach Dunkerque und an die Zeichnung David Lows von dem »Tommy«, dem britischen Soldaten, der auf dem Kreidefelsen von Dover die Faust trotzig gegen das Festland reckt: »Very well then – alone!«

Jenseits des Atlantik, im damals noch neutralen Amerika, begriff man indessen nicht, daß selbst Arthur Koestlers hochgeachtetes Buch über die Moskauer Prozesse, *Sonnenfinsternis*, oder auch Orwells *Farm der Tiere* die Gefühle jener Dankesschuld an die Sowjetunion nicht hatten erschüttern können. Aber freilich: so sehr diese Gefühle den älteren Engländern noch bis heute nachhängen –

ihr großer Kriegsführer Churchill war einer der ersten, die nach dem Krieg den grimmigen Auswirkungen des Stalinismus wieder ins Auge sahen und den Pakt mit dem Teufel aufkündigten, der ihnen von Hitler aufgezwungen worden war. In seiner berühmten Rede von Fulton, Missouri, im Jahr 1946 prägte er, entsetzt von dem rigiden Regiment, das die Sowjets in ihren neuen Satellitenstaaten errichteten, das Wort vom »Eisernen Vorhang«, das erst in unseren Tagen von Gorbatschows Außenminister aufgegriffen und als Metapher zurückgewiesen worden ist. So lange man aber mit den Verbündeten des Krieges noch an einem Tisch saß, und das war im Berlin jener Tage noch durchaus der Fall, bemühten sich die fairen und friedlichen Briten um ein Mindestmaß an Verständigung.

Dazu schienen wir, als Kosmopoliten bekannt, nun einmal besonders geeignet. Mit dem höchstrangigen und mächtigen Oberst Tulpanow, dem Oberst Koltypin, dem Leiter des »Kulturhauses der Sowjetunion« Major Mossjakow, dem Chefredakteur der *Täglichen Rundschau* Oberst Kirsanow und dem ziemlich widerwärtigen Major Dymschitz, der für die Schriftsteller der Ostzone verantwortlich war, dann und wann in informellem Rahmen zusammenzutreffen, war den entsprechenden Funktionären der westlichen Alliierten erwünscht. Das ergab sich denn gelegentlich bei den bunt gemischten, von Besatzern wie Besatzten in gelöster Laune und Atmosphäre besuchten Gesellschaften in unserem Haus. Freilich mußte man die Bedingungen der Russen respektieren. Sie sagten niemals zu oder ab. Ob sie kamen oder nicht, hing von unerklärten oder unerklärlichen Umständen ab, zumeist aber wohl von der augenblicklichen Stimmung in der Alliierten Kommandantur. Sie erschienen immer gemeinsam und gingen gemeinsam weg, bildeten stets eine geschlossene Gruppe und sprachen kaum je allein mit einem anderen Gast.

Zu offenen Gesprächen kam es mit den Genannten in keinem Falle. Es war die bloße Tatsache ihrer Anwesenheit, die den Beziehungen zwischen den noch Verbündeten dienlich oder nützlich schien. Wie wenig wir alle dabei das Mißtrauen, ja die inneren Vorbehalte gegenüber den Sowjetoffizieren aufzugeben gewillt waren, mag eine kleine Episode illustrieren, an die ich mich gut erinnern kann. Im November 1947 kam der Chefredakteur des *New Statesman* Kingsley Martin nach Berlin und wurde von uns, manchmal allein von mir, betreut und mit verschiedenen Leuten bekanntgemacht. Ich ging mit Kingsley auf seinen Wunsch in Mossjakows Kulturhaus, wo er sich sorgfältig alle Zeugnisse des glorreichen Sowjetvolkes seit der Revolution ansah. Mossjakow führte ihn durch die Räume. Und dann wies Kingsley Martin, der damals im Verdacht allzu großer Sympathie für den Kommunismus stand, mit dem Zeigefinger auf einen undeutlichen Fleck in der Kopie jenes Monstergemäldes, das die erste Versammlung des großen Sowjets nach 1917 darstellt. Es war nicht so sehr ein Fleck wie eine Lücke, eine Stelle, die auf dem Original offensichtlich übermalt worden war. Und Kingsley sagte zu Mossjakow: »Wer mag das wohl gewesen sein?« Mossjakow lächelte undurchsichtig. Aber wir alle wußten, wer es war.

Der einzige russische Offizier, zu dem wir eine offene, humane Beziehung gewannen, war – vielleicht nicht überraschend – ein Oberleutnant Feldman, Untergebener Kirsanows, der bei einer Einladung Heinz Ullsteins im März nach meiner Ankunft aufgetaucht war. Er erzählte uns, wie er bei der Belagerung Berlins mit seinen Kameraden in bitterer Kälte unter ihrem Tank auf dem vereisten Boden die Nächte verbracht hatte, wie er mit den ersten der eindringenden Trüppchen die Reichskanzlei betrat. Über die brutalen Ausschreitungen seiner Soldaten hier wie in Wien brauchte man mit ihm nicht zu reden; daß er sie zutiefst ablehnte und bedauerte, machte er auch ohne Worte klar. Er unterließ es ebenfalls, eine Gegenschuld aufzurechnen, wie sie von Apologeten dieser freilich nie und nimmer entschuldbaren Vorgänge manchmal ins Treffen geführt wurde: die verbrannte Erde, die von der Roten Armee auf ihren Tagesmärschen zu den Städten des Großdeutschen Reiches durchmessen worden war, die über 1700 dem Erdboden gleichgemachten Städte und ebenso ausgelöschten 70 000 Dörfer, die 20 bis 25 Millionen von den Deutschen getöteten Russen, von denen Molotow 1947 sprach. Er wies auch nicht auf die häufig asiatische, westlichen Bräuchen wildfremde Herkunft dieser ersten Kampftruppen hin, die ausgehungert und entmenscht als Sieger eingezogen waren.

Nein, Oberleutnant Feldman sprach mit uns über die Segnungen der Demokratie, die anzuerkennen er ohne weiteres bereit war. Nur eines leuchtete ihm nicht ein: das Festhalten der Briten an ihrer Monarchie, dieser doch ganz und gar archaischen Staatsform, und noch weniger verstand er, da wir doch ursprünglich Republikaner gewesen waren, unsere eigene Verteidigung des Königshauses, des braven, schüchternen Monarchen Georg VI. und seiner freundlichen Gemahlin Elizabeth, die so tapfer im ärgsten Bombenhagel auf London ausgeharrt hatten und am Morgen nach besonders blutigen Angriffen in den am ärgsten betroffenen Londoner Bezirken erschienen waren, um den armen Ausgebombten oder Verletzten auf den Trümmern ihrer Häuser Mut zuzusprechen. Wie wenig der König in Regierungsgeschäften oder gar in der Kriegsführung mitzureden hatte, wollte der Oberleutnant Feldman nicht recht glauben oder stritt mit uns darüber aufs freundlichste bis lang nach Mitternacht.

Eine schon damals als ungewöhnlich angesehene, in ihrer ganzen Ambivalenz aber noch längst nicht erkannte Figur war die des Captain Robert Maxwell, der bis zum März 1947, als Beamter dritten Grades, gleichfalls in PRISC tätig und Peter als Verantwortlichem für die britisch lizensierte Presse unterstellt war. Seine pittoreske Erscheinung, die eines schlanken, dunklen, drahtigen Haudegens mit kühnen Zügen, hätte man, da sie einer gewissen Theatralik nicht entbehrte, eher in einem Hollywoodfilm anzutreffen erwartet als auf einem realen Kriegsschauplatz. Weit gefehlt! Denn der junge Maxwell, dessen Herkunft uns ungefähr, dessen wahrer Name uns damals gar nicht bekannt war, hatte sich während der Invasion in Frankreich tatsächlich als Held erwiesen und dafür ein Military Cross erhalten, das für wahren Löwenmut in der Schlacht verliehen wird. Zudem hatte er dort die reizende Elisabeth gefunden, »Betty«, die nun wieder ganz dem Bild der tapferen Heldin der Résistance, wie sie alsbald in den französischen Nachkriegsfilmen auftauchte, zu entsprechen schien. Mit Bob und Betty trafen wir in den wenigen Monaten, die wir am selben Ort verbrachten, häufig zusammen. Wir fanden die Geschichten, die über ihn zirkulierten, recht amüsant – etwa, daß er bereits eine halbe Million überzähliger britischer Armeestiefel an die Türkei verkauft hatte. Unter all den gleichrangigen und gleichartigen Ecclestons, Lynches und Bells wirkten die Maxwells anregend und originell. Im März, kurz bevor sie Berlin verließen, wurden wir zur Taufe ihres kleinen Söhnchens eingeladen. Bei allem Ärger, den Bob Maxwell später auch in uns entfachte, schmerzte uns die Nachricht von Michaels frühem Tod.

Im Rückblick erscheint es unvermeidlich, daß Peter seit längerer Zeit, und nun auch ich, in die politischen Grabenkämpfe, die schwierigen Parteienbildungen in Deutschland unter der Vier-Mächte-Herrschaft eingeweiht, wenn nicht verwickelt wurden. Dem *New Statesman* hatte ich über den Konflikt zwischen den Kommunisten und den nicht zur Fusion mit ihnen bereiten Sozialdemokraten berichtet, in dem die Briten und Amerikaner die unabhängige SPD unterstützten, die Russen aber die neue Sozialistische Einheitspartei, die SED. Keine der beiden konnte von allen vier Stadtkommandanten anerkannt werden, und die ganze Angelegenheit wurde weitergeleitet an die übergeordnete Kontrollkommission. »So findet über der halben Leiche

Deutschlands ein politisches Tauziehen statt zwischen den westlichen Verbündeten und den Vertretern der Sowjetunion.« Dennoch entnehme ich meinen Notizen, daß ich Ende Februar 1947 in der Jägerstraße im Ostsektor bei einem von den Russen veranstalteten Empfang mit dem Oberst Kirsanow und Wilhelm Pieck Gespräche führte und auch als Dolmetscherin zwischen ihnen und Peters früherem Vorgesetzten, dem amerikanischen Oberst Leonard, herangezogen worden bin.

In diesen Jahren sollte ich früher oder später mit vielen in Berührung kommen, die damals die politische Szene beherrschten, mit dem großartigen, so bescheiden in seiner Baskenmütze auftretenden Oberbürgermeister Ernst Reuter, neben Pieck auch mit Otto Grotewohl, mit Kurt Schumacher und mit Jakob Kaiser. Wie kurz war es her, daß Peter, in Berlin eingezogen, zwischen feindseligem Spott, wenn nicht Verachtung der Deutschen und seinem immer noch lebendigen Zugehörigkeitsgefühl zu ihnen hin- und hergerissen war! Um wieviel kürzer – seit dem Dezember des Vorjahrs –, daß ich einen Tag beim Hamburger Ravensbrück-Prozeß verbrachte und in den Gesichtern der KZ-Aufseherinnen auf der Anklagebank mit Horror den Abgrund erspähte, in dem Deutschland so lange versunken gewesen war. Jetzt nahmen wir freundschaftlichen Anteil an seinem Ringen um eine neue demokratische Staatsform. Aber dennoch: nicht bei allen war Peter, in seiner rigorosen Haltung gegenüber einstigen Mitläufern, deshalb auch beliebt. Seine zuweilen schroffe Art, die ich selbst zu fühlen bekam, seine Intransigenz verdeckten für viele den deutschen, von den Nazis zutiefst verletzten Untergrund seiner Seele.

Wie groß aber waren zugleich die Versuchungen für Menschen in unserer Lage zu dieser Zeit, sich in dem Chaos der Währungen und des Tauschhandels auf einem unübersehbaren schwarzen Markt Vorteile zu verschaffen oder gar zu bereichern. Zweifellos schleppten zahllose Beamte und Offiziere der Besatzung, gewiß auch die Briten, mit Hilfe von Zigarettenstangen und Alkohol erworbene Wertgegenstände, manchmal ganze Ladungen von Orientteppichen, davon. Andere, gerade unter den Briten, wollten nichts zu tun haben mit den wenigen noch geretteten Luxusgütern der Berliner, obgleich diese sie flehentlich gegen Zigaretten anboten, um damit Lebensnotwendiges aufzutreiben, Zucker, Brot und Mehl. Peter verbot mir strikt, mich auf irgendwelche Händel mit den uns zugewiesenen Rauchwaren und alkoholischen Getränken einzulassen. Ich wünschte mir dringend ein Bild von Carl Hofer, den ich bewunderte und der, wie ich hörte, zu solchen Tauschgeschäften mehr als bereit war. Doch ich wagte nicht, Peter zuwiderzuhandeln, und mußte auch auf eine Leica verzichten, nach der mir der Sinn stand und die für ein paar »Stangen« leicht erhältlich gewesen wäre. Deutsches Geld hatten wir ja kaum, und mit der Besatzungswährung, den BAAFS, außerhalb der NAAFI zu jonglieren, wurde geradezu als Verbrechen angesehen.

Gleichwohl gab ich, in Begleitung meiner neuen Freundin Heide, unser beider Leidenschaft für Trödel- und Kramlädchen nach. Wir stöberten, rund um den halb zerstörten, aber immer noch Züge früherer Großstadtpracht tragenden Kurfürstendamm, bemalte Porzellanschälchen, Döschen, Väschen und verblaßte Miniaturen, alte Messingleuchter oder nutzlose Bibelots wie kleine Glaspantoffel auf. Wenn ich aber irgendwo etwas Scharlachrotes sah, eine kleine Brosche oder einen Anhänger aus böhmischen Granatsteinen, schwanden all meine Skrupel, und ich kaufte sie, hinter Peters Rücken, für die lächerliche Tabakwährung ein. Keine Diamanten oder anderen kostbaren Juwelen hätten mich je gereizt: es war das dunkle Gefunkel, das mich an meinem eigenen Ringfinger ebenso entzückte wie an dem Kostüm einer Ballerina, die in der Rolle der Odile oder des Feuervogels gläserne Imitationen solch tiefroter glühender Granaten als Agraffe am Turban oder an ihrem tiefen Ausschnitt trug. Solch lebenslange Besessenheit mit dieser Farbe genauer zu durchleuchten, hat sich die Kennerin Freudscher Deutungen nie erlaubt. »Ich muß immer an kirschrote Draperien denken, an etwas, das zart und weich zu streicheln ist.« Dieser Satz des der Paralyse verfallenden Oswald in Ibsens *Gespenstern* ist mir, in Moissis melodischem Tonfall, niemals ganz abhanden gekommen und löst ähnliche Empfindungen wie der Anblick von Granatsteinen in mir aus.

Obschon ich jetzt, da ich sie zu schildern versuche, auf jene Berliner Zeit als die reichste, vielfältigste, spannendste und wirklichkeitsnächste meiner nahezu acht Jahrzehnte zurücksehe, ein tägliches Dasein voll von Eindrücken und Erfahrungen durchwegs aus erster Hand, nicht vermittelt durch Kunst oder Literatur, haftet ihr dennoch etwas traumhaft Irreales an. Das liegt vermutlich an der Natur dieser für mich niemals ganz überschaubaren, ungeordneten und auf großen Flächen in Schutt versunkenen Stadt, in der eine Reihe von unablässig abrollenden und atemlos miterlebten Begebnissen stattfand – einer Stadt, deren Gliederung sich von der aller anderen mir bekannten Metropolen unterschied und die ich einfach nicht begriff. Gewiß hatten die Sektorengrenzen etwas damit zu tun. Im sowjetbesetzten Teil von Berlin, den wir nur gelegentlich aufsuchten, lag ja sein altes Herz, lagen das noch nicht abgerissene Schloß, die Regierungsgebäude und Theater, das einstige Zeitungsviertel, das berühmte Hotel Adlon, Heines Unter den Linden, die Ruinen der Reichskanzlei und des Reichstags. Den westlichen Besatzern war das Geschäfts- und Vergnügungsviertel geblieben, von der nun zerstörten Gedächtniskirche und dem Ort des legendären, gleichfalls entschwundenen Romanischen Cafés bis zum Nollendorfplatz. Soviel war mir klar. Am Rande dann die Villenvororte, in denen der gesellschaftliche Kreislauf vor sich ging. Irgendwo war noch Tempelhof, wo die Berliner Ausgabe der *Welt* gedruckt wurde und bald auch für mich ein Schreibtisch stand. Aber die Topographie der unzähligen anderen Viertel, ich gestehe es, ist mir bis heute nicht einsichtig geworden, sie erscheinen mir immer noch wie Inseln in einem Trümmermeer, zwischen denen wir in einem kleinen Volkswagenboot, gelenkt von Herrn Gruehn, hin und her kreuzten. Ich weiß wohl, daß ein Blick auf einen heutigen Stadtplan mir enthüllen würde, was mir fehlt. Aber ich scheue mich davor, den einzigen Zug einer gewissen Entrücktheit, einer vorweggenommenen Sagenhaftigkeit, der meiner damaligen Existenz anhaftete, in meiner Erinnerung zu löschen.

Wir lebten, so schrieb ich Juli 1948 an meine Mutter, in diesen zwei Jahren »in Saus und Braus«. Niemals, so prophezeite Peter gegen Ende, und er behielt recht damit, sollten wir je wieder solch gesicherten Wohlstand genießen, so sorglos tätig sein. Eine »Satrapentid« eben, auf dem Rükken der zum Großteil noch verelendeten Bevölkerung. Wie man damit fertig wurde? Man kam nicht zur Besinnung. Die Hektik der Ereignisse riß uns mit, und nicht uns allein. »Die Friseurin sagte mir, die Engländer und Amerikaner wären bei ihrer Ankunft in Berlin frisch und vergnügt, doch nach ein paar Wochen würden sie farblos und matt, weil sie soviel drahen (bummeln) und trinken.« Wir hatten wenigstens die Befriedigung, zum Verständnis der Verbündeten untereinander und mit den Deutschen, vielleicht auch zum kulturellen Aufschwung dieser Stadt etwas beitragen zu können. Auch ich tat mit, nach meinen Kräften, sobald ich die Theaterkritik in der *Welt* übernahm, durch Beiträge über englische Themen in den deutschen Blättern, schließlich durch lange Essays in der Zeitschrift *Der Monat*, die 1948 zu erscheinen begann.

Fast lückenlos kann ich mir mit Hilfe meiner Notizen und der vielen, an meine verwitwete, allein in London zurückgebliebene Mutter gerichteten Briefe die signifikanten Momente jener zwanzig Monate ins Gedächtnis rufen. Einen Nachmittag im März etwa, zu Gast bei Mike Josselson, der unter anderen Jürgen Fehling, Joana Maria Gorvin und Hilde Körber eingeladen hatte. Hilde Körber war, so wurde erwähnt, Veit Harlans Ehefrau gewesen, bevor er die »Reichswasserleiche« Söderbaum heiratete und den *Jud Süß*-Film verbrach. So nah, schien mir damals, war ich dem Dunstkreis des Bösen noch nie gekommen, und obwohl Frau Körber ein freundliches Geschöpf war, blond, still und ein wenig verhärmt, konnte ich mich eines inneren Widerstandes dagegen, am Teetisch unbefangen mit ihr zu plaudern, nicht enthalten. Dazu kam, daß schon damals im Haus des aus Rußland stammenden Mike, den wir schätzten, ja liebten, im Verein mit den deutschen Schauspielern kräftig über die Russen hergezogen wurde. Mich störte das, ich muß es gestehen. »Ein schrecklicher Nachmittag. Ich empfahl mich bald«, trug ich in meinem Kalender ein. Auch hier freilich zerrissene Gefühle. Denn für Fehling, für Frau Gorvin empfanden wir herzlichen Respekt, und als wir ein paar Tage zuvor Lil Dagover und Otto Gebühr im *Kirschgarten* gesehen hatten, waren wir bewegt von diesen großen Relikten aus der frühen UFA-Zeit.

Mein einziger Versuch, einen Wiener Freund in Berlin zu fördern, nimmt sich im Rückblick ein wenig dürftig aus. Ich hatte Franz Reichert das Manuskript von Hans Weigels Drama *Barrabas* gebracht, und in diesem März noch wurde es von ihm am Theater am Schiffbauerdamm inszeniert. Das Publikum nahm es freundlich auf, die Kritik nicht allzusehr, doch Weigel und seine damalige Frau Udi waren zur Premiere angereist und glücklich. Zuckmayer war im Theater und Roma Bahn, nachher feierten wir in der Karlsbaderstraße bis halb drei Uhr früh. Es war, wie ich meine, Weigels erster und letzter Erfolg auf einer größeren deutschen Bühne. Das Wienerische und das Berlinische mischten sich niemals recht, trotz der vorübergehenden Triumphe der Österreicher in der Literatur und Publizistik der Weimarer Jahre, trotz der späteren, manchmal

*Joana Maria Gorvin*

gelungenen Versuche O.F. Schuhs im Theater am Kurfürstendamm mit Nestroy und Hofmannsthal. *Barrabas* war rasch vergessen. Das große Ereignis dieses Berliner Frühjahrs 1947 war Furtwänglers Wiederkehr.

Josselson, der leidenschaftliche Musikliebhaber, hatte für die Entnazifizierung des Herrn Staatsrat gesorgt. Dessen Konzert mit den Philharmonikern im Steglitzer Titaniapalast am Vormittag des 25. Mai war aus diesem Anlaß allein Beethoven gewidmet. Im Programmheft schrieb H.H. Stuckenschmidt: »Wenn heute Wilhelm Furtwängler nach zwei der Komposition gewidmeten Jahren wieder vor das Berliner Publikum tritt, so grüßt ihn das Vertrauen derer, die in ihm den wichtigsten Exponenten einer großen Musiktradition sehen. In dieser Zeit drohenden Stilverfalls und fehlender Maßstäbe wächst seine Aufgabe über Werk-vermittlung und Musiker-Führung hinaus. Denn je über-zeugender Musik zu uns spricht, desto stärker wird sie ihre sittliche Funktion erfüllen: Menschheitssprache zu sein und mit tönenden Bildern, die über aller Logik stehen, zu versöhnen, was im Reich des Logischen unversöhnlich scheint.« Mochte man sich nicht ein wenig über diese Worte wundern, die in der eben verflossenen Ära eines kei-neswegs drohenden, sondern tatsächlich erfolgten Stilver-falls, einer Ära zwar nicht fehlender, aber doch ganz und gar verfehlter Maßstäbe eher am Platz gewesen wären?

Aber auch die Rezensionen, von denen mir zwei erhal-ten sind, führten eine seltsame Sprache. Ein Herr Fritz Brust meinte, »als Deuter Beethovens« sei »Furtwängler Repräsentant der deutschen Seele, der unbeugsamen Werktreue«, und er gab seiner Freude darüber Ausdruck, daß die Philharmoniker bei Celibidache »gut behütet wa-ren in einer Zeit, in der auch Furtwängler von argen Nöten der Orchestererziehung bedrängt gewesen wäre« – wovor dieser ja offenbar, gottlob, bewahrt worden war durch sein langes Warten auf den günstigen Spruchkammerbescheid. »Wie zuletzt im Januar 1945«, so Herr Brust, »wiederholte sich auch jetzt wieder das Beglückende eines ganz unbe-greiflich geheimnisvollen Musizierens.« Und in der Pause war er bereit, »mit Pogner der Meistersinger zu sagen ›Die alte Zeit dünkt mich erneut‹«. Raunende Musikbetrach-tung übte zudem ein Herr Erwin Kroll, der Furtwänglers »heilignüchternes Nachgestalten« – ach, armer Hölder-lin! – rühmte und dankbar war für dessen Deutung der

34

Fünften Beethovens, die »jenen schicksalsschweren Weg durch Kampf und Sieg« in die Region der reinen Idee verlegte. Das war ja nun wirklich ein Glück. Sonst hätte man bei den vier Paukenschlägen am Beginn der Sinfonie gar noch an die deutschen Sendungen der BBC im Kriege denken müssen.

Es tut mir leid, und viele werden mir's übelnehmen, daß für mich Furtwänglers Identifizierung mit der deutschen Seele nicht zu deren Gunst ausfällt. Zwischen dem »himmlischen Kapellmeister« Toscanini und dem asketischen Otto Klemperer, einem Mann von noch weniger beugsamer Werktreue, konnte ich mich weder damals noch später erwärmen für Wilhelm Furtwänglers »tönende Bilder über alle Logik hinaus«. Auch die liebreiche Erinnerung an den verstorbenen Freund Stuckenschmidt hindert mich nicht daran, in der Figur jenes großen Dirigenten wie in dessen Musikauffassung eben jenen hochfahrenden Jenseitigkeits- und Ewigkeitsanspruch verkörpert zu sehen, der sich nicht nur über jede Logik, sondern über jede Ratio schlechthin hinwegsetzt: das deutsche Wesen, an dem die Welt genesen soll.

An den *New Statesman* schrieb ich über »Furtwänglers Rückkehr«, sie habe auf beklemmende Weise an ein Stammesritual gemahnt, das die Wiedergeburt eines Mythos feiert. Wie zum Empfang eines gemarterten Propheten, der ihrer aller Schuld auf sich genommen und für sie gebüßt habe, hätten sich bei seinem Eintritt alle von ihren Sitzen erhoben. Gewiß sei es mirakulös gewesen, wie der Dirigent trotz eines stets vibrierenden Stabes und einer Gestik in äußerster Trance eine unerhörte Kraft und Geschlossenheit des Orchesters bewirkt habe. Doch die Massenhysterie, die er in seinem Publikum erzeuge, sei voller Gefahrenzeichen. »Die Armen«, habe ein Außenstehender nach dem Konzert gesagt, »ein solches Zusammensein war ihnen seit dem letzten Nürnberger Parteitag nicht mehr vergönnt.«

In Josselsons Haus bin ich danach Furtwängler mehrmals begegnet: im privaten Bereich ein stiller, überaus höf-
licher, immer ein wenig geistesabwesender Mann, allem
Anschein nach in höheren Sphären schwebend. Nur einmal horchte er besorgt auf, als ich, seine Tischdame an
diesem Abend, das Memoirenbuch jenes »W. Th. Ander-
mann« erwähnte, hinter dem sich der einstige Kulturrefe-
rent Baldur von Schirachs in Wien, Walter Thomas,
verbarg. Darin war ja etwa zu lesen, daß an der Wiener
Staatsoper »nichts ohne das Büro Furtwängler geht«. Ich
gebe zu, daß es mir einen kurzen Augenblick der Genugtu-
ung bescherte, den verehrungswürdigen Musiker für eben
diese kurze Zeit aus der erhabenen Reserve fallen zu sehen.
Und wenn er auch immer wieder seinen Taktstock um-
klammert hielt, während die anderen im Saal den Hitler-
gruß gegeben hatten, und wenn er in den dunklen Jahren
der unverzichtbare Trost aller, auch der ganz und gar
schuldlos in die Ereignisse verstrickten Deutschen war –
nach dem Abgang von Toscanini, Walter, Klemperer,
Kleiber und Busch der einzige gewesen zu sein, der ihrer
aller Plätze einnahm und sich den abscheulichen Machthabern nicht verweigerte, konnte ich ihm nicht vergessen,
wenn auch verzeihen.

Ein Ressentiment der Emigrantin – das war es sicherlich.
Nicht nur in der Ablehnung gewisser Menschen, auch in
dem Enthusiasmus, mit dem ich anderen gegenübertrat, lagen Vorurteile, auch Vorgefühle aus der Vergangenheit. Es
kamen in diesen Jahren ja die meisten bedeutenden Figuren
der Gegenwart irgendeinmal nach Berlin, Leute, die ich
schon kannte, aber viele mehr, die ich bisher nur von fern
bewundert hatte. So fanden sich eines Abends im Juli bei
Peter Suhrkamp Alfred Döblin und Anna Seghers ein, und
ich durfte meine Begeisterung für die Autoren von *Berlin
Alexanderplatz* und *Die Gefährten* an ihnen selbst über-
prüfen. Ganz schlicht, an Mimi: »Döblin mochte ich nicht
sehr, die Seghers aber ist hinreißend – eine Frau von unge-

36

fähr fünfzig mit einem süßen Gesicht, weißgrauem Haar glatt zurückgestrichen, unendlich viel Gescheitheit und Humor und einen bezaubernden Mainzer Klang in der Stimme, genau wie der Zuckmayer. Ich war beglückt über dieses Zusammentreffen, und der ganze deutsche Aufenthalt steht beinahe dafür, allein weil man die Seghers kennengelernt hat.«

## II.

# Interludien – unterwegs

Es gibt so viele schöne Worte über die Beweglichkeit, von dem antiken »navigare necesse est« über die Annahme, »si Dieu existe il est toujours en mouvement«, bis zu dem scherzhaft empörten Ausruf eines Patriarchen: »Bin ich denn ein Vogel, daß ich an zwei Orten zugleich sein kann?« Wir wären es damals am liebsten gewesen – zugleich aber nicht nur an zwei, sondern an vielen, an allen Orten, wo wir schon einmal gewesen waren, bevor das Wasser rings um die Insel sie uns verschloß, und an all den anderen, die wir noch nie gesehen hatten und jetzt sehen wollten, da die Welt uns von neuem offen lag. Aus Berlin, das gleichfalls eine Insel war inmitten der russischen Zone, immer wieder hinauszuschwärmen, war uns, war mir alle paar Wochen eine Lebensnotwendigkeit.

In seinem Roman *All that Matters* (»Das zweite Leben«) hat Peter, schon im Exil, mit unendlicher Liebe die deutsche Landschaft geschildert, wie er sie einmal, noch vor Hitlers Auftritt, von der italienischen Grenze bis hoch ins »Hannöversche« durchquert. »Es war, als hielte man einen kurzen Augenblick lang das ganze Land in seinen beiden Händen, Ebenen und Berge, Wälder und Seen, Städte und Dörfer, Flüsse und tausende von Straßen. Und während ich sie so in meinen beiden Händen sah, spürte ich, daß meine Hände nicht mehr zitterten . . . jetzt gab es nur noch Stille und Schweigen und kein Klopfen eines gequälten Herzens, das ängstlich und hastig heimwärts flog. So komme ich denn nach Hause, dachte ich.« Doch er kam noch lange nicht nach Hause. Erst wieder im Frühjahr 1945. Und seither reist er wie besessen kreuz und quer in diesem Deutschland herum, das er, trotz aller früh erworbenen Weltläufigkeit, sich niemals aus dem gequälten Herzen hat reißen können.

Oft begleite ich ihn und lerne das Land kennen, das mir als einziges im mittleren Europa fremd gewesen ist. In umgekehrter Richtung als Peter in seinem Buch: von Hamburg, das wir mit dem Interzonenzug erreichen, in einem von der Militärregierung bereitgestellten geräumigen Dienstwagen fahren wir tagelang, mit vielen Aufenthalten, südostwärts bis nach München und knapp an die Grenze Österreichs. Wir sehen die meistzerstörten Städte Jülich und Düren, wir sehen abseits der Hitlerschen Autobahnen die kleinen Landstraßen, die Flußufer und Hügel, die Schlösser und Klöster, und schon im Fränkischen, gar im Bayerischen fühle ich mich beinahe heimatlich. Wie nie zuvor und nie nachher, steigen wir in großen, nun beschlagnahmten Luxushotels ab, sind im Atlantik zu Gast, wann immer wir nach Hamburg kommen, hier in einem Exzelsior, dort in einem Carlton, und in Nürnberg im Grand Hotel. Doch der Komfort dieser Häuser ist begrenzt, auf ihren Betten liegen häufig die steinharten Kopfpolster und rauhen Armeedecken der britischen oder amerikanischen Besatzer, und in den Restaurants ißt man nicht besser als in den Kantinen, nur eleganter serviert. Das ist gut so. Sonst ertrügen wir den Kontrast zu den abgezehrten Bewohnern der Trümmerstädte nicht.

In Nürnberg, einst Stätte bombastischen Schaugepränges, nun aber der grausamsten Erniedrigung deutscher Hybris, verbringen wir einen Vormittag bei dem noch laufenden Prozeß, mit Werner Milch auf der Anklagebank. Er ist, wie wir wissen, ein entfernter Vetter Georg Honigmanns, in der Tat nicht gänzlich »nordisch«, und büßt die Verblendung, sich dem Schauerregime angeschlossen zu haben, nun bitterlich. Was in der Stadt an alten Fachwerk-

39

häuschen noch übrig ist, mahnt mich, wie es schon auf der Rheinfahrt geschehen ist, dauernd an den mir seit früher Kindheit so wohlvertrauten Wagner, und ich bleibe nicht unbewegt von der Macht dieses gewaltigen deutschen Mythos, spüre am Rhein und in Nürnberg genau die verführerischen, zerstörerischen Kräfte, die er im Volk erweckt hat.

Daß diese Kräfte zuerst in München wachgerufen wurden, will man nicht sogleich wahrhaben, denn die bayerische Hauptstadt scheint wieder zu einer bäuerlichen Gemütlichkeit zurückgekehrt zu sein, die Platz läßt für künstlerische Extravaganzen und Bocksprünge bis zum Exzeß. So meinen wir, nach zwölf bösen Jahren noch den Geist Thomas Manns und seiner übermütigen Kinder, den Geist Wedekinds und des *Simplizissimus* in ihr wiederzufinden und täuschen uns über die sinistre Dumpfheit der Bierkeller hinweg, denen heute, da ich dies schreibe, schon wieder ein schlimmes, schönhuberisches Gespenst entstiegen ist und sich ausdehnt bis ins »helle« Berlin. Wir bewegen uns im Umkreis der *Neuen Zeitung* mit ihren alten und jungen Talenten, wir begegnen Zuckmayer wieder, der inzwischen seiner Wiesmühle in Henndorf einen tränenreichen Besuch abgestattet hat, und verbringen einen langen Abend mit Erich Kästner und seiner Gefährtin. Wovon geredet wurde? Wer sich nach vierzig Jahren noch an den Inhalt, gar an den Wortlaut solcher Unterhaltungen erinnern will, den nenne ich einen Erfinder. Ich weiß nur, daß man, nicht ohne stumme Frage an den verehrten Erich, viel über die leeren Schreibtischladen all der großen, im inneren Widerstand gegen das Regime stehenden Schriftsteller nach Kriegsende gesprochen hat.

Hubert Löwenstein taucht in München auf und erklärt, nun wieder heftig in die Politik des Landes eingreifen zu wollen. Wir fahren an den Chiemsee, wo Peter den Dichter Rudolf Alexander Schröder aufsucht, und überlegen ernstlich und zum ersten Mal, ob man sich in dieser, meinem geliebten Salzkammergut so ähnlichen Landschaft nicht eine kleine Wiese, einen kleinen Baugrund kaufen sollte. Der Gedanke, sich im Österreichischen einen Sommersitz zu schaffen, ist noch weit. Und dann lasse ich Peter mit seinem Chauffeur allein zurück in die britische Zone fahren und steige in den »Mozart-Expreß« nach Wien. Seit bald zwei Wochen sind wir weg aus Berlin, und mehr als zwei weitere bleibe ich noch fern, ohne Rücksicht auf Kinder, den Haushalt, den ganzen wirbeligen Betrieb in der Karlsbaderstraße: ich etabliere mich wieder einmal im Salmschlößl, süchtig wie eh und je nach der Vaterstadt. An Mimi: »Wien ist absolut berückend, und manchmal kann man sich nicht vorstellen, daß man es aushalten kann, nicht hier zu sein.«

Nicht dutzende von Malen gedenke ich im weiteren von meinen vielen Heimfahrten bis zur endgültigen Rückkehr zu berichten. Aber in großen Zügen festzuhalten, was in jenen zwei zentralen Jahren meines Lebens geschah, erlege ich mir und meinen Lesern auf. Es war bei diesem Aufenthalt, daß ich im Haus eines britischen Offiziers meinen alten Freund, den Architekten Willi wiederfand, mit seiner Elsa, die er sieben Jahre lang nicht vor vielerlei Unbill, aber vor der Deportation hatte schützen können. Eine wehmütige Begegnung: er blickte mich lange und fragend an, und ich empfand eine unbestimmte Scham dabei, dem abgemagerten, seiner stolzen Virilität beraubten Mann vergleichsweise unbeschadet entgegenzutreten. Die beiden waren einander treu, aber sie waren nicht glücklich gewesen. Fast schien es mir eine Erleichterung, als ich sie vier Jahrzehnte später, bei einem Besuch in dem nun gänzlich desolaten Neuhaus im Triestingtal – das noble Hotel d'Orange ein Flüchtlingslager –, hoch oben auf dem Kirchhof friedlich vereint nebeneinander ruhen sah. Sie müssen die Zeit dazwischen in ihrem Haus am Waldrand doch noch genossen haben.

Im Wiener Konzerthaus spielt Ende März 1947 der exilierte Pianist Peter Stadlen, der dann allzu früh seine Laufbahn beenden wird, unvergleichlich und unvergeßlich Schubert. Nun erzählt mir auch der alte Baron Eichhoff, höflich geduldeter Mieter in einer einzigen Kammer des kleinen Palais, dessen Belétage er vorher eingenommen hat, von dem sechsfachen Mord an den anderen Hausbewohnern am Tag des russischen Einmarsches, begangen nicht von den Siegern oder »Befreiern«, sondern von dem Hausmeister, der um seinen Verstand gekommen war. Die Toten liegen, so Eichhoff, noch nicht exhumiert unter dem Rasen des Vorgartens, den wir täglich durchqueren. Ich besuche mit Hans Weigel die von seinem Meister Karl Kraus geadelte Offenbach-Operette *Madame l'Archiduc*, mit Käthe Dorsch und Rudolf Forster, im Redoutensaal. Ich vertraue dem Wiener Verlag eine deutsche Fassung des in England erschienenen Italienromans an. Ich bin von den Henekers zum Lunch ins Kinsky geladen, mit Charles Beauclerk, dem künftigen Herzog von St. Albans – einem fröhlichen, ungezwungenen jungen Mann, dessen Ahnen die Geliebte Karls II., das Orangenmädchen Nell Gwynn, und der König selbst gewesen sind. Und ich lasse am 1. April, seinem Namenstag, die Urne mit der Asche meines Vaters auf dem Ottakringer Friedhof bestatten. An Mimi: »Mitten unter den anderen Wienern, trotz Emigration wieder, wo man hingehört.« Marie und Anna sind dabei, und es geschieht nach altkatholischem Ritus, denn die römische Kirche weigert sich immer noch, trotz KZ-Toden und Vertreibung, jene einzusegnen und beizusetzen, die eingeäschert worden sind.

Mitte Mai verbringe ich zwölf Tage in London – »home at last« steht in meinem Taschenkalender, wohne bei Mimi in der kleinen Garçonnière im Broadwalk Court, treffe mich mit all den alten und den neuen, nach Kriegsende auf dem Festland erworbenen Freunden, besuche die Fleschs und sehe dort, ohne es zu ahnen, die mir stets wenig lieb gewesene »Tetta« zum letzten Mal, ihn selbst »delightful«

42

findend. »London ist so schön, es bricht mir das Herz, wieder weg zu müssen.« Und nach kaum mehr als einer Woche in Berlin, in die jene rauschhafte Wiederkehr Furtwänglers fällt, machen Peter und ich uns auf nach Zürich, zum zweiten Internationalen P.E.N.Kongreß nach dem Krieg. Die kleine Tochter kommt mit. Zu oft und zu lange ist sie – die Mutter ausgeflogen, der Vater selten daheim – allein in der Obhut des Personals zurückgeblieben und hat, auch sie, ein Doppelleben geführt: morgens in der englischen Schule mit den anderen Besatzerkindern – während der »playtime« führen sie Stücke auf wie *Winnie The Pooh* und den *Wizard of Oz* –, und nachmittags mit zwei spindeldürren deutschen Mädchen im »Wäldchen«, wo sie Kartoffeln auf einem Feuer braten. Sie ist zweisprachig geworden, indes der kleine Sohn, an der Hand des Ehemanns von Frau Kuhn durch die Gassen des Vorortes trippelnd, als erste Sprache ein berlinisches Deutsch erlernt.

Zürich denn – und der P.E.N. So viel über diesen Schriftstellerverein in meinen Erinnerungen zu berichten, setzt mich gewiß bei manchen der Lächerlichkeit aus. Doch ich kann nicht oft genug wiederholen, wie heiter und beschwingt ich in diesem Kreis immer wieder gewesen bin. Hermann Kesten war es, der einmal sagte, wenn man nach einem solchen Treffen auseinandergehe, sei es, als lasse man seine Familie zurück. Das Gefühl, einer weltweiten, häufig herzlichen, häufig unerträglichen, immer im Guten oder Bösen an- und aufregenden Familie anzugehören, habe ich mir fast ein halbes Jahrhundert lang bewahrt. Schließlich hat auch Arthur Miller in seiner Autobiographie der eigenen Tätigkeit im P.E.N. eine Menge Raum gewidmet. Und wenn er seine Bedeutung als »Retter« dieser Organisation, deren Präsident zu werden er sich 1965 nach einigem Zögern entschloß, auch ein wenig überschätzen mag, so hat er ihr doch zweifellos, wie vor ihm John Galsworthy, H.G. Wells, Benedetto Croce und Alberto Moravia, wie nach ihm Heinrich Böll, V.S. Pritchett oder Mario

Vargas Llosa, zeitweilig den Glanz seines Namens verliehen.

Ich selbst habe, gleich Peter, in diesem oder jenem Zentrum höhere Funktionen, wenn auch nie den Vorsitz einnehmend, dem Internationalen P.E.N. mehr als mein halbes Leben lang treu, obschon im Grunde unbedankt gedient. In dem 1986 vom bundesdeutschen P.E.N. herausgegebenen Dokumentationsband kommen unsere Namen nicht vor, nicht einmal jener von Flesch, der lange Präsident des deutschen Exilzentrums gewesen ist. Die vielen Jahre meiner Mitarbeit im internationalen »Writers in Prison«-Komitee, in denen ich nachts zuweilen aufschreckte aus einem Angsttraum über Kim Chi Ha, den koreanischen Schriftsteller, oder andere unserer Sorgenkinder, um die wir uns in dutzenden von Briefen, Telegrammen, Eingaben bemühten, all die umfangreichen Korrespondenzen, niedergelegt in einem Ordner, den ich 1976 Kathleen von Simson übergab, als sie meine Stelle im Komitee einnehmen sollte – es geschah um Gottes, nicht um der P.E.N. Dokumentatoren Lohn. Viel, viel mehr habe ja ich dem – in manchen Ländern so unrühmlich geführten und mit Recht verspotteten – Verein zu danken: wunderbare Begegnungen, gute, auch enge Freundschaften, von Henrietta Leslie über Heinrich Böll zu Mira Mihelič, meiner geliebten slowenischen Mira, die mir, im Zeichen eines längst versunkenen gemeinsamen Österreich, eine Schwester war.

Wir sind im Züricher Hotel Eden au lac abgestiegen, wir schlendern am Abend des 31. Mai, bevor die kleine Tochter zu Bett geht und wir uns zum ersten Zusammensein begeben, in dieser vom Krieg verschonten, mit allen Segnungen eines dauernden Friedens randvoll erfüllten Stadt umher, einer blitzblanken, von ebenso treuherzigen wie selbstgerechten Bürgern bewohnten Spielzeugstadt: Trost und Irritation zugleich für uns alle, die wir immerhin durch Vorhöllen und Fegefeuer gegangen sind und ein Paradies wie dieses hier nur mit gemischten Gefühlen zu bewundern vermögen. Aber eben ein neutraler Ort, von – verdienter oder unverdienter – Unversehrtheit und Unschuld, an dem über die neuerliche Aufnahme eines österreichischen oder gar eines deutschen P.E.N. in den Verband gelassen und leidenschaftslos debattiert werden kann. Ganz ohne Emotionen geht es freilich nicht ab. Zur Neugründung eines österreichischen Zentrums sind aus Wien Franz Theodor Csokor, Alexander Sacher-Masoch, Carry Hauser und einige andere, vielleicht nicht ganz so unbefleckte Herren erschienen, und Robert Neumann, Präsident des Exilklubs, erstattet den Liebkindern Europas ohne irgend jemandes Einspruch wieder, was er neun Jahre lang in London für sie verwaltet hat. Anders steht es um die Deutschen. Thomas Mann setzt sich nachdrücklich für sie ein, doch die Belgier protestieren, und Vercors will sie nur zulassen, wenn sie noch eine Weile unter internationaler Kontrolle stehen.

Neben den ersten Geschäften die erhebenden Augenblicke und die kleinen Freuden. Thomas Mann spricht zu uns über Nietzsche, und mit Klaus Mann und dessen altem Lehrer Paul Geheeb nehmen Peter und ich ein Mittagessen ein. An einem anderen Tag speisen wir mit Dolf Sternberger und einem uns noch unbekannten Amerikaner namens Melvin J. Lasky. Zu den Österreichern – Fritz Hochwälder, exiliert in Zürich, ist mit ihnen bereits gut Freund – mag auch ich mich ab und zu gesellen. Eines Nachmittags fährt der ganze Kongreß gemeinsam zur Insel Au, wo Stephen Spender einen Flirt mit der irischen Frau Darina des italienischen Dichters Ignazio Silone beginnt und unsere kleine Tochter sich plötzlich auf einer Schaukel mit ihnen findet. Beim Schlußbankett verbürgt sich Erich Kästner für Anstand und Moral in dem neu zu errichtenden deutschen P.E.N. In einer Stadt, in der deutsch gesprochen wird, ist den Widerständen ohnehin die Spitze genommen. Im nächsten Jahr werden wir in Kopenhagen dabeisein, wenn

*Melvin J. Lasky mit Irving Brown*

nach eindringlicher Fürsprache der dort vertretenen deutschen Emigranten für ein zunächst gesamtdeutsches Zentrum votiert wird, das sich im Herbst unter dem Vorsitz von Hermann Friedmann, Erich Kästner und Johannes R. Becher in Göttingen konstituiert.

All dies gesagt und getan, entfernen wir uns wieder einmal in verschiedene Richtungen – Peter mit Christine zu seinem Vater nach Nizza, wo der »Rabe« mit seiner französischen dritten Frau Claude zur Zeit wohnt, und ich nach Rom. Hansi, die schöne Hansi, mir aus frühesten Tagen Verbliebene, lebt dort nach abenteuerlichen Jahren mit einem Triestiner namens Vittorio, unter für mich noch nicht klaren Umständen, und hat mich herzlich zu sich eingeladen, in ihrer Wohnung sei Platz genug. Ich komme am 8. Juni in der Via Pietro Tacchini im vornehmen Stadtteil Parioli an und finde Hansi in großem Wohlstand vor, strahlender denn je. Sie hat nach der Flucht aus der Schweiz in Rom unter dem Namen Maria Passalaqua gelebt – einem so häßlichen Namen, daß er kaum von jemandem freiwillig angenommen worden wäre und darum desto glaubhafter klang – und dabei nicht nur den Schutz freigebiger Liebhaber, sondern, wie sie sagt, auch den des später so umstrittenen Papstes Pacelli genossen. Wie Pius XII. dereinst die Flucht belasteter Deutscher nach Südamerika fördern sollte, hat er vor Kriegsende manchen Vertriebenen aus Hitlers Großdeutschland versteckt oder unterstützt. Hansi ist, so erzählt sie, mit der Zeit derart waghalsig geworden, daß sie einmal ins Büro der Gestapo ging, um sich für den als Geisel genommenen Sohn ihrer Hausbesorgerin einzusetzen. Ob es ihr gelungen ist, ihn freizubekommen, weiß ich nicht mehr.

Ich bleibe zehn Tage in dieser weitläufigen Dachwohnung, auf deren Terrasse große Terrakottatöpfe mit Liguster, Oleander und Hibiscus stehen. An Mimi: »Hansis Freund verkehrt hier in der besten Gesellschaft. Eine Welt von dekadenter Mondanität. Die Frauen sehen wunderbar aus, die chic'sten von Europa.« Aber Vittorio ist auch, weil die Familien in Triest miteinander verbunden waren, mit Alberto Moravia gut bekannt, und so verabreden wir uns für einen der nächsten Abende mit ihm im Hotel de Russie. Alberto kommt ohne Elsa Morante, mit der er verheiratet ist und die letzten acht Monate des faschistischen Regimes, versteckt in einem Stall, nahe der kleinen Stadt Fondi ge-

*Hansi auf ihrer Dachterrasse in Rom*

lebt hat. Noch vor Kriegsende war die erste Nachricht über ihn zu mir gedrungen. Damals, im Januar 1945, ließ mich der ebenso geistreiche wie scharfzüngige Schriftsteller Edouard Roditi aus New York wissen, er habe aus Rom gehört, Moravia gehe es gut, »das heißt, er ist kränker denn je, aber die Krankheit war für ihn immer, wie für Proust, einer seiner gesellschaftlichen Vorzüge. Er ist wieder *la coqueluche des princesses gâteuses* und sieht niemanden außer der Crème der Gesellschaft und Kunstwelt, schreibt viel und veröffentlicht recht viel«.

Jetzt ist Alberto, längst wieder hergestellt, ein wenig beleibter als der schlanke junge Mensch in Capri vor elf Jahren, aber immer noch, ja weit mehr noch, faszinierend auf seine düstere Art. Man nennt ihn hier, seines brummigen Wesens wegen, den »Orso«, einen Bären, doch eben dies macht ihn den Frauen unwiderstehlich, wenn sein Griesgram einem erotischen Entzücken weicht. Ganz Rom, das ich beim ersten Besuch in sparsamem Quartier, an der Seite des damals schon leicht verärgerten Magus durchforscht habe, scheint mir in diesem Juni von einer flirrenden Erotik, die in der Luft liegt und nicht allein von Hansis wie immer berückenden Gegenwart ausgeht.

Mit ihr, die selbst unter den fabulösen Römerinnen überall Aufsehen erregt, durchstreife ich die Läden der Via Condotti und der Via Sistina, löffle Eis in den Cafés der Via Veneto oder besuche zur Abwechslung ihre deutschen Freunde, Bohémiens, Gerettete wie sie, die so weit von Vittorios Umgang und Lebensstil entfernt sind wie vom Mond. Es sind die Berliner Schriftstellerin Dinah Nelken, ihr stämmiger Gefährte, der Sozialist Ohlemacher, und Rolly Gero, der beiden Kumpan. Zwischendurch bin ich allein bei Cecil Sprigge, einem aus Berlin hierher versetzten britischen Diplomaten, in seinem uralten Palazzo und mit meinen Gastgebern bei dem schon bekannten, später so berühmten Publizisten Luigi Barzini eingeladen, dessen große Bücher über Amerika, über die Italiener und die

Deutschen indes noch nicht geschrieben sind. Ich aber möchte nur eines, obwohl die Flüchtigkeit und Vergeblichkeit des Zusammentreffens mit ihm mich bedrückt, und das ist, Moravia wieder zu begegnen. In der Tat gelingt mir, was ich in jenen Jahren noch vermag – ich zaubere ihn herbei. In Parioli umherschlendernd, denke ich inständig an ihn, und bald biegt er, der in demselben Viertel wohnt, auch schon um die Ecke.

Wir freuen uns miteinander, auch er sich mit mir, des bin ich trotz seiner trockenen Begrüßung nun gewiß, und machen uns ein Rendezvous aus, harmlos genug, am übernächsten Nachmittag in Babington's Tea Room an der Piazza di Spagna. Zunächst ist er allgemein, spricht vom Faschismus und mit Verachtung von dem Bürgertum, das diese Staatsform so lange getragen hat. »Nur mit dem einfachen Volk und den Intellektuellen lohnt es sich zu reden.« Dann erzählen wir einander, was in der Zwischenzeit mit uns geschehen ist. Doch vermutlich habe vor allem ich erzählt, denn Moravia, der so viel schreibt, spricht nur wenig und hüllt sich am liebsten in ein vielsagendes Schweigen – einem Philosophen eher gemäß als einem Schriftsteller, der die minutiöse Schilderung menschlicher, vor allem aber lustvoller Beziehungen zu seiner Thematik gemacht hat. Warum dies so ist, hat er vier Jahrzehnte später in einem Gespräch mit François Bondy verraten: »Jeder Romancier hat seinen Schlüssel, um die Tore der Wirklichkeit aufzuschließen. Für Balzac war es das Geld, für Proust der Snobismus, für Conrad das Meer, für Dostojewski der Mord. Mein Schlüssel ist diese gewöhnliche und geheimnisvolle Sache: der Sex.«

Am Abend dieses selben, meines letzten Tages in Rom haben Hansi und Vittorio ihre Freunde von der schon etwas reiferen Jeunesse dorée zu Gast. An Mimi: »Heute gibt es eine Garden party über den Dächern von Rom, zu der alle möglichen Marchesi und Conti kommen.« Lässige Herren von päpstlichem oder neapolitanischem Adel, biegsame Damen in Tüllkleidern und Blumenposen, wie für eine Filmrolle frisiert, geschminkt und geschmückt, füllen alsbald die Räume. Auch Moravia erscheint, wieder ohne Elsa. Er begibt sich sogleich zu mir, doch seine studierte Distanz, die etwas Aufreizendes hat und wohl haben soll, verfehlt ihren Zweck. Ich wende mich von ihm ab und einem jungen Grafen zu, Luciano della P., der begonnen hat, mir den Hof zu machen. Es wird zu viel getrunken, alles fließt und gleitet durcheinander, strömt auf die Terrasse hinaus, von der man unten die Lichter der Stadt erblickt, und wieder zurück zum Buffet, auf dem Köstlichkeiten stehen, von Hansis sizilianischer Dienerin auf dem Schwarzmarkt erworben und in großen Schüsseln angerichtet, und viele Karaffen von Frascati und Valpolicella. Lange nach Mitternacht entfernen sich langsam die Gäste, auch Moravia geht, und als letzter bleibt der Contino zurück. Ich habe um diese Zeit längst meinen Kopf verloren, und Hansi wäre nicht, die sie ist, machte sie nicht mit List und Freude Gelegenheit. Anderntags ruft Moravia an und wünscht mir mit mürrischer Ironie eine gute Reise. Im Schlafwagen fahre ich nach Zürich, von dort zurück nach Berlin.

Wie anders, welch ein Gegenpol: der kurze Streifzug, im Herbst, tief in die russische Zone hinein, nach Leipzig. Es ist Messezeit. In den Hallen zunächst sorgfältig hergestellte Bücher, hübsch gedrechseltes Kinderspielzeug, geschmackvolles Porzellan und Glas. An der Straßenkontrolle vor der Einfahrt in die Stadt sind wir durch ein englischsprachiges Werbeblatt zum Besuch von Auerbachs Keller aufgefordert worden: »Preise in freier Valuta. Direktion Intourist G.m.b.H.« Abends folgen wir dem Rat. Und so habe ich den neuzeitlichen »Teufelsspuk« beschrieben: »Von ein paar Schweizern, Holländern und Skandinaviern abgesehen, gab es nicht ein ehrliches Gesicht in dem Lokal. Grüne Dollarnoten, die aus den Vereinigten Staaten nicht ausgeführt werden dürfen, auch blaue Sterlingnoten, deren Besitz den Besatzungstruppen streng verboten ist, Dänenkronen und Hollandgulden gingen von Hand zu Hand. Ein Amerikaner in schweißnassem Hemd schwenkte eine krummbeinige Straßendirne herum. Auf der Tanzfläche stampften und schoben sich zweifelhafte Typen zu den Klängen deutscher Volksweisen, die mit ungeheurer Lautstärke und im Rhythmus von Militärmärschen gespielt wurden. Unerwartet intonierte die Kapelle plötzlich den ›Spreading Chestnut Tree‹.«

Man trinkt Champagner, in Wahrheit gesüßten Weißwein mit einem Schuß Sodawasser, und ißt roten Kaviar, der nach gefärbtem Sago schmeckt. »Wo einst der Teufel die Seelen der Scholaren des Doktor Faustus verdarb, wurde jetzt eine anrüchige Gesellschaft von gerissenen Geschäftsleuten geschröpft. Wenn man von der betrunkenen Menge von Larven und Lemuren zu dem einsamen russischen Offizier hinüberblickte, der das alles mit verächtlicher Belustigung mitansah, meinte man seine Gedanken zu erraten. Für ihn war, was da vor sich ging, die sich auflösende Zivilisation des Westens, dessen torkelnden Vertretern man mit Recht das Fell über die Ohren zog.« So gedruckt im *Tagesspiegel* und im *New Statesman* unter dem Titel »Intourist Keller«. Doch das Bild trog. Der Westen löste sich nicht auf, sondern war drauf und dran, sich auf unerwartete Weise weiter und höher zu zivilisieren. Die Breughelsche Szene, ein so schroffer Kontrast zum römischen Manierismus jenes Frühlings, entpuppte sich bald als eine Übergangserscheinung aus den frühen Jahren der Besatzungszeit.

In den Zonen der anderen Alliierten hat die Zivilisierung im Oktober 1947 offenbar schon eingesetzt. Wir sind gleich wieder auf eine große Reise gegangen. Peter zeigt mir Rothenburg und die reizenden kleinen Orte am Nekkar und an der Tauber, Wertheim und Tauberbischofsheim, wo die Löwensteins herstammen, auch Tübingen und das Kloster Maulbronn, das Hesse in *Narziß und*

*Goldmund* beschrieben hat. In Stuttgart besuchen wir Peters Jugendfreund Ledig, der dort zeitweilig den Rowohlt Verlag angesiedelt hat, und in München wohnen wir bei Wallenberg im beschlagnahmten Haus des Verlegers Heinrich Beck, dessen Betten nun freilich auch die gleichen steinharten Kopfpolster der amerikanischen Heeresbestände tragen. Im Presseklub, wo wir dem *Times*-Korrespondenten Michael Burn begegnen, hat sich eben ein Streit entsponnen zwischen ihm und einem Sergeanten aus dem Mittelwesten, der ihm das Schlagwort des schon entfachten Kalten Krieges entgegenhält: »We fought the wrong war, buddy!«, worauf Michael explodiert. Bald darauf ist er verschwunden. Wir fragen seine Frau nach ihm, die hoheitsvolle Mary. »He went and had an angry bath.« Solche Sätze, statt tiefschürfender Gespräche, habe ich mir bis heute gemerkt. Und dann zurück, vorerst nach Baden-Baden, diese vornehmste und weltläufigste deutsche Stadt, in der ich mich in späteren Jahren noch oft aufhalten werde. Peter besucht Otto Flake, der nun wiederum ein deutscher Griesgram ist – »wenn man mit einem Topf Milch unten an Flakes Haus vorbeigeht«, heißt es am Ort von ihm, »wird sie sauer«. Aber eines der Bücher, die ich früh auf meines Vaters Regalen fand, war *Horns Ring*, und seine *Monthivermädchen* habe ich sehr bewundert. Dann nach Göttingen. Goslar. In den Harz. Meine erste Begegnung mit Backsteingotik. Ja, Deutschland in all seinen Ausprägungen zu begreifen, war mir damals vergönnt.

Dreimal, vor dem endgültigen Verlassen von Berlin, fahre ich noch nach Österreich. Jetzt, Ende Oktober, auch wieder mit Gwenol für ein paar Tage nach Udine, von ihr wie von mir innig geliebt. In den friaulischen Herrenhäusern werden um diese Jahreszeit leider erschossene Vögelchen serviert. Nur mit Mühe kann ich mich überwinden, wie es bei den Dalmontes in Trecesimo von mir erwartet wird, die knackenden kleinen Glieder mit saftiger Polenta herunterzubringen. Meine sanfte Gwenol, an die barbarischen Bräuche der jagdlustigen Aristokratie, nun auch der Parvenus, aller Länder gewöhnt, verzehrt sie ungerührt. In Wien ist indessen der Italienroman erschienen, und der Verlag will das Manuskript der *Fruits of Prosperity* sehen. Eine Währungsreform liegt in der Luft, doch noch ist alles unverändert. Noch erwirbt man statt der mangelnden Konsumgüter mit Freuden Kultur. An meinem Geburtstag gehe ich auf dem Kahlenberg und in der Wildgrube herum, »deliriously happy«. Ein paar Tage darauf finde ich mich bei einer Feier von Alexander Lernet-Holenias 50. Geburtstag, ohne ihn jedoch kennenzulernen. Konzerte von Knappertsbusch, und die Wiederkehr Karajans, der mit geschlossenen Augen und ohne Taktstock Bruckners Achte dirigiert. Ein mit jenem Ritual im Titaniapalast durchaus vergleichbares Ereignis. Doch das Publikum der Wiener Philharmoniker verfällt nicht in exzessive Räusche, es begrüßt Karajan mit zutiefst musikalischer, nicht ins Weltanschauliche oder gar Transzendente ausufernder Begeisterung. Und ich versteige mich in meinem Bericht an die *Welt* zu kühner Prophetie. Das Orchester, »blühend wie eh und je, aber seit Jahren eines ständigen Meisterdirigenten beraubt«, habe nun von neuem die Möglichkeit, sich unter Karajans Leitung den ersten Platz im Weltruhm zu erobern: »Um dieser Hoffnung willen mag man die Irrtümer des jugendlichen Genies vergessen und vergeben.«

Zum Skilauf fahren wir im Januar 1948 nach Ehrwald, wohnen in den Drei Mohren, die kleinen Kinder sind mit uns. Unsäglich viel bedeutet es mir, sie in meine Fußstapfen treten, vielmehr unter herzlich barscher Anleitung der Skilehrer auf kleinen »Bretteln« die Hänge hinunterrutschen und schüchterne Stemmbogen versuchen zu sehen. Während Peter spazierengeht, schwinge auch ich mich über die Pisten – eine kurze Umarmung mehr als ein Jahrzehnt nach der Beendigung einer langen und glücklichen Liebesaffaire. Doch die Liebe zu Österreich wird im Juni, in Wien, einigermaßen erschüttert. Die Währungsreform hat stattgefunden, das Geld hat stabilen Wert, es gibt Waren in Menge, aber Zeitschriften wie der *Plan* und manche kleinen Verlage gehen ein. Geistige Kost ist der nun erhältlichen materiellen gewichen. »Wien ist ein kleines Zürich geworden«, merke ich mir vor: kein uneingeschränktes Lob. In diese Tage fällt der Tod Alfred Ibachs und sein Begräbnis auf dem Friedhof von Neustift am Walde, zu dem das ganze künstlerische Wien erscheint. Ich halte mich abseits und weine — dem fragwürdigen Trost solch sensationsgeladener Obsequien mich hinzugeben, habe ich noch nicht wieder erlernt.

Kummer auch mit dem Wiener Verlag. Von meinem Italienroman wurden fünfzig Exemplare verkauft. Ein Professor Kurz, dort federführend, schlägt aggressive Töne gegen mich an. Das Wien-Buch aus den Siebzigerjahren des vorigen Jahrhunderts herauszubringen, in dem ein kroatischer Bauernsohn in eine jüdische Familie einheiratet, fällt ihm nicht ein. »Dazu ist es noch zu früh«: dies seine Worte. Immerhin sehe ich Peters »Nürnberger Dokumente«, auf deutsch unter dem unseligen Titel *Sein Kampf* herausgebracht, in den Schaufenstern aller Buchhandlungen – wenn schon der Weg meiner armen Romanheldin Sandra von der Schweizer Grenze bis Neapel und in den Abessinienkrieg nun in Wien versandet ist. Auch hier hört man in den Nachtlokalen, wie in Berlin, das mir peinliche, weil Alibilied mit dem jiddischen Text »Bei mir bist du scheen«. Der Blumenkorso im Prater, in den Dreißigerjahren ein üppiger Traum, erscheint mir diesmal »schäbig«. Desto flamboyanter die Erscheinung des Paters Diego Götz, eines Mannes von eindrucksvoller Schönheit, Gestik und Gestalt, zu dessen Predigten in der Dominikanerkirche die ganze elegante Welt sich drängt. Seine Soutanen sind von dem ersten Schneider Kniže gefertigt, seine Rhetorik von dem früheren Heldendarsteller, jetzt Père noble und zeitweiligem Direktor des Burgtheaters, Raoul Aslan einstudiert. Klüger, vergeistigter, progressiver wirkt

der zweite Kleriker, in dessen Bann sonntags in der Peters-
kirche selbst Skeptiker oder Agnostiker stehen. Der Laien-
priester Otto Mauer überzeugt durch den tiefen, ja fana-
tischen Ernst, mit dem er sich an das Gewissen seiner
Gemeinde wendet.

»Wo hier allerorten«, so werde ich der *Welt* berichten,
»das Niveau sich senkt, halten die Predigten dieser Priester
sich auf einer erstaunlichen Höhe. Von ihren prunkvollen
Barockkanzeln zu überaus großen Kongregationen spre-
chend, scheuen sie sich nicht, Schriftsteller wie Bossuet,
Pascal, Péguy zu zitieren und theologische Begriffe auf
eine Art und Weise zu behandeln, die häufig das Fassungs-
vermögen ihrer Zuhörer übersteigt.« Warum sie das tut,
sage ich auch: »Niemals könnte die Kirche eine derartige
intellektuelle Machtstellung erringen, hätte sie es in der
Wissenschaft, Publizistik und Politik mit ebenbürtigen
Gegenspielern zu tun. Doch in den Jahren des Austrofa-
schismus und Nationalsozialismus ist die österreichische
Intelligenz zum größten Teil vertrieben oder ausgerottet
worden. Innerhalb der Rechtspartei hat man immer dem
Niveau der Agrarbevölkerung Rechnung getragen. Aber
auch in der sozialistischen Partei, die sich in den Jahren der
ersten Republik unschätzbare Verdienste um die Arbeiter-
bewegung erworben hatte, ist jener heilige Eifer bisher
nicht wieder erwacht. Und die wenigen Köpfe der extre-
men Linken – sämtlich aus der Emigration heimgekehrt –
sind so sehr in ihre engstirnige und intransigente Doktrin
verrannt, daß sie mehr Schaden als Nutzen stiften.«

Nein, ich sehe alles schärfer, mitleidloser bei diesem
Aufenthalt in meiner Vaterstadt. Der Bericht, den ich im
Juli in der Karlsbaderstraße schreiben werde, endet mit bitteren Worten. Man müsse, so heißt es da, »mit Befremden,
ja mit Trauer eine Entwicklung verfolgen, die, das Erbe
einer höchst verfeinerten Kultur verschleudernd, vom Geschmack zur Abgeschmacktheit, vom Wissen zum Besser-
wissen, vom Weltbürgertum zum Kleinbürgertum zu füh-

ren droht.« Fast scheint mir heute, ich hätte damals, kurz vor der geplanten »endgültigen« Abkehr vom Festland und Rückkehr nach England, mir dieses Wien, dieses Österreich aus dem Herzen reißen wollen. Und dafür gibt es ja zu jeder Zeit, wenn man dazu entschlossen ist, Gründe genug.

Noch ist es nicht so weit. Noch sitze ich einigermaßen heiter, nicht ahnend, was sich zugleich in Berlin vorbereitet, mit Hans Weigel, Ilse Aichinger, den Freunden Zeno und »Bobby« beim Heurigen, noch mache ich Besuch bei den treuen Seelen Anna und Marie, bei Csokor, beim Magus. Die Abreise ist für das Ende des Monats geplant. Doch am 23. Juni beordert mich ein Anruf Peters in aller Dringlichkeit zurück. Das letzte Interludium findet ein jähes Ende. Der nächste Akt in der Tragikomödie der Weltgeschichte hebt an. Er bringt die Teilung der Welt in zwei Lager: Ost und West.

# III.

# Saus, Braus und aus

An der Illusion, es könnte nach einem langen, verheerenden Krieg nun für eine Weile Ruhe eingekehrt sein und kein neuer, gar ein militanter Konflikt die Menschheit bedrohen, hatten wir in dem vorangegangenen Jahr verzweifelt festgehalten. Was sich die einen als »friedliche Koexistenz« erhofften, schien den anderen, zumal jenen, die der täglichen Realität von Bombenangriffen oder den Kämpfen an der Front niemals ausgesetzt gewesen waren, sondern all dem jenseits des Atlantik zugesehen hatten, eine Unmöglichkeit. Lieber wollten sie die europäischen Länder und Städte sogleich wieder der tödlichen Vernichtung aussetzen, um das fraglos üble Stalinregime zu entmachten, so lange der Westen noch den Vorteil der Atomwaffe besaß. Auf diese beiden Grundhaltungen lief es immer deutlicher hinaus. Wir, die wir am Ort des Geschehens saßen, an dem genauen Schnittpunkt zweier entgegengesetzter Staatsformen und Ideologien, glaubten immer noch, durch schiere menschliche Kontakte zwischen Vertretern dieser beiden Systeme das Schlimmste verhüten zu können. Bis kurz vor dem Auseinanderfall der Westmächte und der Ostmacht hielten wir an dem öffentlichen Auftrag und dem eigenen Wunsch nach solchen Begegnungen mit dem potentiellen Feind von morgen fest.

Aber da wir, mit Koestlers so treffendem Wort, nicht dauernd auf der heroischen – in diesem Fall historischen –, sondern zugleich auf der trivialen, der alltäglichen Ebene lebten, gaben wir uns den Anregungen und Ablenkungen dieser heterogenen, polyglotten Gesellschaft, der wir hier vorübergehend angehörten, immer wieder genußvoll hin. Im Mai 1947 feierten der hochbegabte Zeitungsmacher und Verleger Helmut Kindler und die so schöne wie kluge Nina Raven ihre Hochzeit mit einem Fest, auf dem alles, nur nicht eine unüberbrückbare Gegnerschaft der in Berlin personifizierten Gesinnungen oder Dogmen, zum Ausdruck kam. Schließlich war Kindler unmittelbar nach Kriegsende in Berlin von einstigen Kameraden im Widerstand, den in die Sowjetunion emigrierten Literaten Herrnstadt und Erpenbeck, in die Redaktion des *Berliner*, der ersten russisch lizensierten Zeitung in der Stadt, geholt worden, die er freilich nach wenigen Wochen verließ, um Chef vom Dienst im *Tagesspiegel* zu werden. Die Verbindungen zu diesen Gefährten bestanden sicher noch, und vermutlich waren auch sie zur Hochzeit geladen.

Nicht lange davor hatten sich Edouard Roditi und seine Mutter »mit allem Komfort Manhattans«, wie ich mir notierte, in Berlin installiert und begonnen, große Gesellschaften zu geben. Ein brillanter Essay von Roditi in Connollys Zeitschrift *Horizon* über Italo Svevo und dessen Bezüge zum alten Österreich, zu Arthur Schnitzler, hatte mich bewogen, ihm nach New York zu schreiben. Anfang Januar 1945 kam eine längere Antwort von ihm, in der er mir seinerseits Elogen über meinen *Grand Meaulnes*-Aufsatz machte und mir nebenbei jene erste, schon zitierte Nachricht über Moravia gab. »Ich hoffe«, so schloß er, »von Zeit zu Zeit von Ihnen zu hören, nach Art des achtzehnten Jahrhunderts, als gäbe es keinen Krieg oder vielmehr, als ob das alles nur als ein Vorwand für intelligente Überlegungen existierte (und wenn wir das alles während der letzten fünfzehn Jahre so behandelt hätten, statt à la D.H. Lawrence oder à la Ernest Hemingway vor uns hinzubrüten, hätten wir die Dinge auf intelligente Weise unter Kontrolle gebracht, dessen bin ich sicher).« Aus diesem Briefwechsel hatte sich mit einem der weltbürgerlichsten und originellsten aller Geister eine Freundschaft ergeben, die in vielen Städten Europas immer wieder erneuert wurde und bis heute währt.

Ende Mai trafen wir in Peter Suhrkamps Haus in der Zehlendorfer Forststraße mehrmals Gottfried Bermann-Fischer, der zum ersten Mal aus Amerika nach Berlin gekommen war, um die Beziehungen zu dem Freund und redlichen Verwalter des S. Fischer Verlages während der dunklen Jahre auf eine neue Basis zu stellen. Ich fand in »Goffi«, wie auch ich ihn später nennen sollte, einen Mann von sehr ruhiger, gelassener und höchst angenehmer Ausstrahlung, der mich auf berührende Weise, auch äußerlich, an meinen Vater in dessen besten Jahren erinnerte. Wie bedauerlich die Umstände sein würden, unter denen sich S. Fischers Erben später von Suhrkamp trennten, und wie viel ich in späterer Zeit mit Tutti und Goffi zu tun haben würde, ahnte ich damals nicht.

Die Begegnungen mit Peter Suhrkamp, bevor er vor Ende 1947 Berlin verließ, um noch im Einverständnis mit Bermann-Fischer den Verlag in Frankfurt zu etablieren, waren in vieler Hinsicht aufschlußreich. Wir empfanden den zweifellos bedeutenden Mann, der hinter seiner oft humorvollen Haltung eine starrsinnige Selbstgerechtigkeit nie ganz verbarg, als eine seltsam zwiespältige Natur. Er hatte die Nazis nicht einfach gehaßt, sondern tief verachtet. Er war demonstrativ zu Samuel Fischers Begräbnis gegangen, er hatte längere Zeit in einem KZ verbracht. Gleichwohl gab es Charakterbrüche. Flesch, der bei Hitlers Machtübernahme in Berlin seßhaft gewesen war, hatte uns einmal erzählt, wie rasch Peter Suhrkamp sich damals von seiner jüdischen Freundin getrennt hatte. Das stand in äußerstem Gegensatz zu der bewundernswerten Handlungsweise Änne Ullsteins, die zu jener Zeit in Scheidung von ihrem Mann gelegen war und diese sogleich rückgängig gemacht hatte, um ihn heil, wenn auch von Demütigungen nicht unverschont, durch die bösen Jahre zu bringen. Ihre Freundschaft mit Mirl Suhrkamp, übrigens einer Schwester Ina Seidels, die ihrerseits dem Regime keineswegs ablehnend gegenübergestanden war, schien uns herzlich und eng. Oft sollten wir die beiden Damen, zur Verlegenheit ihrer Ehegatten, bis spät in die Nacht miteinander lachen und zechen sehen, und nicht nur einmal sank Mirl, zuletzt denn doch nicht ganz so ausdauernd, unter den Tisch und wurde mit einiger Mühe nach Haus gebracht.

Wie viele Schattierungen und Abstufungen im Denken und Verhalten der im Lande verbliebenen Intellektuellen gegenüber dem Naziregime möglich gewesen waren, wurde uns damals immer klarer. Da konnte einer lange eingesperrt oder auf andere Weise verfolgt gewesen sein und war doch infiziert von manchen der Klischeevorstellungen, deren diese teuflische Ideologie sich bediente. Die »Stillen im Lande« etwa, Ernst Wiechert im Strahlenkranz seiner Haare, oder Carossa, der einsame Landarzt, umgaben sich trotz ihres verbürgten Abscheus vor den Nazis mit der Gloriole der erhabenen, weltfernen Einzelgänger, als die der sonst so rigide Staat seine Dichter am liebsten sah. Wir gewöhnten uns ab, je wieder zu generalisieren. Wir lernten, jeden Menschen nach seinen eigenen Anlagen zur Konsequenz, zur Standhaftigkeit, schlechthin zur Moral zu beurteilen und, wenn möglich, nicht zu verurteilen. Sehr bald nach meiner Ankunft hatten uns gemeinsam Sebastian Haffner und Eckart Peterich besucht. Haffner, der in nächster Nachbarschaft zu uns in Wimbledon lebte, dessen Tochter mit der unseren zur Schule der Ursulinerinnen ging, hatten wir in London nicht öfter als ein- oder zweimal besucht. Es war bezeichnend für das amalgamierende Klima von Berlin, daß er diesmal sofort bei uns Visite machte.

Ihm war es 1938 endlich gelungen, den lange geplanten Sprung nach England, ins dauernde Exil, zu tun. Dort hatte er bald hohe Bedeutung als Mitarbeiter des *Observer* und, mit Koestler und Orwell, als Herausgeber einer vielbeachteten kämpferischen Schriftenreihe erlangt. Von »Ecki«, Peters Jugendfreund aus Hellerau, wußten wir, er habe mit seiner italienischen Frau und ihren Kindern den Krieg in Florenz verbracht, aber dort gewisse Zugeständnisse an die deutschen Waffenbrüder machen müssen – so sei er etwa, notgedrungen und um seine Angehörigen zu schützen, in ihren auftrumpfenden Umzügen mitmarschiert. Nie, nie, haben wir ihm dies verübelt. Es gab Familien in Deutschland, Gelehrten- oder Künstlersippen, zu denen die Peterichs gehörten, deren Widerwille gegenüber den brutalen und geisttötenden Machthabern so unausrottbar, so tief eingewurzelt war, daß er trotz gelegentlicher, zwanghaft erpreßter Konzessionen an diese nie in Frage stehen konnte.

Anfang August kam aus London die bestürzende Nachricht, Tetta Flesch-Brunningen sei gestorben, eben fünfzig Jahre alt. Ich schrieb Flesch einen langen Trostbrief und bat meine Mutter, sich mit ihm in Verbindung zu setzen und zu sehen, wie sie ihm helfen könne. Bald erfuhren wir, er sei nach Italien gefahren, nach Forte dei Marmi, eingeladen von den Peterichs, die er ebenfalls seit vielen Jahren kannte. An Mimi schrieb ich: »Flesch ist immer ein Faun gewesen, der nach Italien paßt, und er wird dort etwas wiederfinden, was er vielleicht inzwischen verloren hat.« Bei all seinem Kummer um die Verlorene hat er sich dann auch in Forte an der bewundernden Zuneigung der jüngsten Peterich-Tochter, die ihn auf Gebirgswanderungen in den Marmorbergen und auf die Pania begleitete, wieder hochgerankt. Unser Briefwechsel zwischen London und Berlin ist danach nicht mehr abgerissen.

Mit mir sollte um diese Zeit Entscheidendes geschehen. Ich war drauf und dran, einen neuen Beruf zu ergreifen. Ab August 1947 gab die *Welt*, vier Monate zuvor in Hamburg gegründet, eine gesonderte Berliner Ausgabe heraus, Peter wurde deren Chefredakteur und bestellte mich zur Theaterkritikerin. Ich hatte in Berlin schon viel geschrieben:

Berichte an den *New Statesman* und andere englische Publikationen, deutschsprachige Beiträge für Zeitschriften und Zeitungen in Berlin oder den Wiener *Turm* und das *Neue Österreich*. Ich hatte meine Tagebuchnotizen aus dem Vorjahr in ein englisches kleines Buch verwandelt, das nun *Return after the Flood* heißen sollte, aber noch nicht abgeschlossen war, und einen Teil der *Fruits of Prosperity* ins Deutsche übersetzt. Seit dem Oktober 1933, in dem ich der Wiener *Neuen Freien Presse* einen Bericht über Erika Manns Kabarett »Die Pfeffermühle« schickte, hatte ich keine Bühnenrezension verfaßt. Nun sollte diese Übung zu einer ständigen, fast vier Jahrzehnte anhaltenden Tätigkeit werden.

Worauf hatte ich mich eingelassen? Welches fragwürdige Richteramt hatte ich mir angemaßt? »Über Leichen gehen« nannte Thomas Bernhard lange danach den Wesenszug und die bewußte Absicht des Kritikers. Zwei Beispiele, die Flesch mir längst erzählt hatte, sprechen dafür. Im Romanischen Café habe es einen Rezensenten gegeben, der sich mit den Worten vorstellte: »Mein Name ist Holzbock, ich kann Ihnen sehr schaden.« Und ein Schauspieler, den Flesch kannte, habe sich vor einer Premiere hinter dem Vorhang übergeben, als er durch das Guckloch Alfred Kerr in einer der ersten Reihen sitzen sah. Dieser selbe Kerr, so fand ich später heraus, hatte dem Kritiker sowohl Sachlichkeit wie Willkür zugebilligt. Haß und Liebe sollten sein eigenes Urteil bestimmen, Schleuder und Harfe seine Werkzeuge sein. Zweifelte man an der Würde dieses Berufes, dann konnte man sich immerhin auf eine Ahnenreihe stützen, die Lessing, Kleist, Schlegel und Fontane einschloß – nicht zu reden von den gleichermaßen unerbittlichen, miteinander zu Tode verfeindeten Alfred Kerr und Karl Kraus.

All das berührt mich um die Mitte 1947 nicht. Ich übernehme die Aufgabe mit Lust, manchmal bis zu fünfmal die Woche in den westlichen Sektoren wie im Osten Berlins

*Gestylt von Sibylle (Berlin 1947)*

Premieren zu besuchen und danach, unermüdbar in der frischen märkischen Luft bis in die frühen Stunden, zumeist Nachtkritik zu betreiben. Ich bin erregt von den Möglichkeiten, im Rahmen einer Rezension grundsätzliche Meinungen jeglicher Art zu äußern, aber sicher auch von dem Bewußtsein einer plötzlich errungenen Macht. Eingekleidet von den Berliner Modeschöpfern Noecker und Lutz –

Mimi besorgt die Stoffe in London mit ihren eigenen Coupons –, denen ich immer wieder übertriebenes Geglitzer abhandeln muß, frisiert von Sibylle, die mir kunstvolle Haargebäude auftürmt, erscheine ich in den Bühnenhäusern Berlins in einem törichten Selbstgefühl, das durch die Besessenheit dieser Stadt mit ihrem »Theata« und durch die unterwürfige Verehrung, die sie der Instanz der Kritiker zollt, dauernd angefacht wird.

Ihr »Theata« ist aber auch eins, das sich sehen lassen kann. In einem Almanach, den Herbert Ihering im nächsten Jahr über die *Theaterstadt Berlin* herausbringt, werde ich jene Besessenheit rühmen: »Inmitten der verödetsten Metropolis der Welt, inmitten grauer und weißgebleichter Häusergebeine erheben sich noch, und schon wieder, Schaubühnen von einer Pracht, wie sie ein Londoner daheim vergeblich suchen mag. Was soll er nun denken? Sind es trügerische Fassaden, Potemkinsche Dörfer, hinter denen man ihm ein gesundes volksbürgerliches Leben vorzutäuschen versucht? Nein, sie sind es nicht. Sie sind die Wirklichkeit selbst, die einzige, die noch geblieben ist. Die Kulisse hat das Leben ersetzt. . . Hier allein wird noch getrunken und gespeist, sorglos geliebt und grundlos gestorben, einherstolziert, geträllert, charmiert, gelacht. . . Und flink hat auch das Theater seine Macht erkannt. Man überlege es sich recht: Wer regiert diese Stadt? Schauspieler sind ihre Volkstribunen, Kritiker schwingen das Liktorenbündel, Furcht und Schrecken verbreitend.«

In demselben Almanach kann ich heute nachlesen, wer den Berlinern in diesen Jahren die Wirklichkeit ersetzt hat: all die großen Mimen, die – ich sagte es schon – noch aus der Weimarer Zeit herüberragten oder die, mehr oder weniger unberührt von den Schauermenschen, deren Lob sie nach der Vorstellung in der Regierungsloge entgegennehmen mußten, in den vergangenen Jahren zu Ruhm gelangt sind. Paul Wegener und Aribert Wäscher, Elsa Wagner und Käthe Dorsch, Gustaf Gründgens und, ja, Ernst

Busch – sie alle waren noch da und Siegmar Schneider, Wolfgang Lukschy, Antje Weisgerber und Horst Caspar waren hinzugekommen. Dies nur im Ostsektor. An den Bühnen im Westen gab es immer noch Roma Bahn, Axel von Ambesser, Walter Franck, und nun auch Joana Maria Gorvin, Ernst Schröder, Hildegard Knef, Michael Tellering – ach, wie viele, viele! Zuweilen wechselten sie hin und her, das war damals durchaus möglich. Wie sehr aber schlugen die Aufführungen, in denen ich sie sah, mich in ihren Bann, wie habe ich gezittert vor Ergriffenheit bei einem *Woyzeck*, den Wolfgang Langhoff inszenierte und der mich wie im Sturm aus den so lange für unübersteigbar gehaltenen Höhen des englischen Dramas wieder in die des deutschen riß! Ich weinte, ich konnte die Nacht danach nicht schlafen: so hab ich's mir notiert. Auf sanftere Art bewegte mich in demselben Haus, drüben in den Kammerspielen, das Hans-Andersen-Stück von Jewgenij Schwarz *Der Schatten* unter der Regie von Gründgens – die Gegenspieler Lukschy und Schneider sehe ich heute noch vor mir.

Meine Memoiren drohen zu entarten. Nur dies noch: wenn etwas den Kritiker zu seinem schnöden Amt legitimiert, dann ist es seine eigene Leidenschaft für die Kunst, die Literatur oder das Theater, die zu zensieren er sich erfrecht. Und diese Leidenschaft habe ich, seit ich mit acht Jahren in der Wiener Volksoper das musikalische Märchenspiel *Schneewittchen im Donautal* sah, ein Leben lang besessen. Aber die Hybris wuchs. Schon im Juni, noch vor dem Erscheinen der Berliner *Welt*, schrieb ich Mimi: »Ich habe hier schon wieder einen Privatruhm. Als Theaterkritikerin, sagt man, würden sich alle entsetzlich vor mir fürchten . . . Das Theater ist in Berlin die Staatsreligion.« Nicht lange darauf, verwundert: »Ernste Männer nehmen sich zu Herzen, was ich über Shakespeare sage.« Bald schon auftrumpfend: »Ich bin im Augenblick hier einer der Stars der Theaterkritik, und da das Theater das ganze gei-

stige Leben ausmacht und von einer kleinen Koterie beherrscht wird, gehöre ich also zur spirituellen Haute volée
von Berlin und werde überall gelesen und dann bekompli-
mentiert.« Vier Monate später dann der Trompetenstoß:
»Ich will mich nicht wichtig machen, aber ich muß Dir
doch erzählen, was der Peter gestern berichtete – daß ihm
sein Feuilletonchef sagte: Sie müssen wissen, Ihre Frau ist
überhaupt die berühmteste Frau von Berlin, überall hört
man, daß sie die geistreichste Frau ist, die hier je geschrieben hat, und daß ihre Kritiken durchaus die besten sind.«
Vorher schon hatte ich Mimi leicht verlegen berichtet:
»Tout vient à qui sait attendre – jetzt werde ich auch noch
schön genannt. Die müssen hier komische Vorstellungen
haben.«

Wie fadenscheinig das alles war, ist mir wohl bewußt
und braucht mir niemand klarzumachen. Peters Feuilletonchef hatte allen Grund, ihm schmeicheln zu wollen.
Und mir neben Friedrich Luft, der gleichzeitig in der
Neuen Zeitung rezensierte, die Palme zuzuerkennen, war
reiner Unfug. Doch wem hätten solche Euphemismen
nicht den Kopf verdreht? Für Mimi, die allein in London
zurückgeblieben war – Lonny lebte noch auf dem Land –,
sollte es jedenfalls ein Trost sein, daß ich fern von ihr zumindest erfolgreich war. Ohnehin wußten wir alle, daß
diese Zeit »im Hörselberg«, wie ich sie ihr beschrieb, überaus kurz und begrenzt war, daß auch meine Kleiderpracht
nicht andauern würde. Einmal, um neue Stoffe bittend:
»Später in Kuchl werde ich keine besonderen Kleider brauchen oder tragen wollen.« Das ging auf den Ausspruch einer alten böhmischen Wiener Köchin zurück, die von ihrer
Herrin befragt, ob sie den eben erfolgten Erdstoß wahrge-
nommen habe, vorwurfsvoll erwiderte: »Bei uns in Kuchl
wird ma was hör'n!« Und zurück »in Kuchl« wollten wir
um jeden Preis: Die Kinder sollten in England aufwachsen,
das war unser fester Entschluß. Auch wenn wir am Rand
der englischen Gesellschaft, der englischen Literatur und

*Fritz Kortner bei der Probe zu Büchners* Dantons Tod *1954*

Publizistik leben würden: inmitten einer Gemeinschaft uns wieder niederzulassen, die unseresgleichen vor so jüngst-vergangener Zeit vertrieben oder vernichtet hatte, dazu waren wir – noch lange – nicht bereit.

Dann und wann rann uns ja in der Tat ein Schauer über den Rücken, wenn hochachtbare Deutsche, ohne es zu wollen oder gar zu wissen, jene archaische Grundhaltung verrieten, die tief in ihnen noch verankert war. Im Dezember sahen wir eines Abends Fritz Kortner mit Paul Wegener im Parkett des Theaters am Kurfürstendamm sitzen, wo man den *Sommernachtstraum* gab. Es war, wie ich meine, sein erster Aufenthalt nach der NS-Zeit in Berlin. Und bald darauf erzählte er uns, nicht ohne sich selbst im Gedanken daran zu schütteln, wie Jürgen Fehling ihn beim ersten Wiedersehen angefleht hatte, unter seiner Regie auf die Berliner Bühne zurückzukehren: »Sie müssen wieder zu uns kommen, Kortner, wir brauchen Ihren schwarzen Samen.« Noch heute entsetzt mich, was daraus sprach. Und auf ganz andere Weise bestürzt mich jetzt, im nach-hinein, zu erkennen, wie sehr alle unsere Maßstäbe damals schon ins Wanken geraten waren. Freilich hatten wir, als er erschienen war, Klaus Manns Schlüsselroman *Mephisto* ge-lesen. Dennoch bewunderten wir jetzt nicht nur vorbehalt-los Gustaf Gründgens' neuerliches, in der Tat ja faszinie-rendes Wirken am Deutschen Theater, sondern parlierten mit ihm auch aufs liebenswürdigste bei einer Party, die der so versöhnliche Mike Josselson für ihn gab – nicht minder liebenswürdig, als er selbst sich mit seinem Beschützer Gö-ring unterhalten haben mochte. »Heute abend«, so an Mimi, »dinieren wir mit der Dorsch«: eben jener, die gute Beziehungen zu eben jenem Göring unterhalten hatte und ihn zeitweilig um Gnade für einen bedrohten Juden bat. Was sollten wir denn wirklich von unserem eigenen Cha-rakter halten, wenn wir mit Georg Honigmann, der Peter eine Weile lang drüben im Ostsektor in seiner Zeitung *Ber-lin am Mittag* auf das bösartigste angegriffen hatte, nun wieder freundschaftlich verkehrten, als wäre dies und sein Verrat an ihm und an den Briten nie geschehen?

War es Konzilianz, Toleranz, Einsicht, Resignation – oder ein Rückfall in jene verschwommenen, verschmierten Zustände, wie sie im letzten Lustrum der ersten Republik Österreich geherrscht hatten? Nicht anders als damals empfanden wir es nötig, ja, als gewiß und daher beruhigend, daß wir diesen Zuständen wieder entrinnen würden, um in einem England zu leben, wo dergleichen Dilemmas uns nicht bedrängen würden. Kritiklos aber würden wir nach diesen Berliner Jahren in die zweite Heimat nicht zurückkehren können, das wurde uns etwa auf dem »Ersten deutschen Schriftstellerkongreß« im Oktober 1947 deutlich, den alle vier Besatzungsmächte gebilligt hatten, der wohl von dem unsympathischen Major Dymschitz initiiert worden war, dessen Tagung aber im Hebbeltheater im britischen Sektor begann.

Die Russen hatten drei ihrer bedeutendsten Autoren als Beobachter entsandt: Valentin Katajew, Wselowod Wischnewski und Boris Gorbatow. Zu den deutschen Schriftstellern unter ihrer Ägide gehörten die von mir immer noch heißverehrte Seghers und Johannes R. Becher, Günther Weisenborn, Friedrich Wolf und der junge Stephan Hermlin. Auf der Seite des Westens waren die große alte Ricarda Huch, Elisabeth Langgässer und Axel Eggebrecht erschienen. Aber weder die Franzosen noch die Amerikaner noch unsere Engländer hatten namhafte Literaten nach Berlin geholt. Aus London waren unser lieber Freund Hermon Ould, Generalsekretär des P.E.N., aber doch keine seiner literarischen Leuchten, allein der politische Schriftsteller N.S. Brailsford und der redliche deutsche Emigrant Wilhelm Unger gekommen. Eine versäumte Gelegenheit, den Reichtum an hervorragenden englischen Autoren zu dokumentieren, der uns damals gewaltiger erschien als der jeder anderen Nation! Über den Auftritt Melvin J. Laskys auf diesem Kongreß, der den jungen, bis dahin unbekannten

70

*Schriftstellerkongreß 1947. 1. Reihe: Katajew, Dymschitz, Wischnewski und Gorbatow (5. v. l.). 2. Reihe: Peter, ich (2. u. 3. v. l.), Josselson (5. v. l.), hinter ihm Lasky.*

Ricarda Huch mit Peter

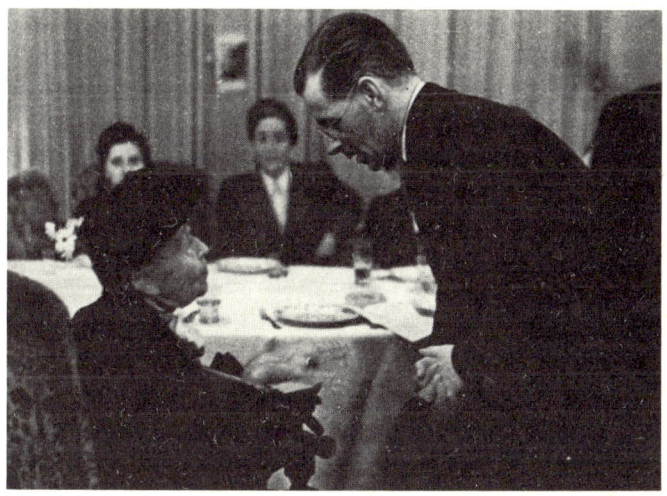

*Kingsley Martin, gezeichnet von Felix Topolski*

Amerikaner mit einem Schlag ins Licht der Weltöffentlich-
keit katapultierte, ist viel geschrieben worden, und er hat
wohl selbst darüber berichtet, wenn dieses Buch erscheint.
Katajews wütende Polemik gegen ihn, zugleich gegen
André Gide, der nach anfänglicher Lobpreisung der
Sowjetunion seine Meinung drastisch geändert hatte,
bleibt mir in Erinnerung. Ebenso Edwin Redslobs rüh-

rend antiquiertes Plädoyer für eine neue Weltliteratur im Goetheschen Sinne, oder Peters Anprangerung des »handwerklich unzureichenden Niveaus« des neuen deutschen »Schrifttums« – ein inzwischen verpöntes Wort –, die ihm wieder einmal die Sympathien seiner Berliner Zuhörer verscherzte. Dabei hatte er es, in seiner didaktischen Art, ja wirklich als Ansporn gemeint.

Aus gutem Grund erspare ich mir, auf die Debatten dieses Treffens wie der vielen dutzenden von Schriftstellerkongressen, denen ich in meinem Leben noch beiwohnen sollte, näher einzugehen. Nur von dem ganz und gar unglaublichen, besonders im Berlin dieser immer noch entbehrungsreichen Zeit völlig surreal wirkenden Bankett muß ich noch berichten, das die Russen für alle Teilnehmer an der Tagung gaben. Die riesige Tafel bog sich unter der Last der Kaviarschüsseln und Fischmayonnaisen, der luxuriösesten Speisen und Weine, der Butterberge auch, an denen wir auf den Rat Eingeweihter löffelten, um unsere Mägen gegen die unzähligen Gläschen Wodka zu panzern, die in einer endlosen Reihe von Toasts geleert werden mußten, wobei ein ausgehungerter deutscher Autor nach dem anderen unter den Tisch fiel wie Suhrkamps Mirl. Dazu spielte ein Balalaikaorchester, übertönt vom Gesumm der Esser und den immer hitziger werdenden Aufforderungen unserer Gastgeber zu einem neuen Toast auf die glorreiche Rote Armee, auf den König von England, auf – ich weiß es nicht mehr. Tagelang konnten wir uns von dem gargantuesken Fest nicht erholen.

Ende November kam Kingsley Martin wieder nach Berlin und nützte seine fünf Tage zu Gesprächen mit sämtlichen prominenten Politikern der Deutschen, die sich an Ort und Stelle befanden, wie mit maßgeblichen Vertretern der Besatzungsmächte. Einmal gab es bei uns von neun Uhr abends bis Mitternacht einen politischen Salon, bei dem Jakob Kaiser, Ernst Reuter, Arno Scholz und ein Mann namens Buschmann, eine *eminence grise* der neuen deutschen Wirtschaft, anwesend waren. An Mimi: »Wir mußten alles übersetzen und dazwischen Gin and juice und eine Sandwichplatte und Cakes und Kaffee servieren.« Aber Kingsley konferierte auch mit Kurt Schumacher und Ferdinand Friedensburg. Er kam zu Josselsons Party für Gründgens und immer wieder in den Presseklub, um sich von dem *Observer*-Korrespondenten Robert Stephens und der britischen Pressebeamtin Betty Morgan weiter informieren zu lassen. Er zog mit in die »Greif«-Bar, wohin Heinz Ullstein uns eingeladen hatte, und empfand in dem etwas kläglichen Striptease, das dort stattfand, wohl einen Nachhall von Christopher Isherwoods *Goodbye to Berlin*. Ich begleitete ihn dauernd und war wie immer angetan von dem Charme seines vitalen Geistes, von der kühnen Kontur dieses außergewöhnlichen Profils. »Let's be sensible«, sagte Kingsley seufzend, als ich ihn zum letzten Mal in seinem Hotel abholte, um ihn in strömendem Regen ans Flugfeld zu bringen. Sein Besuch war bald vergessen. Eine Party, zu der »The McClaren of McClaren« aus Anlaß der Hochzeit einer englischen Freundin namens Susan Heald alle Briten lud, Susans Empfang für hunderte von Menschen nach der kirchlichen Zeremonie, der wir alle beigewohnt hatten, löschten die Tage mit Kingsley aus.

Mir scheint im Rückblick, daß um jene Zeit die festlichen Umtriebe, das ganze, unverwandt sich drehende gesellschaftliche Karussell in einen womöglich noch hektischeren Gang geriet – in eine Art von Torschlußpanik, die damals durchaus verfrüht war. Noch sollte ich acht Monate in Berlin verbringen, doch vor Ende 1947 begannen schon, unter dem Eindruck der sich deutlich verschlechternden Beziehungen zwischen den Alliierten, manche Deutsche – unter den ersten Peter Suhrkamp – der Inselstadt den Rücken zu kehren, und auch manche vertraute Gesichter unter den Briten und Amerikanern verschwanden über Nacht. Weihnachten kam heran, und Peter lud in die Karlsbaderstraße den gesamten Stab der Berliner *Welt*, von den leitenden Redakteuren bis zu den Setzern und Druckern. Es spielten die Städtischen Opernstreicher Haydn und Mozart, dann rollte man die Teppiche zusammen und legte einen echten Berliner Schwof hin bis in die frühen Morgenstunden. Peter, bei den eigenen Mitarbeitern zweifellos beliebt, auch wenn ihn Fernerstehende gern als »unerbittlichen Umerzieher« verteufelten, benahm sich »wie ein richtiger Zeitungsvater«, wie ich Mimi schrieb.

Kurz vor dem Heiligen Abend stand plötzlich Hedwigs Mann vor der Tür. Er war aus der englischen Gefangenschaft entlassen worden und sah dick und wohlgenährt aus. Eine Woche vorher war Frau Kuhn in Tränen aufgelöst gewesen, weil ihr Stiefsohn, ein vormals strammer junger Mann, den die Russen ihrerseits aus dem Lager heimgeschickt hatten, nach der Rückkehr an Entkräftung gestorben war. In diesen Tagen klagte ich meiner Mutter: »Es fällt einem sehr schwer, immer noch eine Verständigung mit den Russen zu erhoffen, denn obwohl man einen Krieg um alles in der Welt vermeiden möchte, sieht man hier, daß die Russen wirklich alles daran setzen, sich ihre Gönner zu verscherzen. Das ist sehr traurig. Aber zumindest kann man sich nicht vorwerfen, den Bruch selbst beschleunigt zu haben, wenn man sich jetzt der ärgsten Hetze enthält.«

Im Presseklub holte nicht lange vor dem Silvesterabend Betty Morgan, die wir in der letzten Zeit liebgewonnen hatten, ihr Pendel heraus und führte uns ihre Zauberkünste vor. Sie war eine hübsche, robuste Frau, deren Eltern teils aus Wales, teils aus Cornwall stammten, und dies, so sagte sie, habe sie zur Hexe befugt. Sie ließ ihr Pendel über Fotografien oder persönlichen Gegenständen von Menschen kreisen, über die wir Auskunft haben wollten, und es schlug nicht nur bei Männern und Frauen in verschiedene Bewegungen aus, sondern benahm sich unheimlich in Fällen, über die Betty keine Einzelheiten wissen konnte. Wenige Wochen nach dem Schriftstellerkongreß war die große Ricarda Huch, die ihn mit einer so bewegenden Ansprache eröffnet hatte, im Taunus gestorben. Als wir Betty eine Fotografie vorlegten, auf der Ricarda Huch neben Peter zu sehen war, hielt das Pendel an, rührte sich nicht, und Betty sagte, dieser Mensch sei nicht mehr am Leben. Über einer Fotografie meiner Mutter bewegte es sich unruhig, war nicht ins Gleichmaß zu bringen. Betty meinte, diese Frau sei von Krankheit bedroht. Hätten wir nur damals auf ihre magische Einsicht geachtet! Es mag wohl sein, daß dieses Pendel einen physischen Vorgang in Mimi anzeigte, der sie uns nach kaum mehr als drei Jahren entriß.

Den Neujahrsabend verbrachten wir in der wiederhergestellten Komischen Oper: unbeschreiblicher Prunk inmitten der Ruinen. Walter Felsenstein hatte *Die Fledermaus* inszeniert, und eine Aufführung von solchem Reiz und Rausch war ihm gelungen, daß allen, nicht nur der Wienerin im Publikum, jedes Gefühl für Ort und Zeit verging und nur die Belle Epoque des österreichischen Kaiserreichs triumphierte. Der bärtige Tenorbuffo namens Hülgert, der den Eisenstein sang, gewann mein Herz wie Jahre später Cesare Siepi als Don Giovanni – Rückfälle in kindische Verzückungen vor einer Bühnenpräsenz. Nachher gingen wir aber doch nicht in die »Möwe«, das Ostberliner Schauspielerlokal, in dem wir sonst häufig Abende in diesem Sektor beschlossen hatten, sondern in den westlichen »Bühnenklub«. Schon zogen auch wir uns vorsichtig auf die eigenen Reservate zurück.

Es sei durchaus nicht sicher, warnte ich meine Mutter zu Beginn des neuen Jahres, daß Berlin nicht doch von den westlichen Alliierten geräumt werden müsse. Diese Möglichkeit mag damals auf höchster Ebene erwogen worden und in die unteren Ränge der Kontrollbeamten und der Presse durchgesickert sein. Die Bewohner der westlichen Sektoren hatten denn eine Weile guten Grund, sich vor einem totalen Abzug ihrer Beschützer zu fürchten. Umso mehr lag es an uns, durch ein vorerst unverändertes Verhalten gegenüber den Sowjetbesatzern und den ihnen unter-

*Bertolt Brecht mit Johannes R. Becher (um 1954)*

stellten Berlinern zu betonen, daß keine unmittelbare Gefahr bestand. Wie wir zu der glanzvollen Eröffnung der
Komischen Oper gefahren waren, so besuchten wir weiterhin die Premieren im Ostsektor: im Deutschen Theater, in
den Kammerspielen, im Theater am Schiffbauerdamm.
Wir besuchten auch Schriftsteller auf der anderen Seite.
Wenn wir zu Johannes R. Becher nach Pankow fuhren,
hatten wir einen streng bewachten Sperrgürtel zu passie-
ren, weil nicht nur seine Villa in diesem Stadtteil lag, son-
der auch die Behausungen der prominenten Sowjetoffi-
ziere dort angesiedelt waren.

Für mich war Becher, damals ja bereits designierter Mit-
vorsitzender eines neuen deutschen P.E.N., als eine der legendären Figuren aus der Frühzeit des Expressionismus
bekannt, die sich dann, wie auch Brecht und Benn, in ent-
gegengesetzte ideologische Richtungen entfernt hatten: für
mich eine logische Folge ihres Extremismus in der Litera-

tur. Ich wußte auch von der Tragödie seiner Jugend, von dem versuchten Doppelselbstmord, bei dem das Mädchen starb und Becher überlebte. Jetzt erschien er mir als alles andere denn ein tragischer Mensch, vielmehr als robust, selbstbewußt, zugleich von bajuwarischer Jovialität. Damals hieß es bereits, Becher stelle sich bei Aarenshoop, wohin er immer wieder zur Erholung fuhr, an den Strand und blicke aufs Meer hinaus wie der »König der Ostsee«. Bei ihm und seiner Frau Lilly wurde gut und reichlich gegessen. Über ideologische Festlegungen, gar Konflikte zwischen uns sprachen wir nicht, vermutlich eher über die ersten Regungen einer deutschen Nachkriegsliteratur. Mehr als seine Vorstellungen darüber, wie die wohl in die Bahnen eines sozialistischen Realismus zu lenken sei, habe ich in Erinnerung, wie gern der spätere Kulturminister der DDR Krautwickel aß. Diese, von mir und Frau Kuhn mit Sorgfalt und in reichlicher Tomatensauce zubereitet, bestellte er sich im voraus und verzehrte er mit äußerstem Genuß, wenn er zu uns in die Karlsbaderstraße kam.

Wer in jenen Monaten vor dem großen Bruch Berlin verließ, wurde alsbald durch Neuankömmlinge ersetzt. Seit einer Weile waren einige Schweizer in unseren Kreis getreten, Manuel Gasser und das Ehepaar Gody und Alex Suter, bald ständig, zumeist gemeinsam mit den Lufts bei uns zu Gast. Unter den Briten sahen wir häufig Bob Stephens und seine Frau Tacqui – aus Aleppo stammend, aber in ihrer schon englischen Kindheit ein Vorbild für Arthur Ransomes junge Segelfreunde in dem berühmten Kinderbuch *Swallows and Amazons* –, Betty Morgan und den treuen John Peet. Schon schien es freilich, als hätten wir immer ausschließlicher deutschsprechende Zirkel um uns geschart, besonders wenn wir nach großen Erstaufführungen in den Westberliner Bühnen das gesamte Ensemble zur Feier in unsere Wohnung luden und am liebsten die polyglotten unter den Briten und Amerikanern hinzuzogen, wie Edouard Roditi und Mike Josselson – da bahnte sich, für nicht mehr als ein halbes Jahr, eine enge und innige Freundschaft mit einem von Londons bedeutendsten Schriftstellern an. Zuvor aber, am 7. Januar, fand am amerikanisch lizensierten Hebbeltheater ein künstlerisches Ereignis statt, das in seiner Thematik wie in seinen Begleitumständen den immer näher rückenden Zerfall in eine westliche und eine östliche Welt signalisierte.

Diesmal ging der Anstoß von den Franzosen aus. Sie hatten in all dieser Zeit, trotz eines von Peter belächelten pomphaften Auftritts bei der ersten alliierten Siegesparade, eine eher zurückhaltende Rolle gespielt. Die von ihrem Kulturoffizier Bourdain lizensierte Zeitung *Der Kurier* wurde hochgeachtet, man fuhr in ihren Sektor, nach Tegel, immer wieder zu den wunderbaren Filmen, die sie uns zeigten, darunter die *Symphonie Pastorale* und wiederholt die *Enfants du Paradis*, die ich allein in Berlin mehr als dreimal, seither an die zehnmal sah. Aber nun holten sie ihr As aus dem Ärmel. Eine Inszenierung von Jean-Paul Sartres Drama *Die Fliegen* wurde unter der Regie von Jürgen Fehling und mit der schönen, hochbegabten Joana Maria Gorvin als Elektra vorbereitet, ein Besuch des Autors in der Stadt im späteren Verlauf war angesagt. Zwei Monate nach der deutschen Erstaufführung des Stücks in Düsseldorf hielt denn der Existentialismus, in den Jahren der deutschen Besatzung von Paris aus einer seltsamen Verschmelzung von französischer Clarté und Heideggerscher Seinsmystik entstanden, spektakulären Einzug in Berlin.

Einen heftiger umstrittenen, in höherem Maße Aufsehen erregenden, auf nachdrücklichere Art die Geister scheidenden Theaterabend habe ich nie erlebt, auch nicht bei der letzten Premiere des Dichters Thomas Bernhard am Wiener Burgtheater, seinem *Heldenplatz*. Wochenlang waren Eintrittskarten auf dem schwarzen Markt für 500 Mark angeboten und aufgekauft worden. In der von den Sowjets kontrollierten Presse hatte die Hetze gegen den »Antihumanismus« des Stückes ebenfalls längst begonnen.

In dem »Ostwest-Nervenkrieg«, so berichtete ich dem *New Statesman*, erhitzten sich die Gemüter über einen Konflikt, der auf der Bühne ausgetragen werden sollte, aber der bitteren Realität entsprach. Obgleich meine Rezension in der *Welt* mir besonderes Lob von Seiten deutscher Leser einbrachte, erhellt die Vorgänge besser, was ich in der Londoner Wochenschrift unter dem Titel »Sartre among the Germans« schrieb.

Die erste und wichtigste These des Stücks, so zitierte ich das Organ der Einheitspartei SED eine Woche vor der Erstaufführung, bestehe in einer tiefen Verachtung der gesamten Menschheit. Hier begegne sich der Existentialismus mit den Hitler-Rosenbergschen »Lebensregeln«. In ihrem Kern enthüllten die *Fliegen*, wie die gesamte Philosophie Sartres, »die Fäulnis der gesellschaftlichen Zustände«. Sie seien »ein zynischer und verzweifelter Versuch, gemäß der großen Krise unseres Zeitalters, die nichts als die tödliche Krise eines untergehenden Systems ist, einen Mythos von Tod und Angst zu erschaffen«. Der Existentialismus, so das Blatt, sei als Philosophie dazu bestimmt, die bürgerliche Intelligentsia dazu zu bewegen, auf dem sinkenden Schiff zu verharren und mit ihm unterzugehen. Der demokratischen Reform Deutschlands erweise das Stück keinen Dienst – und das Argument, daß die Kunst unpolitisch sein müsse, könne man von dieser Seite nicht mehr akzeptieren.

Im *Kurier* kam denn bald die Antwort darauf. »Auf eineinhalb Seiten einer eher lückenhaften Beweisführung«, so nannte ich es im *Statesman*, »die den Beistand von Aeschylus, Montaigne, Machiavelli, Schiller, Kant, Hegel, Marx, Heidegger und Camus anrief, wurde der Versuch unternommen, Sartre als Moralisten und den Existentialismus als eine neue Ethik zu proklamieren. ›Existentialismus ist Humanismus‹, hieß es da. Und zuletzt wurde herausfordernd betont, daß diejenigen, die behaupten, Sartres Lehren bedeuteten Verzweiflung, Nihilismus, Verbarrikadierung gegenüber der Existenz, er selbst aber repräsentiere Dekadenz und Vernichtung, daran erinnert werden müßten, wie oft er seine Absicht verkündet habe, den modernen Europäern dabei helfen zu wollen, ihr Leben ›in Freiheit und Arbeit aufzubauen‹.«

»Auf solche Weise gegensätzlich und nicht allzu erhellend vorbereitet«, schrieb ich, »fanden die Berliner Theaterbesucher sich ein zu ihrer dramatisierten philosophischen Lektion.« Zukünftige Isherwoods, meinte ich, würden mehr über diesen und andere Berliner Premierenabende zu sagen haben, die von einer seltsamen vitalen Spannung erfüllt seien, als träfen die Gegenströmungen europäischen Denkens genau an diesem Punkt und genau an diesem Ort aufeinander.

Überdies sei der Regisseur Fehling ein extravagantes Genie, das gleich Furtwängler eine magnetische und einigermaßen irrationale Macht über einen großen Teil des deutschen Publikums ausübe und dem hier nach einer Abwesenheit von achtzehn Monaten wieder eine Regie anvertraut worden war. Dem Schaustück der neuen französischen Denkrichtung konnte die Schlickschülerin jedoch ebenfalls nicht viel abgewinnen. Im Anschluß an Giraudoux, Anouilh, O'Neill und Gerhart Hauptmann habe der Autor »das Flickwerk seiner Theorie auf dem Kleiderhänger antiker Tragödie aufgehängt«. Die »fundamental-ontologische Schuld«, symbolisiert durch die Fliegenplage, konnte laut Sartre nur durch den fröhlichen Mord des Orestes aus der Welt geschaffen werden. »Der feigste Mörder ist der, der bereut.« Solche gefährlichen Theoreme zu dieser Zeit auf einer deutschen Bühne zu vernehmen, kam einem nun doch fragwürdig vor.

Der Erfolg des Stückes, dessen Botschaft durchaus nicht von allen Zusehern angenommen wurde, habe die intensive Leistung des Regisseurs bewirkt, dessen Versuch, es als ein gigantisches griechisches *grand guignol* zu inszenieren. Dies zu würdigen, hätten die Kritiker anderntags nicht versäumt, aber den Existentialismus, den es exemplifiziere, einstimmig verworfen. *Die Welt* habe diese Denkrichtung, so meine Worte im *New Statesman,* ungehörigerweise mich selbst zitierend, eine eklektische Philosophie genannt, die mit dem Christentum – das sie verdamme – das Konzept der Erbsünde, aber nicht das einer absoluten Moral teile, und mit dem Materialismus – von dem sie abgelehnt werde – einen Atheismus gemeinsam habe, der so antiquiert sei wie dessen metaphysische Antithese. *Die Fliegen* seien verfaßt worden, um eine Lehre zu propagieren, die weder als eine Welterklärung noch als eine ethische Doktrin wahr oder auch nur nützlich erscheine, aber in ihrer Verachtung für das Leben und in ihrer schillernden Vieldeutigkeit jene Geister zu verwirren drohe, die bis vor kurzem noch korrumpiert gewesen seien.

Ja, ich hatte die Stirn, Sartre und den Existentialismus zu einem Zeitpunkt anzuzweifeln, an dem der jahrzehntelange Siegeszug dieses Autors und dieser Philosophie eben erst begann. Mit Peter, der die Gefährlichkeit dieser – schließlich im Jahr 1943 mit Genehmigung der Besatzer und in äußerst beliebiger Deutungsbreite im Pariser Théâtre de la Cité zum ersten Mal vorgeführten und in der Wochenschrift *Das Reich* alsbald gelobten – Gedankenspiele für die Deutschen übertrieben fand, stimmte ich nicht überein. Und als Sartre selbst, gemeinsam mit Simone de Beauvoir, in Berlin erschien und sich auf verschiedenen Plattformen seinen Anhängern und Gegnern stellte, änderte ich meine Meinung nicht: »In der Diskussion lockte er rasch seine kommunistischen und katholischen Widersacher auf sein eigenes Gebiet, auf dem er sie, mit bemerkenswerter Kasuistik, in neuerliche Definitionen im Rahmen einer rein existentialistischen Terminologie verstrickte. Bevor irgend jemand begriff, daß er die grundlegende Auseinandersetzung vermied, war er verschwunden und hinterließ nichts als die vage Erinnerung an seine rhetorische Brillanz . . . Welche Chancen auch Sartre anderwärts hat, als moderner Prophet aufzutreten, im Cockpit von Europa hat er seine Autorität nicht durchgesetzt. Zwischen Ost und West gelang es den Deutschen, ihn so mißzuverstehen, daß nichts von ihm übrig blieb.« Und das, so schloß ich im *Statesman*, sei auf seine Art ein begrüßenswertes Ergebnis. Vermutlich wurde mir meine Weigerung, Sartre als überzeugende Gegenposition zur sowjetischen Kulturpolitik anzuerkennen, von meinen späteren Verleumdern ebenfalls als Zeichen der Schwäche gegenüber dem Kommunismus ausgelegt. Aber »zwischen allen Stühlen zu stehen« – nicht zu sitzen –, übrigens eine spät erst selbstbefolgte Maxime Ernst Fischers, schien offenbar schon damals die einzige mögliche Haltung für mich.

Im Februar, so lese ich nach, kommen Rex Warner mit seiner Frau und ein Ehepaar namens Clark zu uns zum Abendessen. Später stößt Roditi hinzu – »insgesamt eine anregende, reizende Gesellschaft«. Rex ist bekannt als der Mann, »der Kafka in den britischen Roman eingeführt hat«. Ein Angehöriger der »Auden-Generation« – jener jungen, zumeist linksgerichteten Dichter, die in den Dreißigerjahren zu Ruhm gelangt sind, darunter Stephen Spender, Cecil Day Lewis, Louis MacNeice –, hat er sich als einziger unter den Erzählern seines Landes einer abstrahierenden, allegorisierenden, parabolischen Prosa in der Nachfolge Franz Kafkas verschrieben und mit den Romanen *The Professor, The Aerodrome, The Wild Goose Chase,* aber auch mit ungemein sensitiven, wortschönen Versen hohe Achtung unter seinen Zeitgenossen erlangt. Er ist ein großer, aber keineswegs fülliger Mann, anziehend auf jene ernste, wenn nicht gar dustere, zugleich immer wieder zu heiteren Ausbrüchen neigende Weise, die mich stets berückt, und trotz seiner immer noch jugendlichen Jahre – er ist in den frühen Vierzigern – mit zerfurchten Zügen. Frances, seine Frau, ist ungemein sanft und ein wenig traurig, was sich für uns zunächst nur aus der unheilbaren Krankheit ihrer einzigen Tochter erklärt. Mit diesem Mädchen und zwei Söhnen sind die Warners aus Athen, wo Rex nach Kriegsende den British Council geleitet hat, nun aus gleichem Anlaß nach Berlin gekommen. Und es entwickelt sich alsbald zwischen ihnen und uns eine Beziehung, die in fast tägliche Zusammentreffen übergeht. »Immer mehr«, notiere ich mir, »bin ich beeindruckt von seiner Bescheidenheit, seiner Weisheit, seinem Witz.«

Rex kommt, mit oder ohne Frances, zu allen unseren künftigen Besuchen und Unternehmungen mit, sonntags fahren wir mit seinen und unseren Kindern zu Picknicks an den Wannsee, und zu seinem ersten Vortrag über T.S. Eliot bringen wir alle britischen, amerikanischen und englischsprechenden deutschen Freunde mit. In unseren langen Gesprächen zu dritt oder zu viert treten wir, so mag es uns scheinen, nachträglich in die Gemeinschaft jener illustren jungen Geister ein, die wir in London gleichsam vom Sperrsitz aus in der literarisch-politischen Arena der »rosa Dekade« sich tummeln sahen. Day Lewis und Spender waren wir begegnet, John Lehmann hatte ich kürzlich in Wien bei einem Vortrag einleiten dürfen, und viele Jahre später sollte ich mich auch noch einer respektvollen Bekanntschaft mit dem Meister selbst, mit W.H. Auden, erfreuen. Hier aber, im engen Umgang mit Rex, holen wir einen Teil des Werdegangs englischer Intellektueller nach, so wie wir mit unseren Kindern die frühen Stadien eines englischen Lebens nachholen. Diese Monate in Berlin, so reich an äußerem Geschehen, haben zudem eine solche Menge von ungewöhnlichen menschlichen Kontakten mit sich gebracht – den mit Rex allen voran –, daß ich sie im Rückblick als die wichtigste Zeit in meinem gesamten, nun bereits überschaubaren Dasein betrachte.

Magnetisch zieht das schon zerklüftete, wenn auch nicht unüberbrückbar geteilte Berlin in diesem Frühjahr und Frühsommer 1948 die verschiedensten Besucher an. »Mittagessen im Presseklub mit den Stephens und Lufts und einem Mann namens Hildesheimer.« Dieser, ein schüchterner junger Heimkehrer aus dem englischen Exil, stellt sich als Schulfreund von Peters jüngstem Bruder in der Oden-waldschule heraus und erscheint denn bald auch in der Karlsbaderstraße. Berthold Viertel taucht auf und erhellt unsere Zusammenkünfte mit seinem verbalen Feuer. Noch vor dem Auftritt Klaus Manns gelingt es mir, meine Mutter im April für fünfzehn Tage herüberzuholen. Sie ist nun endlich eingebürgert worden, hat einen britischen Paß und erhält als Verwandte eines Beamten der Kontrollkommis-sion die für Privatpersonen sonst kaum erreichbare Erlaub-nis zu einer Fahrt nach Berlin. Obwohl die Russen Ende März neue, schikanöse Reisebeschränkungen eingeführt haben, gelangt sie sicher in die Stadt. Meine Anweisungen an sie vor ihrem Aufbruch aus London entbehren nicht der Komik: »Als Trinkgeld für den Gepäckträger ungefähr eine Zigarette per Koffer, aber nicht weniger als drei. Im Speisewagen lassen manche Leute diskret eine Zigarette unter dem Teller.« Auch dies: »Du kannst dich hier, wenn du willst, täglich frisieren lassen.« Und zuletzt, meine kindliche furchtsame Mimi zum Erwachsensein ermah-nend: »Also zeige, daß Du eine Weltbürgerin bist und Dei-ner neuen Nationalität würdig.«

Sie hat es denn in diesen kurzen Tagen über alle Maßen genossen, mit uns auf die Runde unserer Verpflichtungen und Vergnügungen zu ziehen. Wir zeigen ihr die tragi-schen Sehenswürdigkeiten der Stadt wie jedem, der dort ankommt, beginnend mit den Trümmern der Reichskanz-lei, wir sitzen in diesem warmen Frühling mit ihr in den Gärten der Clubs und in den Cafés am Kurfürstendamm, die ihr besonders gefallen, wir führen sie zu einem Gorki-Stück im Theater am Schiffbauerdamm und zu der hinrei-ßenden *Fledermaus* in der Komischen Oper, ins Kabarett Ulenspiegel und zum *Eugen Onegin* in der Staatsoper, wiederum im Osten Berlins. Auch die Warners befreunden sich rasch mit der immer noch hübschen, charmanten Frau und freuen sich, wenn wir sie zu unseren Picknicks mitnehmen. Das Personal verwöhnt sie, eine Party für fünfzig Leute gibt es auch bei uns während ihrer Anwesenheit, und als wir sie zu Ende des Monats zum »Cumberland House« und an den Autobus nach Helmstedt bringen, ist der Abschied desto unbeschwerter, weil wir ihr versichern, noch im Lauf dieses Jahres ganz gewiß wieder in London zurückzusein. Wenige Tage vor Mimis Abfahrt erfolgt das erste, bedeutsame Signal für das beginnende Abbröckeln unserer engsten Umgebung: Tacqui Stephens löst ihren Haushalt auf und fährt mit den Kindern heim. »Der Anfang vom Ende«, so empfinde ich es und so notiere ich es mir.

Die »Spiele am Abgrund«, wie es im Titel eines meiner frühen Lieblingsbücher von Paoletta Masino hieß, gehen weiter. Für Klaus Mann, der bald darauf in Berlin eintrifft, werden die gleichen Rundfahrten, aber freilich auch anspruchsvollere Versammlungen und Diskussionen arrangiert. Einmal, gleich zu Anfang, verbringt er einen Abend allein bei uns, ein anderes Mal haben wir seinen Kumpan Fritz Landshoff und das Ehepaar Becher dazu geladen. Als er eines Vormittags einen Vortrag über André Gide hält, sitzen Peter, der französische Kulturbeamte Lusset, Roditi und Melvin Lasky auf der Plattform. Nachher fährt man ins Zehlendorfer Amerikahaus zum Lunch, wo Suhrkamp und eine Reihe anderer Geistesgrößen sich eingefunden haben. Auch in der näheren Begegnung mit dem nun schon müden, melancholischen, unendlich liebenswürdigen Klaus Mann wird, in diesem Fall für mich allein, ein Stück Vergangenheit, ein Abschnitt in Peters Jugend, von dem ich so viel gehört habe, heraufbeschworen. Flesch hat später ironisch gesagt, ich hätte Peter nur geheiratet, weil er ein Freund der Mann-Kinder gewesen sei. Das war so ganz unrichtig nicht – denn die Aura der Berliner Zwanzigerjahre, die mich in Peters frühem Roman *Fertig mit Berlin* so angerührt hatte, war ja wirklich mit dem Kreis um Klaus und Erika Mann, um Gründgens und Pamela Wedekind

verbunden und hatte Peter noch umweht, als er aus der Pariser Emigration zum ersten Mal nach Wien gekommen
war.

Die zwiespältigste Erinnerung an diesen Besuch von
Klaus Mann gilt einem Abend in Manuel Gassers Wohnung
in der Helmstedter Straße, an dem etwa vierzig Leute teil-
nehmen, bunt gemischt, und quer durch alle Nationen wie
üblich, aber mit einer Episode, die alle Anwesenden peinlich berührt. Gasser, dieser kultivierteste aller Schweizer,
langjähriger Feuilletonchef der *Weltwoche,* später Herausgeber der Kunstzeitschrift *Du,* ist ein stattlicher, kräftiger
Mann mit einem kleinen Herrenreiter-Schnurrbart, für
mich das Inbild eines sozial gehobenen »Wilhelm Tell«.
Störend war für uns alle aber stets – nicht aus Prüderie,
doch aus Gründen des Geschmacks –, daß er nie allein zu
Gast kam, sondern immer in Begleitung eines oft schmud-
deligen Berliner Kellerkindes, das er als seinen Chauffeur
bezeichnete und unter all den übrigen Gästen sitzen ließ.
Diesmal hat Manuel, in erstaunlicher Unkenntnis seines
guten Freundes Klaus, eine Überraschung für ihn vorbereitet, die leider ganz und gar mißlingt. Mitten in die angeregte
Unterhaltung platzt er mit der Bitte um Stille für einen Kna-
benchor. Etwa zehn wenig reizvolle Gören brechen ein,
formieren sich zu einer Riege und beginnen Lieder zu singen, meist freche Gassenhauer in kaum verständlichem
Weddinger Dialekt. Klaus Mann, mit uns am Tisch, wirft
uns einen erschreckten Blick zu und murmelt: »Das ist aber
ganz scheußlich!« Man kann nur hoffen, daß Gasser selbst
nicht gemerkt hat, wie verfehlt diese Huldigung war.

Immer noch haben wir, das vermerkt mein Kalender, in
diesem Mai den Ostberliner Künstlerklub »Möwe« besucht, »und unterhalten uns dort mit Langhoff und Harich
über Sowjetrußland« – Genaueres steht da nicht. Hingegen
vermerkt die eitle Person den verehrungsvollen Zuspruch
der ebenso anwesenden Siegmar Schneider und A. Hülgert. Indes ist nicht daran zu zweifeln, worum es in dieser

87

Wechselrede gegangen war. Vier Tage später schreibe ich eine längere Polemik gegen den Sozialistischen Realismus, die unter dem Titel »Der Preis des Linsengerichts« am 29. Mai in der *Welt* erscheint. Dieser Aufsatz allein hätte meine späteren Aggressoren im Kalten Krieg eines Besseren über meine Haltung belehren müssen, hätten sie ihn je gelesen oder überhaupt wahrhaben wollen, daß ich zu keiner Zeit eine Schergin der Dritten Internationale war.

Anfang Mai hatte die *Tägliche Rundschau* über ein Gespräch berichtet, das »führende Mitglieder des sowjetischen Schriftstellerverbandes in Moskau mit einigen der dort als Gäste weilenden deutschen Geistesschaffenden führten« – die so doppelt führenden Russen waren Fadejew und Kornejtschuk gewesen, unter den deutschen Geistesschaffenden »der Dichter Hermlin«, der redliche Günther Weisenborn, meine verehrte Anna Seghers und eben Langhoff, mit dem an jenem Abend in der »Möwe« wohl jener Besuch besprochen worden war. Man hatte die Deutschen offenbar nach Moskau zitiert, um ihnen dort den Sozialistischen Realismus schmackhaft zu machen, und selbst die *Tägliche Rundschau* verschwieg die von ihnen zögernd und behutsam vorgebrachten Einwände nicht. Hermlin etwa, Fadejew unterwürfig bestätigend, daß dessen Roman *Neunzehn* ein Meisterwerk sei, nahm gelinden Anstoß an der Entfernung einiger Passagen über »physiologische Liebe« in der ersten Fassung jenes Buches, die Fadejew nachträglich vorgenommen hatte – aber dieser bestand auf seinem Recht zu solcher »Säuberung«. Anna Seghers plädierte für Flaubert, dessen *Madame Bovary* Fadejew vom Standpunkt seiner Kunstrichtung aus verworfen hatte, die aber doch, wie sie hervorhob, Tausenden von Frauen geholfen habe, dem gleichen Schicksal zu entgehen. Nichts half – Fadejew proklamierte seine Thesen von der »Kunst als Auftrag«, von ihrer Bestimmung, mit ihren Mitteln »das Leben umzugestalten«, den »Leser für das Morgen zu erziehen«.

Es sei mir erlaubt, hier ein paar der Argumente zu wiederholen, die meine längst vergessene Polemik gegen den Wortführer der so lange alles beherrschenden und vernichtenden Kunsttheorie in der Sowjetunion enthielt. Kunst im Sinne einer jahrtausendealten europäischen Tradition, schrieb ich, sei weder a priori noch a posteriori berechenbar. Sie sei keine Gleichung, die aufgehen müsse, weil nicht von rein formaler Natur. Wer das Fabulieren in diese oder jene Richtung zwängen, den assoziativen Fluß der Sätze dämmen oder hemmen, wer die intuitive Formulierung, die von ungefähr sich aufdrängende Metapher, die wechselnde Befruchtung von Wort und bildlicher Vorstellung rationalisieren wolle, der ersetze lebendige Kunst durch eine tote Konstruktion. Lenin, der im Beethovenkonzert aufsprang und das Weite suchte, weil ihm solch sinnebetörende Magie Angst einzuflößen begann, sei ehrlicher gewesen als seine Jünger.

»Nein, möchte man rufen, seid ehrlich, sprecht offen aus, daß in eurem politischen Experiment kein Raum ist für Kunst im hergebrachten Sinn. Macht aus der Not eine Tugend. Und revidiert eure Terminologie. ›Kunst als Auftrag‹ ist für uns ein Widerspruch. ›Umgestaltung des Lebens mit den Mitteln der Kunst‹ kommt der Wahrheit schon näher. Prägt also eure eigenen Münzen; definiert etwa Literatur fortan als ›schöngeistige Belehrung‹, Musik als ›heroischen Zusammenklang‹, bildende Kunst als ›erzieherische Formgebung‹ . . . Aber verlangt nur nicht von uns, daß wir ein gleiches tun . . . Was den westlichen Europäer vom Sowjetbürger trennt, ist mehr als seine verstockte Weigerung, sich Simplifikationen unter dem Namen Fortschritt aufdrängen zu lassen – es ist der Unterschied zwischen Skeptizismus und Gläubigkeit . . . Der Künstler als Priester und Beauftragter des Volkes, der Volksgeschmack als Maßstab seiner Kunst – dies sind Vorstellungen, die man im westlichen Europa nicht teilen will und kann.«

Wir seien, so sagte ich, zu enttäuscht von einer Reihe fehlgeschlagener Experimente, um Patentlösungen irgendwelcher Art anders als skeptisch gegenüberzustehen. Ihre Verpflichtung sähen die Künstler und Denker des Westens nicht im Dienst am Volk, sondern im Dienst an der Wahrheit – in ihrer geistigen und künstlerischen Unabhängigkeit . . .: »Als einzig unverrückbar im Wandel der Zeiten und der Ideologien haben sich ja eben jene Begriffe erwiesen, die man drüben um einer Patentlösung willen über Bord geworfen hat. Gedankenfreiheit, objektive Wissenschaft, unveräußerliche Menschenrechte stehen als letzte Standbilder in den verwüsteten Ehrenhallen Europas. Was drüben blindgläubige Materialisten verwerfen, erkennen hüben idealistische Skeptiker an. Auch für ein Linsengericht, das ihrer aller Hunger stillt, sind sie nicht bereit, das Erbe der europäischen kulturellen Tradition zu verkaufen.«

Heute gelesen, erscheinen diese Worte weder als herausfordernd noch als sonderlich originell. Damals waren sie ein Fehdehandschuh, hingeworfen jenen sowjetischen Unterdrückern der Gedankenfreiheit, objektiven Wissenschaft und unveräußerlichen Menschenrechte, die in ihrem Sprachrohr, der *Täglichen Rundschau,* um die Seelen der Berliner, der Deutschen kämpften, um Anhänger in der gesamten westlichen Welt. Ihren Thesen konnte man sich entgegensetzen. Schwerer war es, sich den sentimentalen Zeugnissen jenes Widerstandes der Linken jeglicher Färbung zu verschließen, der jahrelang – vor allem zur Zeit des »appeasement« – das einzige Bollwerk gegen Faschismus und Nationalsozialismus gewesen war. Es war eines, sich gegen die horrible Kulturdiktatur Fadejews und der übrigen fatalen Kunstrichter in der Sowjetunion zu wehren, ein anderes, sich bei einer Feier für den noch nicht heimgekehrten Bertolt Brecht den von Kate Kühl und Ernst Busch so ergreifend gesungenen Kampfliedern Brechts und Eislers nicht emotionell auszuliefern – Liedern wie dem von der »Solidarität«, die für mich in den verzweifelten Wochen nach dem 12. Februar 1934 in Wien den einzigen Trost, die einzige Hoffnung auf eine Überwindung der mörderischen Regime bedeutet hatten.

An dem Tag des Erscheinens meiner Polemik fuhren Peter und ich, begleitet von Melvin Lasky, über Hamburg nach Kopenhagen zum diesjährigen Internationalen Kongreß des P.E.N. Über dieses Interludium habe ich bisher nicht berichtet, weil es in mancher Hinsicht aus dem Rahmen der anderen fiel. Wir hatten Lasky nach Kopenhagen mitgenommen, um ihn, der seine Zeitschrift Der Monat vorbereitete, mit unseren Freunden in der Schriftstellerorganisation bekanntzumachen – Autoren, die er bald für seine Pläne gewann. Ich aber begab mich auf die Suche nach der verlorenen Zeit, in die Willemoesgade 23, wo ich als Kind ein halbes Jahr verbracht hatte, von den großzügigen Lundsteens betreut. Die Familie war längst nicht mehr im Haus, meine Pflegeeltern waren verstorben, ihre Kinder an anderem Ort. Doch die jetzigen Mieter der Lundsteenschen Wohnung ließen mich, edle Skandinavier, ohne Umstände ein und die Räume noch einmal sehen, in denen ich als Achtjährige meinen Kakao angerührt und, äußerst frühreif, die Romane von Hanns Heinz Ewers verschlungen hatte. Ich besitze noch eine Postkarte, die mir im April 1920 meine Volksschullehrerin Helene Nüring nach Kopenhagen schickte. Die gute Frau, gleich ihrem Mann vom alten Testament weit entfernt, hatte sich, um jedem Verdacht solcher Herkunft zu entgehen, ihren ursprünglichen Namen Neumann aufnorden lassen, daran entsinne ich mich noch. »Bist du schon dicker?« schreibt sie. Auch daß ihr Sohn Hardo demnächst zehn Monate alt sein wird – »und ein Bussi vom Hardolein«. Was aus Hardolein Nüring später geworden ist? Das frage ich nur nebenbei.

Die P.E.N. Tagung in Kopenhagen, der Stadt der rötlichen Häuser und grünen Zwirbeltürme, der Brunnen und Blumen, der frischen Mädchen und langsamen Kellner,

*Kasimir Edschmid, Erich Kästner, Hermann Friedmann im ersten westdeutschen P.E.N.*

verläuft wenig ereignisreich. Im Zeichen der kleinen See-jungfrau im Hafen herrscht ein mildes, versöhnliches Klima. Die »deutsche Frage« wird gelöst. Das Exilzentrum in London hat eine Liste vorgeschlagen, der Kästner, Langgässer, Sternberger ebenso angehören wie die Seghers, Becher, Friedrich Wolf und Ludwig Renn. Peter »ver-bürgt« sich für die »hervorragenden Schriftsteller und auf-rechten Freiheitskämpfer«. Durch Zuruf werden sie als neue Mitglieder anerkannt. Im übrigen geht es um ein ab-straktes Problem: die *langue morte* und die *langue vivante*. Der Franzose Jean Schlumberger beklagt das Verschwin-den der »intellektuellen, disziplinierten Sprache« der Pas-cal, Flaubert, Gide und das Aufkommen einer »hastigen, unmittelbaren und von ungeläuterten Empfindungen bela-steten Sprache« eines Sartre und Céline. Interessant war dabei für mich die dort und damals unwidersprochene Gleichsetzung dieser beiden. Moralische Unterschiede fie-len offenbar nicht ins Gewicht, doch ein flammender Auf-ruf des Österreichers Franz Theodor Csokor zu Humanität und Völkerversöhnung am Ende des Treffens ersetzte die fehlende Dimension.

Ich besuche wenige der Sitzungen, gehe lieber weiter meinen frühen Spuren nach, in den Tivoli, wo nach nahezu drei Jahrzehnten immer noch eine weißgeschminkte und weißgekleidete Commedia-dell'Arte-Truppe spielt. Wir fahren gemeinsam nach Klampenborg, Fredericksborg, Helsingör. Im Restaurant Frascati wird Peters vierzigster Geburtstag gefeiert. Auch Melvin Lasky kommt auf seine Rechnung, er wirbt viele Schriftsteller für seine Zeitschrift an. Am 5. Juni sind wir wieder in Hamburg, und ich reise sogleich weiter nach Wien, wo mich am 23. Peters Ruf zur sofortigen Rückkehr erreicht. Tags darauf fahre ich im Zug nach Frankfurt und bemühe mich um einen Flug nach Berlin. Alle Maschinen sind besetzt, denn an diesem Morgen haben die Sowjets sämtliche Land- und Wasserwege zwischen Westberlin und Westdeutschland gesperrt. Seit dem Abbruch der Londoner Außenministerkonferenz im vergangenen Dezember, so erfahren wir erst jetzt, galt die gemeinsame Besatzungspolitik der vier Siegermächte bereits als gescheitert. Jetzt hat die Einführung der Währungsreform in den drei Westzonen den offenen Konflikt ausgelöst.

Mir wird schließlich ein Platz in einer der üblichen Militärmaschinen mit den »bucket seats« zugewiesen, aber ich muß wie alle Passagiere einen Fallschirm anlegen, was mir Schwierigkeiten macht: ich habe keine Hosen im Gepäck. Eine amerikanische Soldatin überläßt mir das knallrote Unterteil ihres Pyjamas, und darin, mit der khakifarbenen Armeejacke als Oberteil ein wenig clownshaft wirkend, besteige ich das Flugzeug. Niemand schenkt mir einen Blick oder findet mein Aussehen lächerlich. Es herrscht eine Stimmung wie im Notzustand, wenn nicht im Kriegszustand, man macht sich auf Störungen durch sowjetische Kampfflieger gefaßt – in der Tat sind im Verlauf der »Luftbrücke« siebzig britische und amerikanische Passagiere

93

umgekommen. In dem niedrigen Luftkorridor schüttelt es unsere Maschine kräftig, kaum einer an Bord entgeht der Übelkeit. In Berlin sind die ersten Anzeichen einer Belagerungshysterie zu merken, obwohl die westlichen Alliierten alles tun, um die Bevölkerung vor einer Panik zu bewahren. In der Karlsbaderstraße steht es auch nicht zum besten. Unser kleiner Sohn ist krank, er hat die ganzen vier Wochen meiner Abwesenheit im Bett verbracht und wird an den Wucherungen operiert werden müssen. Am 28. Juni setzen die Sowjets weitere Daumenschrauben an. In den Westsektoren wird die Elektrizität gedrosselt, die Rationen werden gekürzt. Doch an diesem Abend musiziert Yehudi Menuhin zum ersten Mal wieder in Deutschland, mit Furtwängler und den Philharmonikern im Titaniapalast. Die Warners kommen fast täglich zu uns. Manchmal singen wir zu unserer eigenen Beruhigung Lieder, Rex mit einem wunderbaren, warmen Bariton. Aber er hat auch eingeführt, daß wir nächtelang »Ludo« spielen, das auf deutsch den ekelhaften Namen »Mensch ärgere dich nicht« führt. In dieser Atmosphäre nervöser Gereiztheit wird Ludo zu unserer Droge. Mit Hilfe des Brettspiels setzen wir uns über die täglich düsterer werdende Lage hinweg.

In einem Bericht an den *New Statesman*, betitelt »Siege«, werde ich sie beschreiben: »Wenn dies eine Belagerung ist, wo ist dann die Front? Wenn dies ein Krieg ist, wer ist dann unser Feind? Könnten es unsere alten Bekannten Polkovnik (Oberst) K. und Podpolkovnik (Oberstleutnant) M. sein, die uns noch in der vorigen Woche bei einer Theaterpremiere mit dem üblichen höflichen Lächeln begrüßten? Vor nicht allzu langer Zeit waren bei einem der Empfänge, zu denen es nicht *de rigueur* war, unsere Ex-Feinde, die Deutschen, einzuladen, unsere Verbündeten, die Offiziere der Roten Armee, erschienen und als Ehrengäste empfangen worden. Jetzt sitzen wir gemeinsam mit den Berlinern an der anderen Seite des Zauns.« In Wahrheit hatten »unsere alten Bekannten« am 14. Juli bei der Erstaufführung von Zuckmayers *Des Teufels General* im Schloßparktheater uns nicht mehr angelächelt. Sergej Tulpanow übersah uns deutlich, Dymschitz hatte sich »kühl verbeugt« und Mossjakow, der Lebemann und Frauenfreund, kokett herübergeblickt, aber, so trug ich in den Kalender ein, »zwischen uns und den Russen ist alles vorbei«.

Die Spannung schlägt sich auf die privaten Beziehungen nieder. Unsere Ehe – immer schon schwierig – scheint manchmal der Auflösung nah. »Du bist der ganze Grund meines Elends«, sagt Peter einmal, »weil du nicht ordentlich denken kannst.« Was läßt sich darauf erwidern? Rex aber verrät uns, da seine Zeit in Berlin dem Ende zugeht, daß er sich nach der Heimkehr von Frances trennen wird. Dies war, so entdecken wir nun, der tiefere Grund für ihre Melancholie, nicht allein die Epilepsie ihrer süßen, seelensguten Tochter Anna, deren Anfälle wir zuweilen mit schaudervollem Mitleid miterlebt hatten. Dies auch der Grund der vielen Anrufe nach London, die Rex aus unserer Wohnung mit seiner neuen Liebe Barbara, zur Zeit noch Lady Rothschild, geführt hat. Wir lieben ihn, aber wir können die Herzlosigkeit, mit der er Frances, Anna und die zwei Söhne verlassen wird, nicht verstehen. »Man denkt manchmal«, notiere ich, »die Menschen sind reißende Tiere.« Dennoch leitet Peter die letzte Lesung von Rex aus dem *Aerodrome* bei Suhrkamp in Zehlendorf ein. Und dann, Mitte Juli, nach ihrer Abschiedsparty – der ersten von so vielen –, kommen sie und »küssen uns goodbye«. Ein schmerzlicher Augenblick.

Ich beginne nachts um Luft zu ringen, leide an Herzklopfen. Dauernd fliegen oben die »Rosinenbomber« vorbei, ein Dröhnen, das uns auf erschütternde Weise an die letzten Monate des Krieges erinnert. Meine Mutter schreibt mir aufgeregte Briefe aus London, die ich zum ersten und einzigen Mal mit einiger Schärfe beantworten muß: »Falls es zu einem Krieg käme, was in Wahrheit niemand hofft oder erwartet, wäre gar nicht abzusehen, wo und in welchem Ausmaß er sich abspielen würde . . . ich kann nur wiederholen, daß His Majesty's Government die nötigen Vorkehrungen treffen wird, falls wir evakuiert werden müßten . . . wenn die gesamte Bevölkerung von Berlin nicht die Nerven verliert, sehe ich nicht ein, warum ich in Panik geraten soll. Weit schlimmer als die ganze Krise ist das Wetter und Peters Laune, er behandelt mich nicht sehr gut . . . So lange ich meinen Kopf behalte, ist alles in Ordnung. Ich tue es auch, aber es wäre mir eine Hilfe, Mimi, wenn Du jetzt ein bißchen erwachsen sein könntest.« Auch ihr schildere ich unsere Beziehungen zu den Russen, aber doch in milderem Licht, gleichsam »für die reifere Jugend«: »Die Atmosphäre ist unfreundlich. Mein alter Freund Mossjakow lächelt mir noch gelegentlich zu und Oberst Dymschitz verbeugt sich, aber die Beziehungen mit den Russen sind zu Ende, von uns aus mehr als von ihnen, denn mit ihrer Hypokrisie würden sie wahrscheinlich noch lange Konversation machen. Mir tut es furchtbar leid, daß sie sich so schlecht benehmen, im einzelnen mochte ich sie recht gern. Man war anderer Meinung, aber schon der Kontakt mit ihnen war ungeheuer interessant. Wir sind wirklich in einer blödsinnigen Zeit, und das 20. Jahrhundert zerrt ununterbrochen an unseren Nerven.«

Die »farewell parties« häufen sich. Auch wir laden unsere Freunde zu einer solchen ein, denn nun ist es beschlossen, daß ich mit den Kindern Berlin verlasse, während Peter bleibt. Die Reise wird verschoben werden müssen, doch zunächst ist sie für Ende Juli geplant. Fünfzehn der engsten Freunde kommen zu uns, darunter die Roditis, Mike und Franz (Bubi) Graf Treuberg, ein Schwager Leopold Löwensteins und zur Zeit Gastregisseur am Hebbeltheater. Von ihm, der viel reist, erfahre ich, Hansi habe sich in Rom von Vittorio getrennt – es paßt ins Bild des allgemeinen Abbruchs und Auseinanderfalls. Der kleine Sohn ist von den Wucherungen befreit, doch zwei Tage vor unserem geplanten Abflug erleidet die kleine Tochter eine schwere Blinddarmreizung und muß noch in derselben Nacht notoperiert werden. Frau Doktor Hussels ist wieder einmal die Retterin und beschafft Chirurgen und Krankenhaus. An Stelle von Peter kommt John Peet mit und wartet mit mir zwei Stunden vor dem Operationssaal, bis das Kind, noch in Narkose, herausgeschoben wird. Ich habe dem später so erschreckend Abtrünnigen diesen Liebesdienst nie vergessen. So geht mein Berliner Alltag unter der Luftbrücke noch einen Monat weiter, bis die Tochter wieder gänzlich hergestellt ist. Und so erlebe ich im August zwei letzte Aufwallungen britischer und russischer Kultur, die sich mir in ihrer Gegensätzlichkeit, in ihrer Signifikanz für immer eingeprägt haben.

Die Sowjets, eingedenk ihrer Unpopularität, haben ihren Stolz, das Alexandrow-Orchester, in die Stadt gebracht. Zu dessen erstem Konzert am 13. August sind keine Karten zu haben. Aber im Radio, das es überträgt, hören wir jene Stimme, die Berlin unverzüglich betört, die Stimme des Tenors Nikitin mit dem Lied »Kalinka«. Fünf Tage darauf strömt alles, auch aus den Westsektoren, hinüber auf den Gendarmenmarkt, wo das Orchester auf einer Freiluftbühne spielt und der kleine dunkle Sänger die Magie dieses Liedes verströmt, das eine so unbegreifliche Wirkung auf Freund und Feind ausübt wie vordem nur »Lili Marlen«. Tausende Menschen füllen den Platz, wir stehen mitten drin und horchen bis zur völligen Erschöpfung dem Orchester und seinem Sänger zu. »Ein phantastisches Bild.« Umringt von Ruinen, gibt man sich der »unerträglich schönen Melodie« dieser »Kalinka« und anderer russischer Weisen hin und ist irritiert, ja geradezu böse, wenn immer wieder ein britisches oder amerikanisches Flugzeug, lebensrettende Vorräte in die Stadt bringend, vor der Landung auf einem der drei Flughäfen von Tegel in den

Lüften kreist und die Musik übertönt. Eine Stadt hat den Kopf verloren und gibt sich, wie ich in den Jugendtagen meiner russischen Romantik, der slawischen Schwermut ihrer slawischen Bedrücker hin.

Wenige Tage darauf beginnt in Berlin eine Elisabethanische Festwoche. Am Vorabend sind wir bei Brigadier Brownjohn eingeladen und lernen dort die Mitglieder der Cambridge University Madrigal Society und der Marlowe Society kennen, die aus der kleinen Universitätsstadt herübergekommen sind. Unter ihnen sind der Professor G.H. (George, genannt »Dadie«) Rylands, Freund des Schauspielers John Gielgud und der verstorbenen Virginia Woolf, der um einiges jüngere Noel Annan, ein hochbegabter und auch bereits hochgeachteter Dozent, der vor kurzem noch in Deutschland eine wichtige Rolle als Oberstleutnant in der politischen Division der britischen Militärregierung gespielt hat, und die reizvolle Gabriele Ullstein, Cousine von Heinz und ein Exilkind, das sich schon als Studentin in Cambridge als besonders klug und gewitzt erweist. Und mit einem Mal schwillt das geliebteste England um uns hoch, Cambridge, dem ich zeitlebens verfallen bin, Bloomsbury in der Person von Dadie Rylands – mir, der längst devoten Verehrerin der Woolf, vom Hörensagen vertraut. Zu all dem noch die Darbietungen der Gäste, ein Purcell-Konzert des herrlichen A-capella-Chores von Cambridge, eine Aufführung der Laientruppe von Marlowes *Weißem Teufel* und Shakespeares *Maß für Maß*, in dem Rylands tatsächlich den Angelo spielt. All diese zu Herzen gehenden, wehmütig leisen oder auch leidenschaftlichen Zeugnisse der frühen fruchtbaren Ära unter Elisabeth I. – nein, »Kalinka«, das mitreißende Russenmädchen, kommt dagegen nicht auf und versinkt im Dunkel einer ausgelebten, überlebten Nostalgie.

Mit Noel und Gabriele schließen wir in diesen Tagen eine Freundschaft, die lange bestehen und erst in späteren

Tagen, auf eine für mich kränkende Weise, versanden wird. Jetzt, in Berlin, werden sie von uns einbezogen in die Schlußrunde von Saus und Braus. Am Vortag meiner schließlich für den 26. festgesetzten Abreise sind sie mittags von uns in den Presseklub eingeladen und abends zu meiner vorerst letzten Abschiedsparty in der Karlsbaderstraße, zu der »alle Cambridge Leute« kommen, John Peet, Suters, Lufts, Freda Utley und Melvin Lasky mit seinem Mentor Sidney Hook – etwa 25 Leute, wie ich nun nachlese, aber alle »handpicked«, mit äußerster Sorgfalt ausgewählt. Am Nachmittag darauf bringt Peter die Kinder und mich nach Gatow. Ein wilder Sturm in der Luft. Wir fliegen um sechs Uhr ab und werden im tiefliegenden Korridor nach Hamburg ärger denn je zuvor durchgerüttelt. Beiden kleinen Kindern wird entsetzlich übel. In Hamburg flüchten wir ins Atlantik und erholen uns über Nacht in seinem Komfort. Anderntags weiter, in herrlichem Hochflug, nach Frankfurt und Zürich. Ohne Vorbehalte fühlen wir uns diesmal in der Schweiz »im Paradies«. »Mama von Cube«, Peters Mutter, holt uns ab und in ihre Dauerpension im Engimatt Haus, wo sie uns für ein paar Tage untergebracht hat. 28. August in meinem Kalender: »Anthony aß vier Eier zum Frühstück und abends noch einmal zwei.«

Wir waren, die Kinder und ich, unsäglich entkräftet und erschöpft, die Kleinen von ihren Operationen, ich von der Spannung, dem Sauseleben, der vielen Arbeit, den Zerwürfnissen mit Peter, den nervösen Herzanfällen bei Nacht. Auch für uns hatte es nicht viel zu essen gegeben, bei den Parties wurden Brötchen mit Ersatzaufstrich und Wein aus der Großhandlung Michaelis in Berlin-Schöneberg serviert, die – ja, für welche Währung denn? – rheinhessische und Moselweine auf Lager hatte. Das viele Trinken, auch des harten Alkohols, der im PX und der NAAFI nie ausging, hatte die leeren Mägen anfällig und für die reichliche Schweizer Kost unempfänglich gemacht. Mitten im Land von Milch und Honig litt ich an den Entbehrungen der letzten Jahre. Es war Zeit, weiter südlich auf Erholung zu gehen, und so fuhren wir drei Anfang September nach Bellagio am Comer See. Ein Postludium gleichsam, in dem der Übergang von der aufregendsten, ereignisreichsten zu der einsamsten, eintönigsten Epoche meines Daseins sich so schmerzlos wie möglich vollzog.

Sonne, Spätsommerwärme, Palmenalleen entlang des Seeufers, das blaue Wasser glitzert und kräuselt sich. Ich habe, vor allem in den ersten Tagen, ein kaum je zuvor so stark empfundenes Gefühl von Befreiung, von grenzenloser Freiheit, die ja zugleich immer ein wenig langweilig ist. Im Hotel Splendido mit seinem Garten bis hinab zum See bewohnen die Kinder und ich ein hübsches geräumiges Zimmer. Ich habe nichts zu tun den ganzen Tag, als mit ihnen die Mahlzeiten einzunehmen, spazieren, schwimmen und auf die Post zu gehen, um zu sehen, ob Geld für mich angekommen ist. Aber Peter, unsäglich korrekt in allen beruflichen Dingen, hat seit je eine gestörte Beziehung zu den nun einmal nötigen Finanzen: er nimmt ihre Notwendigkeit, oft die Dringlichkeit ihrer Beschaffung einfach nicht wahr. »Drei Tage lang kein Soldo«, steht in meinem Kalender. Irgend etwas stört ja immer jene Idylle von »luxe, calme et volupté«, die sich hier vorerst nahezu, schließlich ganz erfüllt. Denn eines Tages erreicht mich ein Brief von Hansi, der ich meine Adresse mitgeteilt habe, und nicht lange darauf kündigt sich aus Mailand telefonisch der Contino an. Samstag spät abends erscheint er, nimmt ein Zimmer im Hotel, die Kinder sind schon zu Bett gegangen.

Es ist Vollmond, eine klare Nacht. Luciano mietet ein Motorboot und steuert es über den See nach Lermo, wo es im Albergo Roma ein Tanzparkett im Freien gibt. Wir trinken Wein und Strega und tanzen und hören die Lieder im Lautsprecher, die eben in Mode gekommen sind, die »Serenata celeste« und Piafs »La vie en rose«. Dann fahren wir nach Bellagio zurück. Nichts hier von düsterer Miene und

geheimem Feuer, von vorgetäuschter Distanz und un-
merklicher Annäherung. Der Contino ist ein reizender
junger Mann, mit einer gewissen Neigung zur Fülle, in
einigen Jahren wird er wohl einen Embonpoint nicht mehr
vermeiden können, dem er jetzt noch widersteht. Unwiderstehlich indessen sind seine naive Lebensfreude, seine
Heiterkeit, seine Lust. Mit den Kindern befaßt er sich, der
gewiß jüngere Geschwister hat, anderntags liebreich und
mit Laune, wir verbringen die Zeit am See und im Park des
Hotels, wohlwollend betrachtet vom Personal, das mich
während dieser Wochen mit bedauernden Blicken verfolgt
hat – »la signora sempre sola?« – und nun die Welt in Ordnung findet. Und am späten Nachmittag fährt der Contino
wieder in seinem Alfa Romeo davon. Wir haben Briefe gewechselt, einmal in Paris miteinander telefoniert, aber einander nie mehr wiedergesehen.

Der Rest des Monats vergeht im milden Licht der Sep-
tembersonne und der Erinnerung an einen Augenblick,
vielleicht den einzigen in meinem Leben, von Baudelaire-
scher Vollkommenheit. Auf der Bank in Como ist schließlich auch das Geld eingetroffen, wir zahlen die Rechnung
und reisen ab. An der Victoria Station in London erwarten
uns meine Mutter und Beate, die während der vergangenen
zwei Jahre bei unseren Untermietern, den amerikanischen
Brewsters, in der Wohnung geblieben ist. In Wimbledon
der vertraute, rauhe, feuchte Grasgeruch. »Glücklich, wieder da zu sein.« In den nächsten Wochen sehe ich alle alten
und neuen Freunde wieder, meine Dodo, die Henekers,
Stentons, Stephens, Noel und Gabriele in ihrem Haus in
der Wilton Road. Eines Abends kommt Flesch zu Besuch
und verbringt Stunden damit, einen zu heftig versilberten
Bilderrahmen, der ein Dobrowsky-Porträt von mir enthält, vorsichtig mit einem Taschenmesser da und dort ab-
zuscheuern, so daß er eine antikisierende Tönung erhält.
Auf dem Grammophon spielt meine aus Italien mitge-
brachte Platte »La vie en rose«.

# IV.

## Ein grünes Grab

In Wimbledon, wo ich die nächsten fünfzehn Jahre verbringen soll, wird man alt vor der Zeit. Sie vergeht so langsam an diesem grünen, geruhsamen, friedlichen Ort, daß man ihrer nicht achtet wie in der Jugend, indes sie doch im geheimen unerbittlich ihren Fortgang nimmt, so daß man sich an ihrem Ende staunend um eine lange Spanne seines Lebens betrogen sieht. Im tiefen Südwesten der Hauptstadt, auf dem Weg nach Surrey, in dessen Villen und kleine Landhäuser sich seit je einfallslose Großbürger zurückzuziehen lieben, scheint Wimbledon eher ein Teil dieser Grafschaft zu sein als ein Bezirk Londons, zu dem es eben noch gehört. Auch hier, unweit von den Tennisplätzen, die seinen Namen in aller Welt bekanntgemacht haben, finden sich gepflegte Wohnstraßen wie in Esher oder Haslemere, in denen ein gartengesäumter, neo-georgianischer Bau nach dem anderen den Tageslauf einer im höchsten Maß konventionellen Familie umschirmt. In den Gesellschaftskomödien Noël Cowards und Terence Rattigans umgibt denn Wimbledon eine gewisse Aura der Lächerlichkeit: als Inbegriff von »Suburbia«, wo es am inhaltsleersten und langweiligsten ist.

Ins Herz von London, nach Piccadilly, fährt man etwa zwölf Kilometer, und mehr als die doppelte Strecke muß man in die nordwestlichen Stadtteile zurücklegen, nach Hampstead, Golders Green, Cricklewood, wo die Emigranten aus Mitteleuropa sich zusammengedrängt haben. Swiss Cottage am Beginn von Hampstead war zeitweilig so

sehr beherrscht vom deutschsprachigen Exil, daß ein Busschaffner scherzhaft auszurufen pflegte: »Schweizer Häuschen!« Nahe von hier verbrachte Sigmund Freud sein letztes Jahr und starb in Maresfield Gardens, unser Freund
Smolka-Smollett wohnte in der Fitzjohn's Avenue, um die
Ecke hauste das Austrian Centre mit seinem kleinen Theater, dem »Laterndl«, und im Café-Restaurant Dorice in der
Finchley Road versammelte sich täglich bei falschem Tafel-
spitz und Apfelstrudel ein Kreis um den Wiener Buch-
händler Suschitzky, der die Bibliotheken verblichener
Zahnärzte vom Alsergrund oder Musikologen aus Köln
aufkaufte und bald das größte Lager in Deutschland verbo-
tener Literatur von Heine bis Brecht besaß.

Von Flesch, der mittlerweile längst an den Rand der
Heide von Hampstead gezogen ist, zu Kriegsbeginn nach
Wimbledon verlockt, leben Peter und ich hier weiter in
stolzer Einsamkeit vor uns hin, auf einer Insel inmitten der
Insel England, wo sie am englischsten ist. Eine geräumige
Wohnung im Erdgeschoß eines dreistöckigen Hauses.
Und jenseits der stillen, abschüssigen Straße, deshalb »The
Downs« genannt, ein riesiger Rasen, von Bäumen und
Sträuchern gesäumt, auf dem die Kinder des Hauses spie-
len, immer wieder vom Ballwurf oder Dreiradfahren abgehalten und zurechtgewiesen vom »Head porter« Mr. Jupp,
einem büffelartigen Mannsbild und einstigen Feldwebel,
dem einzigen Quälgeist an diesem sonst so menschen-
freundlichen Ort.

Weiter oben verläuft der Ridgway, die Verkehrsstraße
auf dem Hügel, befahren vom Eindeckerbus der Linie 200,
und durch einen schmalen Gang, Wright's Alley, entlang
der Knabenschule Wimbledon College erreicht man auch
schon den Common, unsere eigene weithin gestreckte
Heide, vorbei an dem kleinen Dorfplatz »The Crooked
Billet«, der sich aus alten Zeiten erhalten hat. Dort stehen
zwei »country pubs«, das eine »Shakespeare's Head«, das
andere »Hand in Hand« genannt, vor denen man an war-

*Wimbledon Close. Unsere Wohnung rechts im Parterre*

men Tagen auch im Freien sein »mild and bitter« trinken kann. Auf dem kleinen Wiesengrund werden an jedem fünften November eine Strohpuppe des Guy Fawkes verbrannt und Feuerwerke entzündet. Vor unseren Fenstern in den Downs ragt eine gewaltige Zeder, in der Wohnung gibt es Chintz und geblümtes Leinen von Sanderson Prints, und immer noch, obschon um einiges vermehrt, das Mobiliar der Times Furnishing Company. Wer könnte es, selbst wenn ihn dauernd der Geldmangel plagt, schöner haben? Und doch, und doch ist dies eine Lebensform, aus der auszubrechen uns fünfzehn Jahre lang vorschwebt und nicht gelingen will.

Schon vor der langen Episode in Berlin, im Februar 1946, habe ich Peter geschrieben, mit Wimbledon gehe es nicht so weiter. Alles rieche hier für mich nach dem Krieg, nach »bombs and boredom and bleakness«. Vielleicht würde ich dieses Gefühl auch wieder verlieren, wenn die Händler in den Läden ihre freundlichen Netze um mich webten, »und wann immer ich hinaus auf unseren Garten sehe, bin ich angetan von seinem Grün im Regen, berührt von seiner melancholischen Schönheit. Wie kann man diesen entsetzlichen Drang erklären, das aufzugeben, was man so mag? Es ist ein grünes Grab – deswegen«.

Aber wir gaben es ja nicht auf. Gewiß schwärmten wir aus, sommers und manchmal auch winters. Kehrten wir dann zurück, im September, von der ligurischen Küste, von Sand, Hitze, Thymianduft an den Hängen hinter Pietrasanta, zurück nach Wimbledon Close, und öffneten die Fenster im sinkenden Licht – dieser englische Geruch, feucht, rauh, aufs innigste vertraut, ein Geruch nach Nebel, nassem Gras, Herbstblättern und schwelenden Feuern in den Gärten –, dann fanden wir uns wieder zu Hause, liebten inständig, woraus zu flüchten uns doch nie aus den Gedanken schwand. Das beruhigende Gefühl, von neuem einzugehen in diesen schmerzlosen Alltag, unter Menschen, die einem wohlwollten, so lange man ihnen nicht zu nahe kam, verschont von Klatsch, Argwohn, Aggression, im Blick die schöne Zeder, allmählich höher und breiter wachsend, unsere Räume immer mehr verdunkelnd: die Zeder, deren Mord sich gottlob erst lange nach meinem Abgang aus Wimbledon begab.

Ähnlich empfanden wir später, wenn wir, aus West oder Süd eintreffend, die getäfelte Bauernstube unseres Hauses im Salzkammergut betraten: der Duft von Zirbelholz, von verkohlten Scheiten im Kachelofen und der scharfen Gebirgsluft, die mit uns eingedrungen war. Auch hier wieder englisches Leinen und Chintz, in der Stube aber grüne Draperien und Sofabezüge aus Salzburg mit weißen Rankenmustern, der Ornamentik mittelalterlicher Handschriften nachgebildet. Im kleinen Salon daneben glasig erdbeerrote, oben in meinem Schlafzimmer weiße Chintz-vorhänge von Sanderson mit zartfarbigen Motiven aus Blumen und Vasen, in völligem Einklang mit dem ländlichen Mobiliar. Allenthalben vermischte sich das Englische mit dem Österreichischen, und die florentinischen Steinlöwen vor den weißgekalkten Pilastern der Terrasse, von einer Steinmetzwerkstatt nahe von Udine mitgebracht, die großen Terrakottatöpfe mit Liguster und Fuchsien auf den Balustraden, ähnlich jenen, die in Hansis Dachgarten in Parioli gestanden waren, riefen, wie ja auch die Bauart des Hauses an dem alpinen Wildbach, das geliebte Italien hervor. Drei Vaterländer. »Only connect«, wie es bei E.M. Forster heißt. Only connect, und das Leben, die Welt wird reicher.

Jetzt war es Oktober 1948, ich hauste wieder zufrieden in meinem herbstlichen Londoner Vorort und begrüßte auch entzückt das Auferstehen der Stadthäuser in Chelsea und Kensington mit ihren frisch in knallbuntem Grün und Dunkelblau und Scharlachrot gestrichenen, von messingnen Klopfern blitzenden Eingangstüren, »die kleinen behenden Lieferwagen in allen Straßen und diese Atmosphäre würdevollen Wohlstandes; langgestreckte, tonlos dahingleitende, Chauffeur-gelenkte Austin-Autos, die so angenehm wirken nach den protzigen Amerikanern der Schweizer Herrenfahrer. Welche Erleichterung, wieder pfeifende Busschaffner und lächelnde Verkäufer zu sehen, ein laues Bad von Liebenswürdigkeit allerorten«. Dies an Peter, der für unbestimmte Zeit als politischer Berichterstatter des *Observer* in Berlin geblieben und dort in jene mir inzwischen wohlbekannte, heiter trinkfreudige, beschwingte Welt der Auslandskorrespondenten eingegangen war. Durch weit mehr als die geographische Entfernung waren wir nun getrennt. Während er mit seinen Kumpanen, der jungen Flora Lewis, dem reizenden Henri de Turenne von der Agence France Presse und dessen Freundin Lynne unter dem Schirm der Luftbrücke den fortschreitenden Zerfall der Kriegsallianz und den fabulösen Aufschwung des westlichen Deutschland verfolgte, grub ich mich immer tiefer in das britische Hausfrauendasein ein. »Ab und zu gehe ich nach Soho mit dem treuen Flesch, oder in ein Theater. Es ist ein ruhiges, angenehmes Leben, abgesehen von unerklärlichen Anwandlungen von Depression.«

106

*Hans Flesch-Brunningen*

Der »treue Flesch« hatte, indes Peter in Berlin nicht un-
begleitet blieb, in London die Rolle des Hausfreundes
übernommen, wie sie mir von den Cicisbei meiner Mutter
seit meiner Jugend vertraut war, ja selbstverständlich
schien. Doch er war mir mehr als das. Er war mir Freund,
Freundin und Bruder, er war mir – nur neun Jahre jünger
als der Verstorbene – ein Vater, er war mir Wien. Durch

ihn, der als Gymnasiast mit Klassenkameraden wie Hans Kaltneker in der prunkvollen Villa seiner Tante Adele von Skoda in der Grinzinger Himmelstraße die lyrischen Dramen Hofmannsthals aufgeführt hatte; der bald danach mit dem Zylinder ins Café Central gegangen war, um sich dort mit den gleichaltrigen Dichtern Heinrich Nowak, Georg Kulka, Ernst Angel zu treffen; den Egon Schiele für die *Aktion* porträtierte und der um ein Weniges später mit der k.u.k. Armee in den Krieg zog – er bei der reitenden Artillerie, mein Vater bei der Artillerie schlechthin, aber auch beritten –: durch ihn wurde ich in Zeit und Raum versetzt, in ein Österreich, das es nicht mehr gab, an dem ich aber hing mit vielen Fasern.

Bei aller Neigung, ja Liebe zu Peter, aller Achtung vor seiner deutschen Geistigkeit, seinem noch anhaltenden Schwung, seinem Witz, der weder bayerisch noch sächsisch war, sondern unverkennbar berlinisch, mußte ich dennoch dem Sog des Österreichischen erliegen, zumal es in so originaler und origineller Prägung auftrat – von einer tiefen Kenntnis der Antike, die mir fehlte, bis zu einem lebenslangen Avantgardismus, der dem *character indelebilis* des ewigen Expressionisten entsprach. Überdies war Flesch, gleich Yorick, »ein Bursche von unendlichem Humor«, freilich auch, wie Peter von seinen schneidenden baltischen Launen, von periodischen Tollheiten geplagt, die mir freilich weniger Angst machten und die zu beschwichtigen mir zumeist gelang. Dazu half, daß wir einander bis zu unserer Heirat in sehr vorgerücktem Alter unter allen Umständen mit Sie anredeten. Daß der Freund gleichfalls ein Schriftsteller war, fand ich völlig natürlich. Obschon ich einmal der darob entgeisterten Londoner Biographin Joanna Richardson versichern sollte, ich wäre lieber mit Bankdirektoren verbunden gewesen als mit all den neurotischen Literaten, war dieser Umgang doch mein Element. Noch im August, vor der Abreise aus Berlin nach Bellagio, hatte ich unter dem Titel »Vincent Brun und die

Auflösung des Romans« eine halbe Seite der *Welt* mit einer Rezension von Fleschs letztem Roman *Perlen und schwarze Tränen* gefüllt.

Einer »Reise ans Ende der Nacht«, die freilich ein Gegenbild zu der des hochberühmten, aber üblen Céline darstellte, hatte ich das Buch verglichen. »Hier wird an einem ans Klinische grenzenden Fall die Krankheit unserer Zeit erfaßt . . . Fast alle Menschen leiden heute an irgendeinem Dilemma, einem politischen, sozialen, künstlerischen oder privaten Konflikt. Der Emigrant ist der Prototyp des modernen Menschen. Eine Befreiung von der Last der Doppelexistenz, der geteilten Loyalität und gespaltenen Persönlichkeit . . . ist unser aller Wunsch und Hoffnung.« Dies der Schluß. Aber ich zitierte auch einige Stellen aus dem Roman, Visionen des im Krieg, im Nebel und in dem riesigen dunklen Bush House der BBC von einem friedlichen Europa träumenden Exilierten – Visionen, in denen »die Zeit entzweigeschlagen wird«, vom Einzug der westlichen Alliierten in das Rom des Tiberius, von einer Schifffahrt des Helden auf dem Meer mit einem Mädchen, das er sich auf dem Markt in Neapel gekauft hat, vorbei an Inseln aus Perlmutter und goldenen Inseln mit Marmorkirchen, von einem Gang durch die Stadt Aix-en-Provence hin zum Denkmal des Bon Roi René: »Dies war der Bewahrer der Welt, die er besaß. Und siehe, es schien ihm alles gut.« Stellen, die für mich zu dem Schönsten gehören, das in unseren Tagen in deutscher Prosa geschrieben worden ist.

Nachdem Peter endgültig aus Deutschland zurückgekehrt war, stand unsere Menage auf drei Beinen, und sie geriet erst ins Wanken, schließlich in den Sturz, als ihr dieser Halt genommen war. Aber noch kehrte er nicht zurück. Er verbrachte diese Weihnachten in Berlin, holte mich freilich zuvor im November zu einem kurzen Aufenthalt nach Paris – auch dies ein Ort, wenn man so gesonnen war, der heimatlichen Gefühle. Wir besuchten Papa und seine dritte Frau Claude, Denise zeigte uns stolz ihr

Baby Rémy. Von fern sahen wir Sartre im Café de Flore, an zwei Abenden in Theatern Louis Jouvet im *Don Juan*, J.L. Barrault und Maria Casarès in *L'état de siège* von Camus. Aus dem kleinen Hotel Sèvres-Vaneau rief ich den Contino an, der standesgemäß im Plaza Athenée abgestiegen war, doch ein Treffen ergab sich trotz zärtlicher Worte nicht. Am Tag nach der Rückkehr feierten wir in London den vierten Geburtstag unseres kleinen Sohnes, und an eben diesem Tag kam das Königskind Charles zur Welt. Mit Peter, der sogleich danach abreiste, hatte ich mich diesmal besser denn je vertragen und war danach eine Weile lang garstig zu dem Hausfreund. Doppelexistenz, geteilte Loyalität auch hier.

»Die Erynnien flogen durchs Haus« trage ich am ersten Abend des neuen Jahres in meinen Kalender ein. Warum wohl? Les absents ont toujours tort: in der Berliner Karlsbaderstraße denkt gewiß niemand an Schuld. Dorthin begebe ich mich bald darauf aus dem feuchtkalten London, das in diesem Winter dauernd von Erbsensuppennebeln befallen ist, aus zwei Gründen: um die Wohnung, in der Peter mit Frau Kuhn verblieben ist, endgültig aufzulösen, und um der deutschen Erstaufführung der *Mutter Courage* am 11. Januar 1949 beizuwohnen, deren Verfasser seit einigen Monaten in Ostberlin wohnt. Ein denkwürdiges Erlebnis. Wer könnte diesem Stück, dieser Aufführung widerstehen, wer der ungeheuren Spannung und Erregung im Zuschauerraum des Deutschen Theaters, wo sich noch einmal *tout Berlin* eingefunden hat? Zuletzt treten Brecht und Dessau vor den Vorhang, der Komponist aber hat sich dem Dramatiker auf lachhafte Weise angeglichen: beide in mausgrauen Mao-Anzügen ohne Kragen – »ich glaube an den drehbaren Männerhals« wird Brecht einige Tage danach zu mir sagen, was angesichts der »Wendehälse« des Jahres 1989 nun ein wenig unheimlich scheint – und mit der gleichen Fransenfrisur, die alsbald *de rigueur* wird für alle deutschen Intellektuellen, wie später der Grass'sche und

Biermannsche Schnauzbart – der verehrte Peter Huchel behält sie bis zum Lebensende bei.

Nicht, daß ich nun ironisch abwerten wollte, was mich damals in vielen Augenblicken tief ergriffen hat. Angelika Hurwicz als stumme Kattrin auf dem Dach, Werner Hinz als Felsprediger – sie waren unübertrefflich. Doch im kleinen Kalender steht: »Faszinierend, aber falsch.« Was war falsch? Für mich die Mutter Courage. Helene Weigel, die Schwarzwaldschülerin – was ich damals nicht wußte –, in allen Ehren. Eine Bäuerin, eine Marketenderin aus dem Volk konnte sie nicht sein. So empöre ich denn Friedrich Luft durch ein Wort, das ich auf sie münze: Bast. Was das heißen solle? Kunstgewerbe! Aber wie denn? Der Wienerin kann man nichts vormachen, für mich vermag die Weigel ihre bürgerliche Herkunft nicht abzustreifen, sie stammt, und hier wage ich kühn eine Vermutung, aus dem neunten – dem akademischen – Bezirk. Luft schüttelt den Kopf, befragt am nächsten Tag die Schauspielerin. Zögernd gibt sie zu, ja, aus dem neunten Bezirk, »aber vom Tandelmarkt«. Der liegt nun leider, oder lag, am Ende jener Berggasse, in der Sigmund Freud zuhause war. Mit der urtümlichen Volksnähe, gar dem Krämer- und Hausiererwesen hat Brechts Frau, die große Mimin, nun einmal nichts zu tun und vermag es in meinen Augen auch nicht glaubhaft darzustellen, wie es Therese Giehse zuvor in Zürich sicherlich gelungen war.

Ich bleibe noch eine Woche in Berlin, ein letzter Rundtanz in Saus und Braus, danach aus für immer. Wir sind häufig mit Brecht zusammen, einmal auch in Ruth Berlaus kargem Zimmer, wo an einem Haken an der Wand eine speckige Mütze hängt. »Und er hängte seinen Hut an den Nagel in ihrer Kammer« – der Bezug ist offenbar. Die Berlau wirkt überdreht, dann wieder ausgelöscht, und, wie sie ein Jahr darauf niederschreiben wird, »vollkommen hilflos. Mit einem Vogel, der in Euer Zimmer hereingeflogen ist . . . habt Ihr mehr Mitleid«. Vorher waren wir alle, auch

Brecht und Budd Schulberg aus Hollywood, in einem amerikanischen Filmstudio, wo man uns einen »Nürnberg«-Film vorgeführt hat, wohl mit Aufnahmen aus den Lagern, denn »ich war entsetzt und weinte«. Abends dann zu Lufts, wo der alte Freund Josselson auftaucht: In Berlin sind die künftigen Kontrahenten im Kalten Krieg noch innerhalb einer Bannmeile vereint.

Mit Frau Kuhn packe ich zahllose Kisten und Koffer, dennoch werden der Kinder liebste Spielzeuge niemals in England ankommen, weder der große Bär von Harrods noch das Berliner Schaukelpferd noch die in Leipzig aus Holz gedrechselte kleine gotische Stadt, werden auch die wichtigsten Bücher für immer verloren gehen, darunter eine Erstausgabe von Schiller und Moravias *Agostino* auf Französisch, nach unserem Wiedersehen in Rom von ihm an mich gesandt. Noch einmal frisiert mich Sibylle, fahre ich mit Heide zum Einkauf nach dem Kurfürstendamm. Und ein allerletztes Mal findet, nach der Premiere von Sartres *Les mains sales*, von zehn Uhr abends bis sechs Uhr früh eine Abschiedsparty in der Karlsbaderstraße statt. Fünfundfünfzig Gäste, Peter »flirtet mit vier Mädchen zugleich«, den ganzen nächsten Tag verbringe ich zur Strafe bei Heide, wo Helene Weigel zum Tee erscheint. Abends, nach »der schrecklichsten Szene unseres gesamten Ehelebens« – es war nicht die letzte –, versöhne ich mich mit Peter, fliege tags darauf mit ihm in einem viermotorigen York-Bombenflugzeug ohne Sitze, auf unseren Koffern kauernd, nach Salzuflen ab. Bis zum Ende des Monats schwirren wir noch gemeinsam in Deutschland herum, besichtigen die Villa Hügel in Essen – »Berthas Suite« –, sehen in Düsseldorf Gründgens und die Hoppe in *Torquato Tasso*, in Dortmund und Köln Aufführungen von Emlyn Williams' Stück *Die leichten Herzens sind* – meine erste Dramenübersetzung. Mitten drin erfährt Peter vom *Observer*, daß sein Auftrag als Korrespondent in Deutschland im April zu Ende geht.

Nie wieder im Leben solches Tempo, solche Motorik. Selbst in Berlin verlangsamt sich danach allmählich der Schritt. Im nächsten Jahr fahren wir noch einmal hin, zur Gründung des »Kongresses für kulturelle Freiheit«, ein geistiges Kind unseres Freundes Melvin Lasky im Verein mit seinem Mentor, dem amerikanischen Sozialphilosophen Sidney Hook. Wir sind dort ein wenig fehl am Platz, gleich anderen Teilnehmern aus England, aber das stellt sich erst im Verlauf der Tagung heraus. Vorher habe ich begonnen, ernstlich Geld zu verdienen, um unseren aufwendigen Haushalt mitzutragen, werde Londoner Kulturkorrespondentin der *Neuen Zeitung*, so wie Peter nach der Rückkehr aus Berlin deren politischer Berichterstatter wird. Zu Laskys *Monat* tragen wir beide regelmäßig bei, Peter im vierzehnten Heft mit seinem Essay über Jünger, »Gegenstrahlungen«, ich von der zwölften Nummer an, beginnend mit einem Hymnus auf Christopher Fry. So sind wir einige Jahre lang fast ausschließlich abhängig von Geldern aus den Vereinigten Staaten, was seine Gefahren haben wird.

Die Menage pendelt sich ein. Weiter unten in den Downs liegen der Kindergarten und die Mädchenschule der Ursulinerinnen, Sohn und Tochter sind dort gut untergebracht und werden liebreich überwacht von den Klosterfrauen und der Reverend Mother, die von der Insel Jersey stammt. Eine kleine polnische Nonne, Mother Adela, nimmt sich besonders der Tochter an. Peter verbarrikadiert sich in seinem Zimmer und werkt mit unermüdlichem Fleiß – eine »deutsche Biene« hat Mimi ihn einmal genannt –, ich besorge den Haushalt, backe Pfannkuchen, sobald es wieder Eier gibt, und wirble sie durch die Luft, wie es sich am »Pancake Day« gehört, durchforsche mit den Kindern den neu eröffneten Park »Cannizaro« am Rand des Wimbledon Common, den von der Bezirksgemeinde erworbenen ehemaligen Besitz eines sizilianischen Gemüsehändlers dieses Namens – Haus, Garten und steinerne Statuen

*Waslaw Nijinsky mit Frau Romola*

von hohem Reiz, später auch eine Volière –, mache mit den
Kleinen an Wochenenden lange Wanderungen durch Kew
Gardens, Richmond, Hampton Court, und abends spielen
die Erwachsenen Ludo. Flesch, der weiterhin in Hampstead wohnt und einen Halbbruder der Löwensteins bei
sich aufgenommen hat, übernachtet fast jeden Samstag bei
uns und führt, während Peter in der Arbeit nicht gestört
werden will, die Ausflüge an. Werktags laufe ich in der
Stadt zu Ausstellungen und Premieren, baue allmählich ein
»Syndikat« für Kulturberichte aus London auf, die an eine
Reihe von Zeitungen, Wochenschriften, Rundfunkstationen übermittelt werden. Nach meiner ersten selbstgespro-
chenen Sendung der BBC sagt Flesch, ich klänge »unendlich sensitiv, traurig und vornehm, als hätte ich einen ganz
kleinen Buckel«.

In einer jener schönen Villen von Surrey, von denen schon die Rede war, ist nach Jahrzehnten in schweizerischen Heilanstalten Waslaw Nijinsky gelandet, nun allein gepflegt von seiner Frau. Ich fahre zu diesem Haus Whinmead und bitte, bei ihm vorgelassen zu werden, ihn befragen zu dürfen über seine großen Pläne, die in die Öffentlichkeit gedrungen sind. In Amerika, so heißt es, stünden Mittel bereit, um seine Idee einer internationalen Hochschule des Tanzes zu verwirklichen, mit Lehrfächern auch für Literatur, Musik, bildende Kunst. In der Nähe von New York solle das Hauptgebäude errichtet werden, aber Madame Nijinska verhandle auch mit dem österreichischen Schloß Mittersill. Massine, die Karsawina, Nijinskys Schwester Bronislawa hätten ihre Mitwirkung zugesagt. Sein New Yorker Arzt Dr. Manfred Sakl, dem seine »fast völlige Genesung« zuzuschreiben sei, werde ihm gleichfalls helfen, auch sein Berater Richard Quandt, der ehemalige Präsident der ungarischen Nationalbank unter Horthy, dem Nijinsky seine Rettung vor den deutschen Liquidierungen aller Geisteskranken im Krieg verdankt.

So Romola Nijinska. Doch irgend etwas Unheimliches, Geisterhaftes geht, während ich die Vitrinen mit Fotos und Souvenirs, die vielen Blätter mit der von Nijinsky erfundenen Tanzschrift betrachte, in diesem alltäglichen englischen Landhaus vor. Da hört man Schritte im Nebenzimmer, es klopft an den Speiselift, Türen fallen ins Schloß, und Madame läuft hastig hinaus, ruft ein paar Worte auf Russisch und kehrt zurück, den lästigen Zugwind beklagend. Ich frage, ob Nijinsky mich nun empfangen könne. Das leider nicht, er sei zu beschäftigt, stecke in Plänen und Entwürfen, habe keine Zeit, darüber Auskunft zu geben, dazu sei sie da, Romola. In Wahrheit ist er weiterhin aufs tiefste gestört, was seine Frau krampfhaft zu verbergen sucht. Die Welt des Umnachteten scheint das Haus zu erfüllen, ihn selbst bekommt man nicht zu Gesicht. Madame begleitet mich hinaus, verabschiedet mich herzlich und schließt die Tür. Ich wende mich im Gehen noch einmal um. Und plötzlich sehe ich ihn, sehe Petruschka, Prinz Albrecht, den Geist der Rose reglos hinter dem großen Fenster neben dem Eingang stehen, das bleiche Gesicht mit der aufgeworfenen Bauernnase platt ans Glas gepreßt, und mit großen Augen, verwirrt und flehentlich, den Abgang der Besucherin verfolgen. Es war zum Erbarmen. Ein Jahr darauf, im April 1950, starb er in Romolas Hut.

Schon im ersten Sommer nach den deutschen Jahren entdecken wir für uns die ligurische Küste, das tyrrhenische Meer, zu denen wir oft und auf lange zurückkehren werden. In Forte dei Marmi haben Eckart und Costanza Peterich ihr Haus, hat schon Peters Vater zwei Jahre vor dessen Geburt gemeinsam mit Theodor Däubler und Jakob Hegner in einer kargen Unterkunft gewohnt, wo die Freunde Novellen und Gedichte schrieben, Georg von Mendelssohn, genannt der »Rabe«, indessen eine *Systematik der Ornamentik* und Schmuckketten aus Eisendraht entwarf. Nicht allein dies hat uns in die Nähe, an die Marina di Pietrasanta verlockt. In London suche ich im Reisebüro nach einem passenden Ort, schwanke zwischen dem Gardasee und Viareggio, buche schließlich ein Quartier in Fiumetto, das sich bei der Ankunft als ungeeignet erweist. Schließlich landen wir bei »Signor Alberto« und seiner kleinen weißen Villa Egea mit den marmornen Fußböden in der »seconda linea«, am Rand des Pinienhains.

Beglückende Wochen. Nicht nur Peterichs werden aufgesucht – im nördlicher gelegenen Ronchi finden wir auch, in den verstreuten Bungalows einer vornehmen Pension in der Pineta, Kasimir und Illy Edschmid, mit ihnen seine langjährige Freundin bis zum Anbruch der Hitlerherrschaft Erna Pinner – deren Briefe er dann hastig verbrannt hat –, uns aus London wohlbekannt, unweit davon Darina und Ignazio Silone, und in einiger Distanz den verbittert aus dem Opernbetrieb abgetretenen Clemens Krauss mit seiner Ehefrau Viorica Ursuleac. Es ist die Zeit des »Rumbas«: in all den Nachtlokalen an den Meeresstränden von hier bis Viareggio, zumeist »Capanina« geheißen, und in den Cafés auf sandigem Boden unter den Platanenbäumen bringen wir mit Freunden viele lange Abende zu. Lebensfreude, naiv, wunschlos und von allem Bedrückenden gelöst, erfahren wir dort immer wieder. In späteren Jahren werden auch die Kestens an dieser Küste auftauchen, wird der revolutionäre Dichter Gustav Regler scherzhaft vorschlagen, mich für eine Million Lire meinem Mann abzukaufen, werden einander im Haus von Signor Alberto zwei verwandte Seelen begegnen, Flesch und der »Rabe« – lange bevor auf einem Hügel im Hinterland des nahen Camaiore S. Fischers Tochter sich mit Gottfried Bermann einen feudalen Herrschaftssitz erbaut.

Namen über Namen. Sie füllen meine Erinnerungen, füllen dieses Buch. Ich lasse sie fallen, dauernd, so verpönt dies auch ist, weil in ihnen, in den Menschen, die sie heraufbeschwören, unser eigenes Lebensgefühl und das, was man geistiges Klima nennt, auf besondere Weise verkörpert war, weil für mich der Weltlauf, anders als für die Marxisten, doch wohl nicht von der Masse der Werktätigen, sondern von Individuen bestimmt zu sein scheint, und wenn nicht bestimmt, dann geprägt. Mit Ironie nennt Mark Anton bei Shakespeare die Verräter Cassius und Brutus »the choice and master spirits of this age« – irrig übersetzt von Schlegel und Tieck als »die ersten Heldengeister unserer Zeit«. Als solche »master spirits« habe ich viele bedeutende oder auch nur bemerkenswerte Figuren, die ich kannte, die ich kennenlernen durfte, nun eben empfunden. In dem Titel Städte und Menschen, den ich einmal einem Essayband gab, war vermutlich aufs knappste enthalten, was mir nun im Alter neben den allzu seltenen Augenblikken höchster Kunst, höchster Liebe als eigentlicher Gewinn eines langen Lebens geblieben ist.

Gute, auch große Namen zierten die Listen des P.E.N., wenn er einmal jährlich zu einem Internationalen Kongreß

*Hermann Kesten*

zusammentrat. An vielen dieser Tagungen, einem Dutzend und mehr, haben wir teilgenommen, in Amsterdam und Lausanne, in Dublin und Menton, in Edinburgh und Wien. Gewiß aber war die schönste von allen jene frühe in Venedig, zu der wir 1949 nach unserem ersten Aufenthalt in Pietrasanta gefahren waren: ein Dichtertreffen, dem die Jugend der Stadt reichliches Augenmerk schenkte, ja reichlicher, als wünschenswert war. In der Ca' Rezzonico hatte man ein üppiges Buffet gerichtet, wie es in diesen noch kargen Jahren nur in Italien möglich war, doch als die Schriftsteller nach den langen Begrüßungen jener, die sich bei solchen Anlässen gern reden hören, zu den im Festsaal unter den Tiepolo-Fresken bereiteten Tafeln strömten, fanden sie diese so gut wie leer, die Schüsseln längst geräumt von eingedrungenen Giovanotti und Ragazze, jene in blütenweißen Hemden und Hosen, diese in ebenso weißen, wehenden Gazekleidern mit goldenen Gürteln und Goldsandalen an den nackten Füßen – eine wahre Jeunesse dorée von solcher Grazie und Eleganz, daß man über ihrem Anblick beinahe die Enttäuschung über den Entgang der Köstlichkeiten vergaß.

Am Abend dieses Empfangs hatten wir unsere Kinder im Exzelsior auf dem Lido, wo wir untergebracht waren, allein in ihrem Zimmer zurückgelassen. Als wir nach Mitternacht wiederkamen, fanden wir sie im Dunkeln, zutiefst verschreckt und aneinander gedrückt, auf dem Boden kauern. Fledermäuse waren durch die hohen Fenster in den Raum geflogen und schwirrten nun oben an der Decke. Wir riefen das Personal, die »Pipistrelli« wurden mit langen Besen verscheucht, doch die Furcht vor ihnen war lange nicht vergessen. Zu den Ausflügen des Kongresses kamen die Kinder freilich mit, so auf das Schiff, das uns zu den Brenta-Villen brachte. Hier taten sich die Wiener, geführt von Csokor, in besonderem Stolz auf die Schönheiten der Landschaft und der Häuser hervor, ganz, als wäre Venetien noch in österreichischem Besitz. Auf Deck er-

*Der österr. P.E.N. in Venedig. 1. Reihe: Csokor, Preradović,
Hochwälder (4., 5., 6. v. l.). 2. Reihe ganz rechts: Erika Hanel.
Letzte Reihe: ich mit Sacher-Masoch*

schienen die Golls, denen Peter einst vorschnell seine Heirat mit mir angekündigt hatte – Claire so blaß, wie Rothaa-
rige es nun einmal sind, Yvan aber leichenbleich, denn er
litt an Leukämie und sollte im nächsten Jahr daran sterben.
Auf der Flußfahrt machte mich Moravia endlich mit Elsa
Morante bekannt, sie beäugte mich genau, weil er ihr von
mir erzählt haben mochte. Eine kleine blonde Frau mit einem melancholischen Katzengesicht. Nun, beide *en fa-
mille*, waren Alberto und ich einander bereits entfremdet
und sollten uns auch nicht mehr wiedersehen. Sein Ruhm
stand damals schon im Zenith. Beim Grafen Valmarana
war er hochgeehrt und empfing an der Seite des Hausherrn
in dessen wunderbarer Palladio-Villa die Gäste.

Jene Familie, die uns in Verlegenheit setzte, waren nicht
nur seine Ehefrau, mein Ehemann und meine Kinder, sondern die gesamte große Sippe des P.E.N. Ihr anzugehören,
hat für viele Einsame und Entwurzelte das Fehlen einer
weitverzweigten Verwandtschaft wettgemacht. So lange

120

wir in England ausharrten, und noch eine Weile darüber
hinaus, war Henrietta Leslies Glebe House der Ort, wo die
Familientreffen gefeiert wurden. Sie hatte es dem P.E.N.
in ihrem Testament vermacht, doch war dies möglich nur
bis zum Ende der von ihr bezahlten Pacht, die 1974 auslief.
Danach forderte der Besitzer, die Church of England, einen so hohen Betrag für die neue »Lease«, daß der P.E.N.
nicht mehr imstande war, den Sitz für sich zu erhalten. Ein
paar Jahre lang amtierte und tagte er noch als geduldeter
Mieter in einem Teil des Hauses, dann zog das englische
Zentrum in Chelsea um an einen anderen Ort. Bis dahin
aber versammelten sich an vielen Abenden die Zelebritäten
wie die anspruchsvollen »Romanstrickerinnen« des Clubs
und ihre Gäste noch unter Henriettas großem Kinderporträt an der Wand und um ihren langen, von der dem
P.E.N. weiter dienenden Kammerfrau Dorrit stets wunderbar polierten Eßtisch aus Mahagoni mit den altvertrau-
ten Kristallornamenten, darunter die kleine glitzernde
Trauerweide, die jetzt in meiner Döblinger Wohnung
steht. Die größte Dichterin von allen, Virginia Woolf, ließ
sich dort niemals blicken, doch viele aus ihrem engsten
Kreis tauchten auf, darunter Vita Sackville-West und Harold Nicolson, und so gut wie alle namhaften Literaten
oder Gelehrten Großbritanniens – von Wells und Priestley
bis zu E.M. Forster, von Bertrand Russell, Gilbert Mur-
ray, G.M. Trevelyan bis zu Osbert Sitwell und Rebecca
West – saßen zu irgendeiner Zeit im Vorstand.

Nirgends sonst, es wäre denn um die Jahrhundertwende
im Café Royal in der Regent Street gewesen, hatten die
scheuen und stets Distanz wahrenden Schriftsteller dieses
Landes außerhalb ihrer eigenen Häuser oder derer exklusi-
ver Gastgeberinnen wie Lady Ottoline Morrell so oft und
zwanglos zueinander gefunden, hatten sie die Gesellschaft
anderer, auch ausländischer Autoren geradezu gesucht. Es
gab hochmütige Mitglieder in dieser Familie, einige boshafte wie Rebecca West, aber auch bescheidene und desto

liebenswertere, es gab Sorgenkinder und schwarze Schafe und Narren, die man nachsichtig gewähren ließ nach den alten Regeln englischer Toleranz. Bei den internationalen Zusammenkünften wiederholte sich dieses Bild, immer im Sinn der britischen Gründer des inzwischen weltweit verbreiteten Vereins, dessen Präsidenten häufig, dessen Generalsekretäre bis in die jüngste Zeit aus seinem Herkunftsland stammten. Jahrzehntelang sah man an den verschiedensten Punkten Europas, aber auch anderer Erdteile, dieselben Gesichter: den holländischen Stürmer, Dränger und humanen Hitzkopf A. den Doolard, den amüsanten Baron de Radzitzky aus Brüssel, der das französischsprachige Zentrum der Belgier vertrat, das reizende kleine Grafenpaar Piovene aus Mailand, Ivan Boldiszár, den ungarischen Charakterkopf, mehr Kopf freilich als Charakter, der fünf Regimes überlebt hatte mit soviel Anpassungsgabe wie machiavellistischem Verstand; oder die Bulgarin Leda Mileva, eine attraktive Frau, linientreu bis in die Knochen, die bei Kampfabstimmungen in der Exekutive alle Vertreter des Ostblocks auf Vordermann brachte, natürlich auch Boldiszár.

Jeder Tagungsort ist für mich mit bestimmten Vorfällen oder Auftritten verknüpft. In Amsterdam etwa, 1954, werden alle durch ein kometenhaftes Auftreten Bertolt Brechts überrascht. Ich erfahre dort das mir seit langem nicht mehr gewährte Glück der magnetischen Anziehungskraft, wenn ich, nach einem Streit mit Peter traurig in der fremden Stadt umherirrend, plötzlich Flesch auf mich zukommen sehe, der mich in einer kleinen, blau gekachelten Bar bei einem Glas Genever wieder zum Lachen bringt. Im Jahr darauf geht in Wien dem damals hochangesehenen Romancier Charles Morgan der Frühling so ins Blut, daß er dauernd von seiner Jugendliebe, der Operettendiva Mizzi Günther schwärmt und verzückt die Phrase wiederholt: »A June night and no war!« Die englische Königin Elizabeth und ihre Schwester Margaret erzählen 1956, beim Empfang für

*In Dublin 1953. Mit Rudolf Hagelstange, Annette Kolb und Erich Kästner*

die Ehrengäste im Marlborough House, Erich Kästner, wie sie als Kinder seine Bücher auf ihren Nachttischen liegen hatten. Und 1951 hat Stephan Hermlin in Lausanne dunkle Drohungen gegen Richard Friedenthal und mich ausgestoßen, weil wir im letzten Augenblick den kollektiven Beitritt des P.E.N. zu dem fragwürdigen Stockholmer Friedenskongreß, Werkzeug einer Pax sovietica, verhindern konnten. Nicht jedem war klar gewesen, daß Robert Neumann, aus reiner Lust an der Intrige, in geheimer Wühlarbeit die Sache der Kommunisten zu fördern versucht hat. Doch David Carver, Nachfolger von Hermon Ould als Generalsekretär, sagt allen, die es hören wollen, lachend: »Robert was the snake in the grass.«

Lachend und langmütig ertrug man in der Führung des P.E.N., wie es im politischen und gesellschaftlichen Leben damals üblich war, auch als falsch oder gar gefährlich empfundene Überzeugungen, ohne sie freilich zu übernehmen. Nie war man in dieser wahrhaft völkerverbindenden Gemeinschaft je total zerstritten, jeder Wirrkopf oder ideologische Starrkopf blieb stets ein »cher confrère«. Daß eines Tages Stephan Hermlin und Boldiszár unter die internationalen Vizepräsidenten aufgenommen wurden, war ein nicht von allen, auch von mir nicht, freudig begrüßtes Zeichen solcher Weitherzigkeit. Auf der anderen Seite kam die Bildung sowjetischer Zentren so lange nicht in Frage, als man dort die P.E.N.-Charta nicht unterschrieb. Polarisierungen wurden vermieden, Haß wurde nicht gesät.

Bis heute wirken in dieser Institution englischen Ursprungs die humanen Traditionen der Duldung nach, wie sie in John Miltons Traktat über die Meinungsfreiheit *Areopagitica* entwickelt worden waren. Und nicht von ungefähr waren es Briten, vor allem der Historiker Hugh Trevor-Roper, jetzt Lord Dacre, die während der Gründung des »Kongresses für kulturelle Freiheit« in Berlin Vorbehalte gegen dessen martialische Ziele, Befürchtungen für den vor kurzem erst so schmerzlich errungenen Frieden, wenn nicht gar Widerstände gegen diese Initiative im Rahmen des nun schon mächtig in Gang geratenen Kalten Krieges in sich hegten und zum Ausdruck brachten. Die eherne Entschlossenheit der meisten übrigen Teilnehmer an der Tagung, das »Virus des Neutralismus« auszurotten, »der den Westen seiner Waffen beraubte« – wie Sidney Hook es später formulierte –, teilten sie nicht.

Es war damals und noch jahrelang schwer, sich der Militanz dieser Anti-Kommunisten und häufig Ex-Kommunisten zu versagen – Arthur Koestler redete sie in Berlin sogleich als »Kampfgenossen« an –, ohne in den Verdacht zu geraten, Sympathisant des Stalinregimes zu sein. Arthur Miller hat dies in seinem Lebensbericht am ausführlichsten dargestellt. Auch wir wurden, wenn auch in geringerem Maß, dann und wann verteufelt. Dennoch scheint mir im nachhinein unsere Haltung sonnenklar. Indessen war, bevor wir am 24. Juni 1950 zum Kongreß aufbrachen, etwas Überraschendes passiert: John Peet, der gute Freund, in

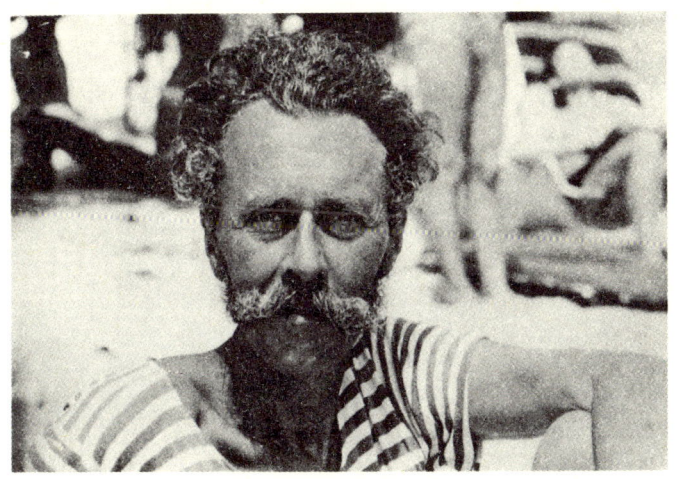

*John Peet (um 1970)*

dem wir nicht mehr als einen exzentrischen Idealisten sahen, hatte über Nacht seinen Dienst für die Agentur Reuter
quittiert, seine Frau Christl und die kleine Stieftochter verlassen und sich im Ostsektor den Behörden zur Verfügung
gestellt – nicht ohne seinen Schritt noch ordnungsgemäß an
Reuter zu melden. In einem kleinen Koffer hat er, wie uns
alsbald glaubhaft versichert wird, nur zwei Bücher mitgenommen: die *Josephine Mutzenbacher* und Koestlers *Sonnenfinsternis*. Daß er die *Mutzenbacher* besaß, wußte ich
wohl, denn er hatte sie uns allen geliehen, und als ich sie ge-
dankenlos herumliegen ließ, beschwerte Frau Kuhn sich
heftig: Hedwig, deren Mann Brodkorb noch nicht aus der
Gefangenschaft heimgekehrt war, habe das Buch heimlich
gelesen und daraufhin den kleinen, behäbigen, kahlköpfi-
gen Herrn Kuhn zu verführen versucht.

Dies die heitere Seite des Übertritts von John Peet. Daß
er es nötig gefunden hatte, den Westen zu verlassen, zu
verraten, kränkte uns tief, denn wir mochten ihn sehr. Gerüchte, daß die Amerikaner ihren Teil von Deutschland
aufzurüsten gedächten, ein merkliches Nachlassen der

Entnazifizierungen und die Wiederkehr von Parteigenos-
sen in den Staatsdienst und die Justiz hat er später als
Gründe für seinen Abfall genannt. Daß er vom Regen in
die Traufe kam, wird er bald gemerkt haben müssen, doch
an ein Zurück dachte er nicht mehr, obwohl er zeitlebens
seinen britischen Paß behielt. Während der Tage des Kongresses sollten wir ihn, schon auf der anderen Seite, furchtbar verändert erleben. Vorerst fanden wir uns in Westberlin mit einem überwältigenden Aufgebot europäischer und
amerikanischer Intellektueller in einem Klima politischer
Schärfe und Hitze konfrontiert.

Ein Wort über den Erfinder des Kulturkongresses, Melvin J. Lasky. »De vivis nil nisi bene« – dies habe ich mir
vorgenommen, wo immer es möglich ist. Die Toten vertragen es eher, kritisch betrachtet zu werden. Kann ich über
noch lebende Zeitgenossen nichts Freundliches sagen,
dann bemühe ich mich zumindest, »über sie« zu schweigen, wie Wittgenstein uns lehrt. Das erübrigt sich bei Melvin, denn obwohl wir bis heute verschiedene, wenn nicht
gegensätzliche Meinungen in entscheidenden Fragen ver-
treten, war er immer, und ist bis heute, ein loyaler Freund.
Niemals hat er die leise oder laute Hetze mitgemacht, in
der Peter, aber ich noch mehr, zu »Mitläufern« gestempelt
wurden. Und gewiß war er einer der wenigen, die Peters
Rede auf dem Kongreß nicht als durchaus abwegig, weil
der »Sache« nicht dienlich, sondern als ehrlichen Beitrag
zu der Problematik des Schriftstellers auffaßten, der den
Lockungen totalitärer Ideologien nicht zu widerstehen
vermag.

In Laskys *Monat* war schließlich Peters Auseinandersetzung mit Ernst Jünger und ganz allgemein mit dem *Geist in
der Despotie* erschienen, wie sein um Essays über Benn,
Hamsun und Giono vermehrter Sammelband dann 1952
hieß. In Österreich hat dieser Aufsatz in der Weihnachts-
ausgabe 1949 der *Salzburger Nachrichten* einen wilden Angriff des Jünger-Bewunderers René Marcic ausgelöst, in

126

dem dieser Peter nahelegte, sich nicht darüber zu wundern, daß »seinesgleichen« in die Gaskammern wandern mußte. Solches war vier Jahre nach Kriegsende möglich in einem Blatt, das jahrelang begabten Journalisten mit häufig unreiner Weste eine Plattform bot. In Berlin spricht Peter dann in der zweiten Arbeitssitzung über die Verführbarkeit der Intellektuellen, wie sie schon Julien Benda 1927 in seinem Buch *La trahison des clercs* festgestellt hat. Dazu muß er, wie er betont, vorübergehend die Rolle des *advocatus diaboli* spielen. Doch wenn er die »magische Anziehungskraft« geschlossener Systeme auf schwankende Geister beschreibt, in deren Folge »sich die Klügsten und Raffiniertesten« plötzlich »zu den Stumpfesten und Dümmsten« hingezogen fühlen, läßt er doch keinen Zweifel an seiner eigenen Widerstandskraft. Gleichwohl will man derlei nicht wahrhaben auf einer Tagung, die abgehalten wird, um die westliche Intelligenz als entschlossene, nicht korrumpierbare Vorhut im Kampf – wenn es sein muß, in einem Waffengang – gegen die Gefahr des »Weltkommunismus« darzustellen und einzusetzen.

Daß ein solches Programm überdies nicht ruhig und besonnen erörtert werden kann, sondern immer wieder in einer hochgespannten Atmosphäre abgehandelt wird, liegt freilich nicht in der Absicht der Veranstalter, sondern an einer fatalen Koinzidenz. Kurz vor der ersten Sitzung im Titaniapalast wird laut, daß die nordkoreanischen Truppen des kommunistischen Volksführers Kim Il Sung im amerikanisch beschützten Südkorea eingefallen sind. Stalin auf dem Vormarsch zur Weltherrschaft: so stellt sich dies dem Kongreß sogleich dar. Arthur Koestler, der ihn fortan – mit und zeitweilig gegen Silone – dominieren wird, springt aufs Podium und ruft in wilden Tönen zur Bildung einer Internationalen Schriftstellerbrigade gleich jener im Spanischen Bürgerkrieg auf: ein Vorfall, den die Annalen des Kongresses nicht verzeichnen. Die Analogie steht auf schwachen Füßen, doch das stört niemand außer einigen

»Delegierten aus Oxbridge, die Koestler herzlich verab-
scheuen«, wie Sidney Hook im Rückblick schreiben wird.
Die Engländer, von denen einige erst gegen Ende der Tagung eintreffen, werden nicht allein gegen Koestler argu-
mentieren, der die regierende Labour Party »insularer als
die Konservativen« nennt, sondern vor allem gegen James
Burnham und Franz Borkenau, ihrer radikalen Thesen
wegen. A.J. Ayer, der angesehene Philosoph und britische
Wortführer des Wiener Kreises der logischen Positivisten,
hat Verständnis für »ehrliche Liberale mit ihrer liebens-
werten inefficiency« – »wir wollen uns lieber einmal mehr
›inefficient‹ zeigen als intolerant«. Und Hugh Trevor-Roper führt später im Manchester Guardian und dem Econo-
mist den einzigen grundsätzlichen Angriff gegen den Geist
und die Arbeit des Kongresses.

So viele Jahre danach ist es für mich aufschlußreich, Auszüge aus diesen Berichten Trevor-Ropers nachzulesen.
Anläßlich des Beifalls, den Borkenau für seinen Entwurf
eines »Kampfes auf Tod und Leben gegen die totalitäre
Drohung« erhielt, schrieb er: »Diese fanatische Rede war
weniger erschreckend als der hysterische deutsche Ap-
plaus, der sie begrüßte. Es war ein Echo von Hitlers Nürnberg . . . Die deutschen Nationalisten im Publikum waren
antirussisch, vielleicht einstmals nationalsozialistisch und
hysterisch mit einer Grenz-Hysterie.« Das klingt nicht nur
an den Jubel an, der 1947 bei Furtwänglers Rückkehr laut
geworden war – zumal der Kongreß gleichfalls mit
dem von jeder Seite reklamierten Beethoven begann und
schloß –, es gewinnt auch heutigentags eine gewisse histo-
rische Ironie. Wenn im Juni 1989 in Bonn, Stuttgart und
Dortmund eine »Gorbimanie« ausbrach, wenn der Empfang, den die Bürger dieser Städte dem russischen Reform-
politiker auf seinem Staatsbesuch bereiteten, vor allem die
Franzosen zur Kritik an den »überemotionalisierten Deutschen« anregte, mochte man in der Tat an ein Wort Napo-
leons über die Wiener denken: als sie den Empereur, der

128

1809 zum zweitenmal Wien besetzt und im Schloß Schön-
brunn Wohnsitz genommen hatte, an seinem Geburtstag
enthusiastisch feierten, sagte er verächtlich: »Il crient toujours!« Indessen: die Freudenrufe für Gorbatschow waren
einem tiefen Herzenswunsch nach Frieden entsprungen –
jenem Frieden mit dem Feind so vieler Jahrzehnte, der endlich, endlich in Reichweite schien.

Auf dem Kongreß hat Peter sich jedenfalls, hierin keineswegs Trevor-Roper, vielmehr den maßvolleren Delegierten
aus England gleich, um eine weniger kategorische, eine dif-
ferenziertere Haltung in der Verteidigung des westlichen
Freiheitsbegriffs gegen die starre Dogmatik des Ostens bemüht. Melvin wird ihm in seiner nachträglichen Zusam-
menfassung der Diskussion im Monat bescheinigen, er sei
»als advocatus diaboli beinahe überzeugend« gewesen. Das
»Soll«, das auf diesem Kongreß von jedem erwartet wurde,
hat er freilich nicht erfüllt. Er hat nicht, wie der große Phy-
siker und Pazifist Hans Thirring, angesichts des Kriegsaus-
bruchs in Korea ein Referat abgesagt, das sich in gleicher
Weise gegen »Kriegstreiber« in Ost und West wenden
sollte. Er hat nicht, wie Nicolas Nabokow, auf eine ur-
sprüngliche Absicht verzichtet, die Schwäche und Wankel-
mütigkeit von Künstlern unter einem totalitären Regime –
in Nabokows Fall die Schostakowitschs – anzuprangern,
und statt dessen eine »aktive, konstante und hartnäckige
Kampfbereitschaft« des Kongresses gefordert sowie »Un-
tersuchungen über alle Kämpfer, alle Kampforganisationen
und Kampfmittel« verlangt, »um sie dann in Aktion zu setzen«. Der reizende, witzige, weltmännische Schöngeist und
Musiker Nabokow wird denn auch, dank dieser Vor-
schläge, zum künftigen Kongreßsekretär ernannt. Und Peter vermutlich als ein »Weder-noch-Denker« im Koestler-
schen Sinn angesehen, der nicht bereit ist, seinen kritischen
Verstand irgendeinem Totalanspruch zu opfern, hier dem
unbedingten Krieg gegen den Kommunismus, und der nach
wie vor das »Virus des Neutralismus« in sich trägt.

Ich selbst nahm nicht teil an den Debatten, war in der Liste der Delegierten ja auch nicht geführt und keineswegs dauernd im Saal, sondern schwärmte häufig mit Heide aus in meine Lädchen und an andere meiner Lieblingsstätten in Berlin. Doch ich kam zu allen zwanglosen Zusammenkünften, beim Waldfest oder am Funkturm, auf denen man Bekannte aus England traf – wie »Freddie« Ayer damals einer war –, oder solche aus Amerika wie Hermann Kesten, Walter Mehring oder den noch in Berlin lebenden Edouard Roditi. Zweimal fuhr ich mit Peter und einigen anderen Kongreßbesuchern in den Ostsektor: zu einer Aufführung des Brechtschen *Hofmeisters* von Lenz im Berliner Ensemble, und am Dienstag den 27. Juni in den FriedrichstadtPalast, das Haus des »Kulturbundes«, wo eine Kundgebung der kommunistischen Intelligentsia für den Frieden stattfand.

Ein schauerliches Erlebnis, vergleichbar manchen meiner Alpträume im Krieg. Auf der Tribüne, neben den kalten Funktionären des Ostzonenregimes, die vor kurzem noch so verehrte Seghers und der frühere Freund John Peet, denen Geifer vom Mund fließt. Ob der gemütliche Esser von Krautwickeln Johannes R. Becher ebenfalls oben saß, habe ich vergessen, doch es muß wohl so gewesen sein, denn er war damals in Berlin, verfluchte später in seinem *Tagebuch 1950* jenen »›Kulturkongreß‹«, arrangiert von einem Parteispitzel«, stellte die absurde Behauptung auf, ein Brand im Klub der Kulturschaffenden am 22. Juni sei von den Veranstaltern des Kongresses gelegt worden, und klagte Renée Sintenis an, sich »in das Lager der schlimmsten Kriegshetzer« begeben zu haben. Zur Hetze gegen die »Hetzer« hat er im Friedrichstadt-Palast vermutlich mit aufgerufen. In dem riesigen Saal wird das Klima zunehmend unbehaglich, es verdichtet sich um das Trüpplein aus dem Westsektor auf der Galerie: um uns, das schweizerische Ehepaar Suter, Gottfried Bermann-Fischer und eine kleine Gruppe britischer Journalisten. Wir sind, das zeigt

130

sich, in Feindesland, und immer direkter richten sich die Schreie aus der Menge, wie »Schweinehunde« und »Verbrecher«, gegen uns Repräsentanten der westlichen Demokratie. Zuletzt ertönt, als auf der Tribüne der wackere Westberliner Oberbürgermeister Ernst Reuter als Atombombenfreund bezeichnet wird, der Ruf »Vergasen!«. An John liegt es nicht, wenn ein Rest von Einsicht die dreitausend aufgewühlten Ostberliner davon abhält, uns an Ort und Stelle zu lynchen. Denn er trägt mit seinen Reden bei zur Massenhysterie, die von oben herab dauernd angefacht wird.

Wir sind schließlich mit heiler Haut, aber zutiefst verschreckt und unter Hohnrufen, der Versammlung entkommen. Drei Tage später, noch in Berlin, schreibe ich einen offenen Brief an John Peet, »Absage an einen früheren Kollegen«, der alsbald in der *Neuen Zeitung* erscheint. Auszüge daraus mögen ein für alle Mal die Anschuldigungen entkräften, die mich noch jahrelang zur Sympathisantin des Sowjetregimes und seiner Trabantin stempeln sollten. Und wenn Torberg, der Freundfeind, in einem potentiell verhängnisvollen Denunziationsbrief an Melvin meine Attacken gegen Fadejew und Peet auch als »Gesinnungs-Alibi« bezeichnen und abzuwerten versuchen wird, meine ich doch, in ihnen keinen Zweifel gelassen zu haben an meiner völligen Ablehnung des kommunistischen Systems. Daß uns diese »Friedenskundgebung«, die überwacht war von unzähligen Uniformierten, von »ganzen Abordnungen von Polizisten und Polizistinnen«, nichts so sehr zu gleichen schien wie den kriegerischen Hetzreden von Joseph Goebbels und deren Widerhall bei seinen Zuhörern, habe ich in meinem Brief an Peet ebensowenig verschwiegen wie unser Entsetzen über die Verwandlung, die mit ihm selbst vorgegangen war.

»Wir sahen Dich«, schrieb ich, »aber Du sahst uns nicht, denn Du warst ja vor wenigen Tagen aus den ›Tiefen des Dschungels‹, in dem wir Dir Gesellschaft geleistet hatten, in die ›Lichtung‹ der deutschen Ostrepublik eingegangen. Dein Übertritt vollzog sich mit den äußeren Formen eines Selbstmordes. Du verschwandest, nachdem Du Abschiedsbriefe geschrieben, Deine Habe verteilt und eine Wand zwischen Dir und uns errichtet hattest, die jetzt nicht weniger unüberbrückbar schien als jene Schwelle, die aus dem Leben in den Tod führt. Nun, in den Tod kann man einem Freund nicht folgen. Wir aber folgten Dir in den Friedrichstadt-Palast, um zu sehen, wie Du Dich in Deiner neuen Umgebung eingerichtet hast.« Ich schilderte dann, wie ich es hier getan habe, die Atmosphäre im Saal und die grausigen Rufe. »Vergasen! Dem wollten wir nun auch nicht gern applaudieren, obgleich es uns schon ein wenig bedrohlich wurde, seit Dir eine andere Stimme zugeschrieen hatte, der gesamte britische Presseklub befände sich im Saal. Rings um uns lechzte man bereits nach greifbaren Sündenböcken. Und nun fiel das Wort Korea.«

Nicht die kommunistische Regierung Nordkoreas, erinnerte ich Peet, sondern die Armeen des Südens hätten den Äußerungen von der Tribüne nach den Angriff begonnen. »Und Du nicktest, John, nicktest zu einer Lüge, die nicht minder gewaltig war als jene bald entlarvte Falschmeldung einer englischen Zeitung im November 1936 vom Fall Madrids, die Dich damals – und mit Recht – empört hatte . . . ›Nun haben sie ihren Krieg!‹ riefst Du aus. Wer? Die gesamte nicht-kommunistische Welt, von den Staatsoberhäuptern einiger Dutzend Länder bis zu uns herab, Deinen Freunden im Saal? Denn so klang es. Kein Wunder, daß die bis zur Siedehitze gestiegene Stimmung im Saal sich schlagartig gegen Deine früheren Kollegen wandte, um so mehr, als Du anfingst, sie angesichts jener entfesselten Menge namentlich anzureden. Nun richtete sich alle Wut der Zuhörer auf sie, ein Häuflein englischer Journalisten, das, wehrlos, nicht einmal ganz der deutschen Sprache mächtig, im Trommelfeuer der Empörung saß. Nun empfahl man sie laut und deutlich der Obhut des Henkers . . . Auch Dir, wir haben es gesehen, wurde in diesem Augenblick klar, daß Du Dich nicht in einer englischen Quäkerversammlung befandest . . . Du ließest also nach einem Augenblick des Zögerns, der schamroten Verwirrung, in dem wir Dich wiedererkannten, davon ab, Deine Kollegen ›weiter zu quälen‹. Du schlossest mit den Worten: ›Jetzt mußt Du Dich entscheiden für den Krieg oder für den Frieden.‹ Ach Gott, wir hatten uns doch längst entschieden, nicht für einen östlichen oder einen westlichen, nein, für den Frieden.«

Dann gab ich ab, was ich meine »politische Legitimation« nannte. Ich erwähnte meine sozialistische Jugend, meine Nähe zur Labour Party im englischen Exil: »Ich habe nichts Wesentliches ausgelassen. Wäre ich etwa ein Mitglied der britischen Polizeitruppe in Palästina gewesen, so hätte ich das anstandshalber erwähnt. Du tatest es nicht in jener Autobiographie, die Du im *Neuen Deutschland* zu veröffentlichen begonnen hast. Nicht daß es ehrenrührig wäre, einer Polizeitruppe und zuvor einem Garderegiment angehört zu haben. Aber um den Lesern des *Neuen Deutschland* einen widerspruchsvollen und eigenwilligen Werdegang erklären zu können, müßte man zugeben dürfen, daß das Leben keine Schablone ist.« Was John in diesen Beiträgen zu dem Blatt der Ostzone über das »Schlemmerleben« der westlichen Besatzungsmächte geschrieben hatte, fand ich lächerlich. »Mir scheint, Du bist auch jetzt keinem Abstinenzlerklub beigetreten. Größere Exzesse, war man schließlich aufgefordert worden, den Soldaten jener Besatzungsmacht zu verzeihen, deren Sprachrohr Du nun bist. Und selbst jene Anziehung, die hungrige, aber nicht reizlose Gräfinnen auf die Angehörigen des britischen Presseklubs (in Wien) ausübten, läßt sich zur Not verstehen . . . Die einzige Gräfin, der ich in diesem Kreis begegnet bin, ist Deine Frau.«

Und dann machte ich klar, machte klar in der *Neuen Zeitung*, dem Organ der amerikanischen Besatzungsmacht, als deren Sprachrohr ich mich keineswegs empfand, wie wenig ich mich schuldig fühlte an dem Schiffbruch der west-östlichen Allianz: »In den Jahren, die mein Mann und ich im Nachkriegsberlin verlebten, stand unser Haus allen offen, die hier ihre Meinung vorbringen wollten. Mehr noch, wir warben um sie. Und der Fall eines sowjetrussischen Offiziers, den wir bis zuletzt bei uns sahen, ist einer kurzen Erwähnung wert.« Dieser Offizier war Feldman gewesen, und ich berichtete von unseren Gesprächen mit ihm: »Seine Argumente folgten im allgemeinen den althergebrachten Gesetzen abendländischer Logik, und nichts Jesuitisch-Pragmatisches hatte seine Gedankengänge neu kanalisiert oder gar verstopft. Trotzdem waren wir nicht derselben Meinung. Aber wir diskutierten. Wir fanden Gefallen an unserer Uneinigkeit, und an der Tatsache, daß sich unser Gespräch nicht trübte. Unser Freund indessen wurde im Lauf der Jahre immer unglücklicher und verzweifelter. Was uns gelungen war, schien auf einer höheren Ebene immer offenkundiger fehlzuschlagen. ›Wenn wir einander einmal nicht mehr grüßen‹, sagte er, ›dann ist alles zu Ende.‹ Und, jenes letzte Mal, an dem wir ihm begegneten: ›Der Abgrund ist so groß geworden, daß nicht einmal Ihre und meine Leiche ihn ausfüllen können.‹«

Und nun, schrieb ich an Peet, sei er verschwunden. »Verschwunden wie nahezu alle Offiziere drüben, die das Gespräch mit uns suchten und fanden. Ich hoffe, daß die Gerüchte über ihre Einkerkerung nicht stimmen, aber ich fürchte es sehr.« Wir seien noch da, sagte ich, unsere Adresse in England sei leicht zu erfahren, wir hätten auch noch gern weiter geredet, nein, an uns lag es nicht. Und dann kam ich darauf zu sprechen, wie John sich im Friedrichstadt-Palast über den Kulturkongreß lustig gemacht hatte, aus dessen Anlaß wir diesmal nach Berlin gekommen waren. »Das Wort ›Falschmünzer‹ war schon vorher gefallen. Und Du sprachst von ›Düpierten‹. Nun, ich kann Dir versichern, wir haben hart auf jede Münze gebissen, und

die echten von den falschen wohl zu unterscheiden gewußt. Wir waren nicht düpiert. Wir haben zuletzt nur
echte Währung angenommen, und dabei das Recht behalten, sie gegen eine andere einzutauschen, wenn sie uns
nicht paßt. Das geht hier nämlich noch.«

»So viele Teilnehmer«, damit schloß ich, »so viele Meinungen. Dennoch ist zuletzt ein Manifest entstanden, das
man wohl unterschreiben kann. Man hätte es sonst bestimmt nicht unterschrieben. Das ist alles. Es schmerzt
uns, von Dir Abschied zu nehmen, es schmerzt mich, es
Dir zu schreiben. Aber Du hattest ja selbst, bezeichnen-
derweise, die Brücken hinter Dir verbrannt. Lebe wohl,
John. Lebe aufrecht, kann man wohl nicht mehr sagen.«

Ob ich aufgefordert worden war, das Manifest, in dem
der Kongreß zuletzt seine Postulate niederlegte, mit meiner Unterschrift zu bekräftigen, weiß ich nicht mehr. Sicher *hätte* ich es, und Peter *hat* es gewiß getan. Es enthielt
nichts, womit wir uns nicht solidarisieren konnten. Auch
daß angesichts der »Bedrohung, die Theorie und Praxis
des totalitären Staates« darstellten, »Gleichgültigkeit und
Neutralität einem Verrat an den wesentlichsten Werten der
Menschheit« gleichkäme, akzeptierten wir widerspruchslos. Was im weiteren Verlauf erfolgte, welchen Weg der
Kulturkongreß nahm, wer sich als seine Geld- und Auf-
traggeber herausstellte – all das steht auf einem anderen
Blatt. Davon wird nur dort die Rede sein, wo es mich persönlich betreffen sollte. Deutlicher als in meinem offenen
Brief habe ich mein politisches Credo nie wieder abgelegt
und das auch nicht für nötig gehalten. Wir fuhren Anfang
Juli, zwei Tage, bevor er in der *Neuen Zeitung* erschien,
nach London zurück. Und hier wartete schon das Unglück
auf uns, das uns kurz vor der Abreise nach Berlin befallen
hatte. Mimi war tödlich erkrankt, und alle Hoffnungen,
die wir zeitweise für ihre Heilung hatten, erwiesen sich sogleich wieder als trügerisch.

# V.

## Das Ferne und das Nahe

Jeder Mensch bestimmt selbst die Art und den Zeitpunkt seines Todes. So habe ich es gehört aus dem Mund des Psychosomatikers Alf Lepper, und wenn dieser weise und erfahrene Arzt auch bewußt auf die Spitze getrieben hat, was nur in bestimmten Fällen und in bestimmten Zivilisationen zutreffen mag, so erweist sich das Wort doch immer wieder als Wahrheit. Im Mittelalter, so scheint es, wußten die Alten oder Siechen genau, wann ihre Stunde schlagen würde, fühlten es vielmehr so lange voraus, daß sie in aller Ruhe ihre Erben, ihre Freunde und, wenn sie wohlhabend waren, ihr Gesinde zusammenrufen konnten und jeder, der Tagereisen zurückzulegen hatte, im Augenblick ihres Ablebens zur Stelle war. Auch heute vermögen es Menschen, ihren Liebsten, deren Hingang sie nicht verwinden können, in Bälde nachzusterben. Und wer nach seelischen Gründen dafür sucht, daß einer sich der Krankheit überläßt, die ihn hinwegraffen wird, der findet sie häufiger, als man denkt.

»Deine Freunde werden dich verraten oder selbst ins Unglück geraten«, hatte Peter meiner Mutter wenige Monate vor dem Anschluß gesagt. Jetzt war sie von neuem und doppelt vereinsamt, denn nicht nur hatte sie ihren Mann verloren – auch zwei seiner engsten Gefährten, die sich gleich ihm nach England geflüchtet hatten, waren in mittleren Jahren verstorben, die anderen nach Österreich zurückgegangen, und jene, die dort verblieben waren, schickten keine Sehnsuchtsrufe nach Mimi aus. Sie hatte, während wir in Berlin waren, Arbeit bei einem Rechtsanwalt gefunden, einem eingewanderten Deutschen, der das ganze schwierige Jusstudium noch einmal auf sich genommen und bei der Einbürgerung seinen Namen gegen keinen geringeren eingetauscht hatte als den des einstigen »Lord Protector«. Er hieß nun Cromwell. Doch meine Mutter, für die der alte Herr bald eine herzliche Neigung gefaßt hatte, nannte ihn aus nicht leicht erklärlichen Gründen Spitzweg, und er wehrte sich auch nicht gegen diese Rückholung in eine deutsche Kleinstadtidylle, denn er hatte Humor.

Mimi wiederum besaß eine gewisse poetisch-assoziative Phantasie, etwa wenn sie über einen unserer Freunde sagte, er sei »ein Veilchen, mit Milch übergossen«. Sie wurde aber auch, auf dem Grundton ihrer Heiterkeit, aus gänzlich unerwarteten Anlässen von plötzlicher Wehmut befallen. In den Londoner Untergrundstationen hing, und hängt vielleicht immer noch, ein Plakat der Marke »Start-rite« für Kinderschuhe. Es zeigt ein kleines Mädchen in roter Jacke, blauem Rock, einer Zipfelmütze und roten Schuhen, neben einem grün und blau gekleideten Buben mit einer Schottenkappe. Die beiden Kleinen halten einander an den Händen und scheinen am Beginn einer schier endlosen Straße vor sich hin zu laufen. Über ihnen stehen die Worte »Little feet have far to go«. Meine Mutter seufzte immer tief bei ihrem Anblick, weil dieser Lebensweg, den die Kinder in ihren »Start-rite«-Schuhen so freudig antraten, wie sie selbst wohl wußte, ein allzu bedrohlicher, bald enttäuschender, häufig trauriger, trotz vieler guter und schöner Erfahrungen eben doch ein Leidensweg war.

Mit der Untergrundbahn, jener Central Line, die schon meine ersten Monate in Linden Gardens mit ihrem Rollen und Grollen begleitet hatte, fuhr Mimi morgens und nachmittags in den Stoßstunden, eingezwängt zwischen dutzende anderer werktätiger Städter, von Notting Hill Gate nach Holborn und zurück. Aus der Dame, die jeden Vormittag zwischen der Sirkecke und dem Kohlmarkt zu flanieren pflegte, war eine gewissenhafte Bürokraft geworden. Ob dies, bei aller freundlichen Vertrautheit mit ihrem Chef, eine Lebensform sein konnte, die sie in ihren vorgerückten Jahren als befriedigend empfand? Gewiß, sie hatte eine Tochter, sie hatte Enkel, die sie zärtlich liebte, aber Mimi war nicht die Frau – und die Umstände hätten es ihr auch nicht erlaubt –, in ihrem Kind und ihren Kindeskindern aufzugehen. Wenn sie an Wochenenden nach Wimbledon kam, war sie manchmal ein wenig abwesend, träumte sich irgendwohin, vielleicht in die Vergangenheit zurück. Überdies beunruhigte sie, die zeitlebens von kindlicher Furchtsamkeit war, jene Menage, die von den Beteiligten selbst zumeist mit großer, wenn auch vielleicht nur äußerer Gelassenheit gehandhabt wurde. Daß sie mit ihren eigenen Cicisbei Ähnliches vorgelebt hatte, bedachte sie dabei nicht. Auf ihrem Sterbelager drangen diese Ängste aus ihrem Unbewußten.

Kindlich, kindlich war sie auch, als das Übel sie befiel, als sie in die Hand der Ärzte geriet, als – vermutlich irrigerweise und verhängnisvoll – auf eine Operation verzichtet und nur Bestrahlung angewendet wurde. »Mimi weint unaufhörlich. Hat Schmerzen. Auch alle anderen sind krank.« So steht es in meinem Kalender im März 1950. Der kleine Sohn litt dauernd an Fieber und laryngologischen Beschwerden, die schwarze Katze Ebony lag matt im Korb, ich wachte schon seit langem, schon seit unseren Schwierigkeiten in Berlin, Nacht für Nacht auf und kämpfte gegen Erstickungsanfälle. Nervöses Asthma vielleicht. Ich bin es erst nach der Rückkehr nach Wien, und dann gleichsam über Nacht, endgültig losgeworden. Im Mai erklärt der verantwortungslose Mr. Davis, Chirurg wie mein Betreuer von der Charité und, in der Tat, dessen Schwiegersohn, Mimi für völlig geheilt. So wagen wir uns denn im Juli mit ihr nach Österreich und steigen im kärntnerischen Mallnitz im Gasthof zu den Drei Gemsen ab. Es sind fröhliche Wochen in der Familie. Zwischendurch besuchen Peter und ich meine liebe Freundin Maria in dem nahegelegenen Tenneck bei Werfen, wo sie mit ihrem Mann und zwei Kindern etwa im Alter der unseren wohnt. Das erste Wiedersehen nach dem Krieg. Glück und Umarmungen. In Mallnitz gesellt sich dann das Künstlerpaar Ehrlich dazu, auch Flesch darf kommen, mehr noch, er darf mit Peter und mir für zwei Tage nach Sankt Wolfgang fahren, wo wir – freilich ohne ihn – einen Abend bei Gottfried und Tutti Bermann-Fischer eingeladen sind.

Nach sechzehn Jahren wieder an dem Ort, in dem einst allerlei verspielt Theatralisches sich begeben hat, einem Ort, der bald beginnen wird, schicksalhaft für uns zu werden. In dem »Bernauischen« Haus, dem Breitgut, das die Bermann-Fischers, seit April wieder im vollen Besitz ihres Verlages, für diesen und einige weitere Sommer gemietet haben, werden in späteren Jahren Robert und Ruth Jungk, danach für längere Zeit Hans Habe mit seiner sechsten Frau Licci, danach – und für uns nicht mehr bedeutsam – Joachim Kulenkampff Wohnsitz nehmen. Es hat einem verstorbenen Direktor des Wiener Volkstheaters gehört und verfügt über alle Reize ländlicher Niederlassungen: prachtvoll bemalte Bauernmöbel, alte Heiligenbilder, historisches Feldgerät. In seiner Ära wird Habe dort ein Galafest geben, zu dem er die damals noch in St. Wolfgang die Sommerwochen verbringenden Filme- und Musikmacher aus Kalifornien, auch einige der im Umkreis residierenden Adligen, nicht aber Peter und mich einlädt. Der Grund: den ganzen Abend lang sind Journalisten und Fotografen der Zeitschrift *Das Schöne* zugegen, denen Habe, stets ein genialer Poseur, das bauernbarocke Mobiliar als seine eigene Sammlung, das nur gemietete Haus als seinen Besitz vorstellt. Das hätten wir freilich, und nicht einmal in böser Absicht, entlarven können.

Ich schweife ab, um nicht in einem Zug von Mimis Ende berichten zu müssen. So viel Heiteres war ja in diesem

Sommer 1950 noch geschehen. Aus dem geliebten Fiumetto, in das wir nach Mallnitz fuhren, schwärmten wir
weiter südlich aus, stiegen in Florenz in dem schönen Albergo Porta Rossa ab, in Rom – und nicht zum letzten Mal
– in dem traditionsreichen, heute durch Marmor und teu-
res Styling durchaus verdorbenen Inghilterra in der Via
Bocca di Leone, und sahen, es war ja ein Heiliges Jahr, inmitten einer unendlichen und unendlich gutmütigen
Menge Papst Pius XII., hoch auf einer offenen Sänfte thro-
nend, den Petersplatz durchqueren, weiß von Kopf bis
Fuß, eine überirdische Erscheinung, ein lebendes Gnaden-
bild, das unsere noch frommen Kinder zu ebenso tief reli-
giösen Emotionen bewegte wie all die Menschen ringsum.

Was wußten wir damals, Jahre vor der Uraufführung
von Hochhuths Stellvertreter, von der ambivalenten Haltung dieses Eugenio Pacelli, der 1933 noch als Kardinal das
Reichskonkordat mit Hitler bewirkt hatte und in diesem
Jahr einer von der modernen Wissenschaft nicht unberühr-
ten katholischen Christenheit das Dogma der leibhaftigen
Himmelfahrt der Jungfrau Maria aufzwang? Lange danach
erörterten denn noch im Mailänder Goethe-Institut, damals geleitet von Eckart Peterich, die verehrungswürdigen
Konvertiten Jakob Hegner und Rudolf Hirsch in einem
Zwiegespräch mit besorgten Mienen dieses späte sacrifi-
cium intellectus, das ihnen noch abverlangt worden war.
Ich aber wußte von Hansi, daß der Papst seine Hand über
die Emigranten in Rom gehalten hatte – wie er sie nach
Kriegsende über die nach Südamerika flüchtenden Schergen des »Dritten Reiches« hielt –, und war ohne Vorbehalt
von diesem, wie ich meinte, makellosen Symbol eines
Glaubens, den ich nicht mehr teilen konnte, jedoch immer
und bis heute respektiert habe, wie von dieser grandiosen
Inszenierung eines Freilichtschauspiels berührt.

Am Tag nach meiner Rückkehr mußte ich mich wieder
einmal, in der London Clinic, unters Messer begeben.
»Grande ouverture du ventre« schrieb ich mit gespielter

Nonchalance in meinen Kalender. Und nicht lange darauf träumte ich schaurig, Peter, Flesch und ich hätten mit Mimi auf einem Friedhof zu Abend gespeist. Es wird Winter, die Dunkelheiten werden länger. Mimi muß immer wieder ins Krankenhaus. Zwischendurch haust sie im Broadwalk Court, wo Flesch sie fast täglich besucht und Rummy mit ihr spielt. Ende Januar wird sie aus dem St. Bartholomew-Spital entlassen, weil man dort nichts mehr mit ihr anfangen kann, und zieht zu uns nach Wimbledon. Fünf Wochen dauert die Qual. Wir holen Tagschwestern und Nachtschwestern zu Hilfe, um sie keinen Augenblick allein zu lassen. Myrtle Walker, die resolute Ärztin, »no nonsense« wie für sie geprägt, versorgt sie reichlich mit Medikamenten. Dennoch ist es herzzerreißend, diesem Verlöschen zuzusehen. Simone de Beauvoir hat ein ganzes Buch über das Sterben ihrer Mutter geschrieben. Ich erspare mir und meinen Lesern viel, aber nicht alles. Wenn man denn Erinnerungen festhält, um Menschen und Begegnungen, um irdisches Glück und Unglück während der uns vergönnten kurzen Spanne vor dem Sturz, dem uferlosen Fall, dem völligen Versinken in der schwarzen Leere der Ewigkeit und Unendlichkeit zu bewahren, kann man sich auch dem Gedenken an die trostlosesten Momente des Daseins nicht entziehen.

Ich saß stundenlang bei ihr, versuchte die Schlafende mit ein paar Strichen zu skizzieren, brachte ihre kleinen, seufzend herausgestoßenen Sätze, ihre manchmal heiteren Phantasien zu Papier. Immer wieder kam darin ihr Bruder Felix vor, aber als Kind, als sie ihn »Belischi« nannte. Einmal hörte man von weitem Musik: »Wer ist der Prächtige«, murmelte sie, »der Klavier spielt oder singt?« Oder, nun wieder auf Englisch, das sie ständig unter die deutschen Worte mischte: »Why don't you introduce the gentleman? There, under the floor.« Wenn ich ihr Essen anbot, sehr höflich: »Thank you, I had a complete meal at Mrs. Burleigh's.« Und die Ängste: »Das viele Gift, das sie in meinen

Körper tun, in deinen auch?« »My brain has become so small, I can't understand things.« Auch dies: »Does Peter know already that you are mad?« Und noch schlimmer: »Und was ist, wenn er den Peter erschießt und der Peter ihn? Da wirst du mir doch wahnsinnig, Hilderl!« Auch euphorische Augenblicke: »So much love, how lovely . . . Tea? Yes, how lovely, lovely.« Noch einmal die Furcht: »Ich muß wachbleiben, darf nicht einschlafen, weil ich doch wissen muß, was sie mit mir tun.« Fünf Tage vor dem Ende: »Wie lang müssen wir denn noch hier warten, Hilderl? Ich bin schon so müde.« Am Morgen darauf: »Hilderl . . . Du bist die beste, die einzige, und diese anderen . . .« Wer wohl? Und zuletzt: »Servus . . . sei gefaßt . . . I'm dying slowly . . .«

Dr. Walker und die Nachtschwester Jenkins hatten beschlossen: nun ist es soweit. Am Vormittag des ersten Märztages schlief sie ein, ich war bei ihr und hielt ihre Hand, hinter mir saß Peter. Als es vorbei war, ging ich in mein Zimmer, setzte mich hin und schrieb weiter an dem Aufsatz über Virginia Woolf, den Melvin Lasky bei mir aus Anlaß ihres zehnten Todestages bestellt hatte. Am 10. schickte ich ihn nach Berlin. Er erschien noch im Märzheft. Und Anfang April flüchtete ich nach Wien. Dort wollte ich die Asche meiner Mutter ebenso heimlich an ihrem Geburtsort begraben, wie ich es mit der Urne meines Vaters getan hatte – in die Erde des Ottakringer Friedhofs versenkt, mitten unter den ebenso eingesessenen, aber niemals vertriebenen Bürgern. Und auf dieser empfindungsschweren Reise war es, daß ich den Freundfeind wiedersah und das entscheidende, zukunftsbestimmende Streitgespräch mit ihm führte. Es fand eines Nachts, bis halb vier Uhr früh, in dem kürzlich in Schwung gekommenen Hawelka statt, einem kleinen, düster gemütlichen Café, das nun auszureichen schien für alle Künstler, Musiker, Literaten, die vor dem Krieg in einem Dutzend solcher Etablissements in Wien ihre Heimstätten gefunden hatten. Hans Weigel war dabei, seine Frau Udi und die Schauspielerin Kitty Stengel, die gleich mir von Horror erfüllt war über die Aussicht eines neuen Krieges mit Rußland, den Torberg als unausweichlich beschrieb.

Hier ist etwas einzufügen: der Besuch bei uns in London von Klaus Dohrn, Peters Jugendfreund aus Hellerau, des »dicken Klaus«, wie er schon in ihren Kinderjahren hieß. Ob er im Herbst des vergangenen Jahres aufgetaucht war, ob nach meiner fatalen Wiederbegegnung mit Torberg in Wien, ist nicht mehr festzustellen, hier versagt mein Kalender, ich trug es nicht ein. Aber ich entsinne mich genau dieses Auftritts, der uns zunehmend empörte. Dohrn, den ich schon in den Dreißigerjahren in Wien als Chefredakteur der Zeitschrift *Der christliche Ständestaat* kennengelernt und sogleich als überaus zwielichtige Figur empfunden hatte, war dann mit Hilfe höchster klerikaler Beziehungen, zuletzt auch der Paul Claudels, vor den Nationalsozialisten geflohen und nach längerem Aufenthalt in Frankreich über Spanien in die Vereinigten Staaten gelangt. Dort hatte der brillant begabte, aber von Russenhaß besessene Mann in allen möglichen Zirkeln Aufnahme gefunden – im Kreis Otto von Habsburgs, in dem der Paneuropa-Bewegung, zuletzt und vor seiner Rückkehr bei dem *Time Life*-Konzern. Bruno Kreisky, der ihn später in Wien durch Vermittlung Torbergs kennenlernte, berichtet in seinen Memoiren, man habe in Amerika Dohrns Tätigkeit mit den Worten charakterisiert: »He is doing a Catholic job.«

Welches Geschäft der »dicke Klaus«, Sproß einer der edelsten protestantischen deutschen Bürgerfamilien, in den Nachkriegsjahren betrieb, kann man nur ahnen. Als er zu uns nach Wimbledon kam, versuchte er einen Abend lang, uns über unsere politischen Ansichten, unsere Freunde und Verbindungen auszufragen. Langsam wurden wir mißtrauisch, zumal er darauf abzuzielen schien, uns auf allzu große Nachgiebigkeit gegenüber dem Kommunismus festzulegen. »Was will der dicke Klaus? Wer hat ihn zu uns geschickt?« fragte Peter, nachdem er die Tür hinter ihm geschlossen hatte. »Ich will ihn nie mehr wiedersehen.« So war es denn auch. Daß Dohrn mit Torberg in New York Freundschaft geschlossen hatte, daß die beiden einander weiterhin eng verbunden blieben, habe ich erst viel später erfahren. Noch drei Jahre vor Dohrns Tod forderte Torberg ihn brieflich auf, »alles in Deiner Reichweite Liegende zu unternehmen«, um gegen den ihm unliebsamen Atomgegner Robert Jungk vorzugehen. »Es ist höchste Zeit für eine Generalmobilmachung. Die feindlichen Verbände haben bereits alle Grenzen überschritten.« Das war 1964, und die kriegerische Metapher nicht so abwegig oder bloß ironisch, wie es scheinen mag. Denn gleich nach seiner Ankunft in Europa, dreizehn Jahre zuvor, hatte der Freundfeind sich auf den – zumindest verbalen – Kriegspfad begeben. Auch zwischen uns, die wir seit der Jugend viele mehr oder weniger scherzhafte Scharmützel ausgefochten hatten, wurde es nun ernst, bitter ernst.

Die nächsten Seiten mag überblättern, wer will. All die Querelen zu schildern, in die ich nun jahrzehntelang verstrickt sein sollte, die ich auch zuweilen – manchmal aus Übermut, meist in Notwehr – selbst entfachte, habe ich nicht im Sinn. Keine außer der einen, die sich wie eine Schleimspur durch mein Leben gezogen hat. Um es so kurz wie möglich zu machen: Der Freundfeind, jetzt nur noch Feind, hat den Zusammenschluß der Kalten Krieger in Berlin versäumt, er ist bei Crécy nicht dabeigewesen und nicht bei Arques. Er war einer von denen, für die Arthur Koestler zu Ende des Kulturkongresses das Wort des Königs Henri Quatre zitiert hatte: »Pends-toi, brave Crillon; nous avons combattu à Arques et tu n'y étais pas.« Aber jetzt geht es los, der tapfere Crillon ist zur Stelle, das Versäumte wird nachgeholt. Ein Auftrag dazu besteht. Im Juni 1951 schreibt Torberg an Arthur Koestler, er beziehe bereits eine Gage, »ab September arbeite ich dann in Wien mit dem State Dept. als ›Advisor to the Office of Cultural Affairs‹«. Im nächsten Jahr wird er »als einer von fünf Vertretern österreichischer Geistigkeit« – so an den alten Freund und einstigen Wasserballer f.th. – zum Pariser Kulturkongreß eingeladen. Und 1954 erhält er von diesem *plein pouvoir* und Mittel, noch dazu »plüschige«, wie sein späterer Assistent und Nachfolger Günter Nenning einbekannt hat, zur Gründung einer Zeitschrift, des *Forum*, in der ihm zehn Jahre lang sein Mütchen an all seinen Feinden zu kühlen möglich sein wird.

Nun aber, diese Nacht im April, kurz nach seiner Heimkehr. Er selbst hat darüber berichtet, in einem Brief an Koestler, in dem er ihn bat, bei Melvin Lasky gegen mich zu intervenieren. Er spricht darin von einem »kräftigen Zusammenstoß« in Wien, den er »mit der Dame de Spiel de Mendelssohn hatte, weil sie den Thomas Mann (über den ihr Gatte noch vor 2 oder 3 Jahren eine verehrungsvolle Broschüre veröffentlicht hat) als ›naiven und mißbrauchten‹ Dichterfürsten in Schutz nahm, und den Berthold Viertel, der hier am Burgtheater seit Jahr und Tag seine Propagandamätzchen betreibt, als ›ehrlichen Ringer um die Wahrheit‹. Schon am nächsten Tag nach diesem Zusammenstoß erfolgten aus den Kreisen der prominenten Fellowtraveller (die von der Dame Spiel sofort informiert wurden) drohende Telephonanrufe . . .« usf. Es scheint, daß Koestler sich viel Zeit gelassen hat, zu antworten oder den Vorstoß bei Lasky zu unternehmen. Mittlerweile hat er sich ja auch von dem Kulturkongreß, den er mit so viel Verve ins Leben zu rufen half, gänzlich zurückgezogen. Aber schließlich erklärt er sich, offenbar immer noch zögernd, dazu bereit, auf Torbergs Wünsche einzugehen. Und dies dessen Antwort am 1. September desselben Jahres 1951: »I'm almost as late with my letter as you have been with yours . . . Thanks for your readiness to take that Spiel thing up with Lasky – but I'd rather you didn't. It would be too much of a kowed (Ehre) for that little Filzlaus, if you know what I mean, which you do.«

Damit genug fürs erste. Im Mai, Wochen nach dem »Zusammenstoß«, scheint Torberg mir seinen Roman *Die zweite Begegnung* nach London geschickt zu haben, denn so datiert liegt das Buch vor mir und trägt die Widmung »für Hilde Spiel, als letzter Beitrag zu einem endenwollenden Gespräch, überreicht eine Viertelstunde vor der Entscheidung, und bis dahin«. Wofür ich mich entscheiden sollte? Für den Kalten Krieg und seine Hexenjagden? Niemals! Und dennoch verachtete ich das stalinistische System, dennoch bewunderte ich Amerika, seiner Schriftsteller wegen, seiner Musik wegen – *Manhattan Transfer* von Dos Passos und Gershwins *Rhapsody in Blue* hatten mir längst ein Vorgefühl von New York eingeflößt –, und verliebte mich in Amerika, als ich im April des nächsten Jahres mit Peter für zwei Monate in die Vereinigten Staaten fuhr.

In der Tat in sehr viele dieser Staaten, denn unsere Reise, in den damals noch allenthalben rollenden Eisenbahnen, lehrte uns zwanzig von ihnen kennen, wenn auch manche nur von den Fenstern der Züge aus, und in vierzehn Städten konnten wir längeren oder kürzeren Aufenthalt nehmen, deren jeder sich als ein berührendes oder gar sinnebetörendes Erlebnis erwies. Den Mittelwesten sparten wir aus, auch New England blieb künftigen Besuchen vorbehalten. Aber wir umkreisten dieses gewaltige Land von der Ostküste über seinen tiefsten Süden bis zum kalifornischen Westen und kehrten über eine nördlichere Strecke an den Ausgangspunkt zurück. Ob es die selbsternannten Wortführer Amerikas, die uns als dessen politisch-ideologische Widersacher ausmachen wollten, zwischen Manhattan und Hollywood ebenso gründlich erforscht hatten wie wir in jenem heißen, herrlichen Frühling und Frühsommer 1952?

So viele Europäer, so viele junge Menschen deutscher Sprache haben sich seither in den Staaten umgesehen und sich von ihnen zu subtilen Fabeln und packenden Filmen anregen lassen. Längst scheint es abgeschmackt, sich solch weiter Fahrten über die Erdkugel zu rühmen, da schon jeder, der etwas auf sich hält, Ferien in Honolulu macht. Aber eine Reise über den Atlantik in den frühen Fünfzigerjahren, in dieses so atemlos sich entwickelnde, so unablässig sich verändernde Land, gleicht heute einem Ausflug in die Historie. Wenn ein Wolkenkratzer aus dem Beginn unseres Jahrhunderts wie das Woolworth Building für die Amerikaner etwa den Stellenwert unserer Gotik hat, wenn wir bei jenem ersten Besuch im Stadtmuseum von Salt Lake City die Petroleumlampen und Plätteisen unserer alpinen Bauernstuben, ja, ein Klavier aus dem Fin de siècle, als Kuriosa einer lange zurückliegenden Vergangenheit ausgestellt sahen, wenn es damals in New Orleans noch den authentischen Dixieland Sound gab und in Taos, New Mexico, noch keine deutsche Sommerschule, mögen die amerikanischen Fifties vier Jahrzehnte danach wie eine versunkene Epoche erscheinen – näher fast der präkolumbianischen Zeit als der Jet-Touristik unserer Gegenwart.

Das beginnt mit den fünfeinhalb Tagen auf hoher See, die eine gänzlich andere Vorstellung von der Distanz zwischen den Kontinenten vermitteln als ein Flug, beginnt im Grunde an der Waterloo Station, an dem Boat train, der die transatlantischen Passagiere zum Hafen bringen wird. Auf dem Bahnsteig tummelt sich Londons elegante Welt, denn mehr Angehörige einer exklusiven Schicht als weniger gut dotierte Bürger – oder gar eine mit Schlafsäcken bepackte Jugend – unternehmen zu jener Zeit die langwierige und kostspielige Expedition. Ihre zahlreich versammelten Freunde und Verwandten haben ihnen Orchideen mitgebracht, die sich die abreisenden Damen und Herren an die Schultern heften. So auch ich, denn Flesch hat mir den obligaten Abschiedsgruß, der eine glückliche Meerfahrt symbolisieren soll, vor der Abfahrt des Zuges überreicht. Wir werden in Southampton die »Liberté« besteigen. Die »Champlain«, in der Peter 1938 den Atlantik überquerte, wurde im Krieg von den Deutschen versenkt. Daß dieser neue, schöne und schlanke Ozeandampfer der French Line von etwa 50 000 Tonnen unter dem Namen »Europa« in Kiel oder Hamburg von Stapel gelaufen ist, merkt ihm niemand mehr an, denn das den Mitsiegern als Reparation zugesprochene Schiff ist nun von der Kommandobrücke bis zu den Küchenchefs so französisch, wie man sich's nur denken – und im letzten Falle wünschen – kann. Sein Restaurant der ersten Klasse ist als das beste auf allen Meeren bekannt.

Wir aber fahren in der Touristenklasse, und dort sind die ersten zwei Tage an Bord alles andere als eine Lust. In der dumpfen Luft der engen Innenkabine liege ich elendiglich auf den zerwühlten Laken und will von diesem ganzen Globus mit seinen stürmischen Wassern nichts wissen – nur am Leben bleiben und den Fuß noch einmal auf trockenes Land, auf einen nicht mehr schwankenden, schlingernden Boden setzen können. Dann beruhigt sich das Meer, die Sonne tritt hervor und wir beziehen die Liegestühle auf unserem bescheidenen, gleichwohl offenen Deck. Man hat unseren Pässen entnommen, wir seien »authors«, des auteurs, und so gewährt uns der Kapitän, offenbar ein Literaturfreund, die Gunst, uns allenthalben auf seinem Schiff zu tummeln, auch mit Hilfe des uns ausgestellten Passierscheins, wann immer wir es wünschen, die erste Klasse aufzusuchen, wenngleich wir taktvoll verstehen, daß in der Einladung deren Mahlzeiten nicht inbegriffen sind. Zuweilen verbringen wir denn nachmittags ein Stündchen im riesigen Palmenhof auf dem Luxusdeck – den Tee hier einzunehmen, ist noch en règle – und sehen dort nahe dem Orchester T.S. Eliot sitzen, in einem weichen Fauteuil über ein Buch gebeugt und mit einem Ohr den Wiener Liedern oder sanften Swingmelodien lauschen, die der schönen Welt eher zumutbar sind als harter Jazz. Am letzten Abend werden wir dann doch zum Diner des Kapitäns in der ersten Klasse gebeten, und ich trage in meinen Kalender ein: »Horrid shocking boring menagerie of millionaires.«

Aber dann: die Ankunft in Manhattan. Wir sind um halb fünf aufgestanden, um in der ersten Morgenröte die Freiheitsstatue und bald darauf die Himmelslinie der Wolkenkratzer am unteren Rand der Bowery aus dem Dunst steigen zu sehen. Und wie sehr müssen wir die Nachgeborenen erbosen, denen vermutlich schon unsere Schilderungen tagelanger Skiwanderungen im Gebirge zu einer Zeit, da es noch keine Schlepplifte gab, als ein sentimentales Auftrumpfen erscheinen und nur lästig sind –, wenn wir nun behaupten, eine Landung auf Kennedy Airport reiche nicht im entferntesten an das Erlebnis einer Einfahrt in den Hudson River heran. Schon der erste Anblick des Festlandes, vielmehr der kleinen Halbinsel, auf dem der aufregendste Teil von New York sich in luftiger Höhe zusammendrängt, diese riesigen Wolkenburgen, wie sie damals noch nirgends in Europa stehen, ein Walhall aus Wagners *Ring*, im rosigen und zartgrünen Licht der Frühe vor uns aufgetürmt zu sehen, weit weit zunächst, dann immer näher und gewaltiger ragend: dies allein, und dazu das Gefühl des Abenteuers, wie man es nach tagelangem Ausgesetztsein auf der leeren See nun einmal hat, wenn eine neue Welt erreicht wird, ist zwar einigen Passagieren von Kreuzfahrten, aber der großen Menge heutiger Fluggäste nicht vergönnt – ganz zu schweigen von der Inbesitznahme einer Stadt, an deren Flanken man vorbeigleitet, um schließlich an einem Pier ihres Westside Highway anzudocken. Mehr als ein Jahrzehnt später werde auch ich zu den Jetsettern gehören, denen die Rollbahn eines fremden Erdteils nicht anders als die des eigenen erscheint, auch wenn man zur Begrüßung einen Kuß auf sie drückt. Doch es ist wert, erfahren zu haben, was hier als eine Gnade der frühen Geburt gelten mag, wenn man nach grausigen Zeitläuften, die mitzuerleben man gezwungen war, nun die wunderbaren Gemütsbewegungen eines Christoph Kolumbus oder Captain Cook bei der Eroberung einer neuen Küste nachempfinden darf.

In seinem Einakter *New-Found-Land*, den ins Deutsche zu übertragen mir erlaubt war, hat Tom Stoppard einen einfachen englischen Ministerialbeamten in geradezu hymnischer Prosa eine Fahrt kreuz und quer durch die Vereinigten Staaten schildern lassen – mitreißend in ihrem Schwung und ihrer knappen, impressionistischen Anschaulichkeit. Auf meine eigene, weit weniger grandiose Weise habe ich viele Jahre davor etwas Ähnliches versucht, wenn in meinem nach dieser Reise verfaßten Amerikaroman die baltische Ich-Erzählerin das ihr verhaßte New York verläßt und mit dem Geliebten im Auto auf den gewaltigen Highways des Landes nach Kalifornien fährt – um sich in San Francisco anzusiedeln und die Ostküste mit ihren europäischen Emigranten, ja das ganze unselige Europa für alle Zeit aus ihren Gedanken zu verbannen. Nicht in einem solchen eiligen, rhythmischen Rausch haben wir selbst uns damals durch die Staaten bewegt, sondern in weit geruhsamer zurückgelegten Abschnitten, mit kürzeren oder längeren Aufenthalten an Orten, die uns sehenswert erschienen oder an denen wir Freunde hatten, bei denen oft länger als nötig zu verweilen uns ein Bedürfnis war.

Hermann Kesten ist es – diese geistesflinke Schlüsselfigur einst der »Neuen Sachlichkeit«, nun des deutschen Exils –, der uns nach den langwierigen Formalitäten an Bord und der schließlich erfolgten, großmütigen Zulassung in das reichste Land der Erde willkommen heißt. Der berühmte Riverside Drive, den wir als erste Straße kennenlernen, kommt uns mit seinen mittelhohen dunklen Ziegelhäusern nun schon ein wenig altmodisch vor, so geblendet sind wir noch von den weißen Himmelsbauten, die unsere Ankunft begrüßten. Wir fahren zum Hotel Manhattan Towers am Broadway, das uns freilich allzu trostlos dünkt, und landen dann mit Kestens Hilfe im Hotel Colonial in Central Park West. Ich steige aus dem Taxi und mein Blick fällt auf ein Restaurantschild neben dem Eingang, das den Namen Neugröschl führt. So hieß die berühmteste jüdische Speisestätte im zweiten Bezirk von Wien. Die kleine Hotelsuite mit Sitzraum, Bad, »Closet«, Kühlschrank kostet fünf Dollar am Tag. Von ihr aus beginnen wir mit der Eroberung von New York.

Der erste Besuch bei Hansi, der schönen Person, zuletzt in vollem Glanz zurückgelassen auf ihrer Dachterrasse in Parioli, ist niederschmetternd. Nun wirkt sie schmal und bleich, mit bläulichen Schatten auf ihren immer noch ebenmäßigen Zügen. Ihrer Verwandlung sich bewußt, hat sie in dem Apartment, das sie mit ihrem jüngsten Ehemann, einem blonden, teutonisch schmucken Mediziner mit unstetem Blick, in offenbar schon getrübter Verbindung bewohnt, die Räume zumeist verdüstert, wenn nicht gar verdunkelt, sie schließt durch halb oder völlig zugezogene Gardinen die grelle amerikanische Wirklichkeit aus und hat sich eine künstliche, matt erhellte Scheinwelt geschaffen, in der sich das Schwinden ihrer Reize, ihrer Kräfte, leichter ertragen läßt. Eine unscheinbare junge Frau, ich weiß nicht mehr welcher Herkunft, dient ihr nun an Stelle der formidablen Sizilianerin, die in Rom so wohlschmeckende Pizze für sie gebacken hat. Die guten Zeiten sind vorbei. Hansi, das teilt sie uns herausfordernd mit, hat Krebs. Daß sie längst auch süchtig ist, schon in Italien bei Vittorio den Umgang mit Drogen erlernt hat, erfahren wir anderntags von Nellie, meiner lieben Nellie aus Zürich, die nach dem Krieg mit Robert Seidl nach New York ausgewandert ist.

Umwölkt denn sogleich, obschon nicht für allzu lange, der Sonnentag in dieser so überwältigend vitalen, so augenblicklich verjüngenden, zu Lebensfreude, Zukunftshoffnung, ja einer nie zuvor so stark, so rieselnd empfundenen Lust am Auf-der-Welt-Sein ermunternden Stadt, die uns aus jedem Kummer, jeder Daseinsangst reißt, wenn wir nur bereit sind, uns ihr hinzugeben. Und wir geben uns ihr hin, wir durchlaufen die schnurgeraden Straßenschluchten zwischen den Häusergebirgen, wir tummeln uns abends auf dem Times Square, der den kühlen Nachtwind mit hunderten heißer Neonlichter besiegt, wir erfassen aber auch mit wenigen Blicken die krassen Gegensätze des amerikanischen Sozialgefüges: die Glitzerdamen in blauen Nerzjacken vor den Toren der Kinopaläste, die Bettler und Trunkenbolde, die vielen schwarzen Gesichter und geschmeidigen Leiber – für Ankömmlinge aus England, wo der Zustrom von Jamaikanern und anderen Westindern noch nicht erfolgt ist, ein ungewohnter Anblick. Und wenn wir gemeint haben, London sei die Nabe einer vielfarbig rotierenden Welt, dann merken wir hier, wo alle Sprachen Europas, und Jiddisch dazu, ohne Scheu oder Furcht vor Xenophobie gesprochen werden, wie insular, wie dominant angelsächsisch die Kapitale des britischen Imperiums im Grunde ist.

Unbegrenzte Möglichkeiten! Am zweiten Tag im Hotel überreicht mir der Portier einen Brief, adressiert an »Miss Hilde Mendel, Room 703« – die korrekte Nummer unserer Suite –, in dem geschrieben steht: »We want to inform you that a person of your experience is needed in a job, and will you apply to this office as soon as possible.« Eine Arbeitsvermittlung streckt, ohne mich zu kennen, die Hände nach mir aus. Welcher Job wohl auf mich wartet? Ich wage nicht, es mir auszudenken. Es folgt eine Woche, in der wir von Museum zu Museum, von Treffpunkt zu Treffpunkt uns bekannter Eingewanderter laufen, Harlem, Chinatown und die Brooklyn Bridge aufsuchen, uns im Büro der Zeitung *Aufbau* mit Manfred George unterhalten, bei dem Verleger Mike Bessie in Greenwich Village das zarteste Roastbeef jener Jahre verzehren – in England ist dergleichen immer noch rationiert – und in Hansis lampenerhelltem Wohnzimmer, Eßraum, Schlafgemach mit Relikten deutscher und österreichischer Geistigkeit und Würde zusammentreffen, die zufällig mit dem falschen Vorzeichen ausgestattet waren und darum ins »Wildfremde« sich begeben mußten, wie Wilhelm Speyer es einmal beschrieb.

Danach hebt, an der Pennsylvania Station, die Entdekkungsreise durch das wahre Amerika an, ein Unternehmen von gewaltigem Ausmaß, die Umfahrung eines halben Erdteils, dem Eintauchen in eine gigantische Grottenbahn vergleichbar mit, im kleinen, jener meiner Kindheit im Wiener Prater, wo aus dem Nichts immer wieder die verblüffendsten, berückendsten Szenerien auftauchen, bevölkert mit Figuren, die so exotisch sind wie sie. Bei Tom Stoppard ist es ein Zug mit dem Namen Silver Chief, der den englischen Beamten Arthur durch eine Fülle geographisch wild durcheinandergewirbelter Orte und Landschaften bringt. Da werden alle Klischees der Neuen Welt lebendig, von den grünen Pferdeweiden von Kentucky über die Schlachthäuser Chikagos und das brennende Atlanta zu den Schleppkähnen auf dem Fluß vor St. Louis und den Sheriffs der Prärie. Auch wir werden den Klischees nicht entgehen, werden mit einem Raddampfer den Mississippi befahren und hinter dem Grand Canyon die Sonne aufsteigen sehen. Doch welch ein ekstatisches Gefühl, wenn all die uns in den Büchern von Mark Twain, Theodore Dreiser, Thomas Wolfe, in den großen alten Westernfilmen längst vorgespielten Bilder mit einem Mal wahrnehmbare Wirklichkeit sind!

Nach Philadelphia denn zunächst, und bald weiter nach Washington, wo wir, in den Augen mancher Kalter Krieger in Europa gefährliche Russenfreunde, ins Pentagon eingelassen werden – die wohlbewachte Festung, in der Peters einstiger Vorgesetzter General McClure uns empfängt. Städte und Menschen: immer wieder lehne ich mich an die Säulen meiner Erinnerung an. Zum Capitol, in den Senat und das Repräsentantenhaus, in die Congress Library führen uns unser alter Freund Ferdy Kuhn und Jimmy Wreston, ein anderer großer Publizist jener Zeit. Und schließlich treffen wir uns noch in einem Café mit dem Germanisten Heinz Politzer – später so erfolgreich und anerkannt, zur Zeit aber, wie ich mir notiere, »arm und hilflos«, weil die vornehme Mädchenschule Bryn

Mawr ihn vor kurzem entlassen hat. Mit Peters Oberst Leonard werden wir erst auf dem Rückweg, noch einmal von Washington angezogen, vergnüglich zu Mittag speisen. In der Hauptstadt der Vereinigten Staaten sieht man uns jedenfalls als Verbündete an.

Charlottesville sodann, die georgianisch gebaute Universitätsstadt, in der uns der große Historiker und Politologe Stringfellow Barr, an den wir empfohlen sind, zu einem fulminanten Abendessen lädt. Ich aber erweise mich den riesenhaften, wie von einem Niederländer gemalten Erdbeeren gegenüber allergisch und wache anderntags mit Fieber, geschwollenen Wangen und Armen, zudem einem juckenden Ausschlag auf. Hier noch einmal eine Begegnung mit T.S. Eliot, aber nicht leibhaftig, sondern im Schaufenster einer Buchhandlung, in der ich zu meinem Entsetzen eine Reihe seiner antisemitischen Schriften entdecke: eine Illusion, eine Bewunderung verblaßt. Wie der Zug wirklich heißt, der uns, nach stundenlangem Verweilen in Jeffersons Haus Monticello, nach Südwesten trägt, habe ich vergessen, nicht aber, daß ich in ihm dauernd den Song summte »Pardon me boy – is that the Chattanooga Choo-choo – track twenty-nine – Boy you can gimme a shine«, denn in die Richtung von Tennessee und Alabama geht es nun, tief und immer tiefer ins Land der Schwarzen hinein. Erstaunlich war, was man uns in Washington über sie erzählt hat: die ersten weißen Siedler, so hörten wir, haben sich 1607 im amerikanischen Süden niedergelassen. Vier Jahre darauf kauften sie einem holländischen Seefahrer eine Schiffsladung afrikanischer Neger ab, und diese wurden an Ort und Stelle heimisch, bevor 1620 die »Mayflower« mit den Pilgervätern der Vereinigten Staaten bei Cape Cod gelandet war.

Schon in Orange, nördlich von Charlottesville, haben wir vom Fenster aus auf dem Bahnsteig die gesonderten Warteräume mit den Schildern »White« und »Coloured« bemerkt. Hier gilt bereits das Gesetz von »Jim Crow« – die

154

absolute Rassentrennung. Und nun, auf der Strecke nach Knoxville, allenthalben entlang der Trasse die elenden Hütten der dunkelhäutigen Alteinwohner, aber auch nicht weniger verfallene, morsche Holzhäuser der »poor whites« mit den gleichen sonngebleichten Verandas, auf denen die gleichen Schaukelstühle mit dem zerrissenen Korbge-flecht, der gleiche müllreife Hausrat stehen. Nach Chat-tanooga ist es der Staat Alabama, der die Idylle eines Songs Lügen straft – Brechts sehnsüchtiges »O moon of Ala-bama, we now must say goodbye« –, denn in Birmingham, wo wir uns ein wenig aufhalten, um nach ein paar Stunden weiterzufahren, spüren wir schon jene geballte Hoff-nungslosigkeit arbeitsloser Schwarzer, die Jahrzehnte da-nach an diesem Ort die ersten großen Rassenunruhen aus-lösen wird. Und so quer durch Mississippi ins wunderbare New Orleans, das wir an dem glühend heißen, stickigen Abend des 24. Mai erreichen.

Das kleine, schäbige Hotel St. Charles hat kein Air Con-ditioning, nur einen riesigen Ventilator, der an der Decke unseres Zimmers die ganze Nacht unüberhörbar schwirrt. Anderntags das Entzücken an dieser 250 Jahre alten Hauptstadt des französischen Louisiana, das Napoleon 1803 an die Vereinigten Staaten verkaufte und in deren Bucht Manon Lescaut und Des Grieux gelandet waren, wie der Abbé Prévost es beschrieb – diesem Gemisch aus fran-zösischem Charme, spanischem Sinn für Ebenmaß und Ornament, schwarzafrikanischer Grazie, all dies ver-schmolzen in der kreolischen Sprache, der kreolischen Kü-che, dem kreolischen Baustil, den berückenden Mädchen, deren Anteil an dunkelhäutiger Herkunft diese »Qua-droons« und »Octoroons« zu den schönsten Kreaturen der Erde macht. Wir gehen tagelang im Vieux Carré umher, mit seinen zart ockerfarbigen oder blaßrosa Häusern, den unendlich vielförmigen schmiedeeisernen Balkonen und den schattigen Patios, in denen man, gestern wie heute, im Court of Two Sisters oder im Patio Royal die scharfen

Fisch- und Krustazeengerichte speisen kann – Oysters Rockefeller, Gumbo Soup, Soft Shell Crab, Shrimp Creole.

In New Orleans ist um die Jahrhundertwende von sieben weißen Gassenbuben, einer Vorahnung der Beatles, der »Red Hot Dixie Jazz« erfunden und alsbald von den musikbegeisterten Schwarzen aufgegriffen worden. Jetzt reiht sich in Dauphin Street und Bourbon Street ein Jazzlokal ans andere, in denen die Kenner, nein, die Süchtigen des »Dixieland Sound« halbe Tage zubringen, festgebannt von Trommel und Trompete, vom Saxophon und der Sängerin. Auch wir horchen im Mardi-Gras-Club in der Bourbon Street wie besessen der alten schwarzen Lizzie Miles, die immer noch mit brüchiger Stimme den Blues »Basin Street« singt – auf kreolisch »Bassin Rue« – und reißen uns nur los, um ein paar Häuser weiter in den Bann von Fred Coleman's Band zu geraten. Das Ende jeder Stunde, die wir dort verweilen, wird von ihrer Nummer für Solo-Trompete und Schlagzeug »Sultry Serenade« markiert, und Coleman selbst berauscht und betäubt uns mit seiner Trommel. In dem Dampfer »President« mit den großen Schwungrädern befahren wir den Fluß, und in dem Bus mit der Aufschrift »Desire« – den Streetcar dieses Namens gibt es schon damals nicht mehr – begeben wir uns zur Endstation und wieder zurück. Ein »Negro Lawyer«, Dr. Thureaud, klärt uns über die Lage der so ungemein kreativen, so ungemein benachteiligten farbigen Bevölkerung auf. Und natürlich lassen wir uns einige Meilen weit zu einer der alten Plantagen bringen, mit ihren säulengeschmückten Gutshäusern inmitten strotzender Sträucher und grünglänzender Baumdickichte – verewigt in Margaret Mitchells grandiosem Kitschroman.

Was hat Texas dagegen zu bieten? Dallas mit seinen Ölbaronen, Houston mit seiner später so angesehenen germanistischen Fakultät lassen wir rechts liegen und überqueren zu Fuß, auf der Grenzbrücke von El Paso, den Rio

Grande nach Juarez, wo man ganz Mexiko in der Nuß-
schale erleben kann: die stets frisch gekalkte Missionskir-
che, die Bauernhochzeit mit den wirbelnden Röcken der
Frauen, die Souvenirläden mit ihren Totenköpfen aus Tra-
gant. Ein anderes, das amerikanische New Mexico, wartet
auf uns in Albuquerque, in Santa Fé und in Taos, diesem
noch weltvergessenen, europavergessenen Ort auf der
Hochebene am Saum des Sangre de Cristo-Gebirges. Und
dort begegnen wir Figuren, die im literarischen Bewußtsein Englands längst verankert sind: der Witwe von D.H.
Lawrence und seiner treuesten Anhängerin, der hochari-
stokratischen Dorothy Brett – der einzigen, die mit ihm
und Frieda auf und davonging von allen Anwesenden bei
jenem legendären Abendessen, Ende 1923, im Londoner
Café Royal, auf dem Lawrence, in messianischem Anspruch und in bewußter Anlehnung an das Abendmahl in
Emmaus, seine Jünger zur Gefolgschaft aufgefordert hat,
zur Gründung einer Künstlergemeinschaft »Rananim« in
den Bergen von New Mexico. Nun ist »die Brett«, einst
eine große Gastgeberin und Freundin Katherine Mans-
fields, dort in der wunderbaren Wildnis zurückgeblieben,
gemeinsam mit Frieda und der Amerikanerin Mabel Dodge
Luhan, einer Millionärin, die Lawrence schon im Ersten
Weltkrieg nach Taos gelockt hat. »Three wise ladies of
Taos« habe ich diese Drei, die noch lang nach Lawrences
Tod ihre Eifersüchteleien weiter spannen und jetzt friedlich miteinander leben, in meinem Bericht an den *New
Statesman* genannt.

Was hat uns zu diesem Ausflug verführt? Der Sohn der
Sängerin Elisabeth Schumann, an der BBC beschäftigt, be-
schwor uns vor der Abfahrt, ihn nicht zu versäumen, und
gab uns Empfehlungen an Frieda Lawrence, geborene
Freiin von Richthofen, mit. Nachdem wir aus dem schwü-
len und staubigen Albuquerque hinauf in die Berge, in das
schon fremdenfreundliche Santa Fé und weiter ins Hoch-
land von Taos gefahren sind, nachdem wir im Hotel La

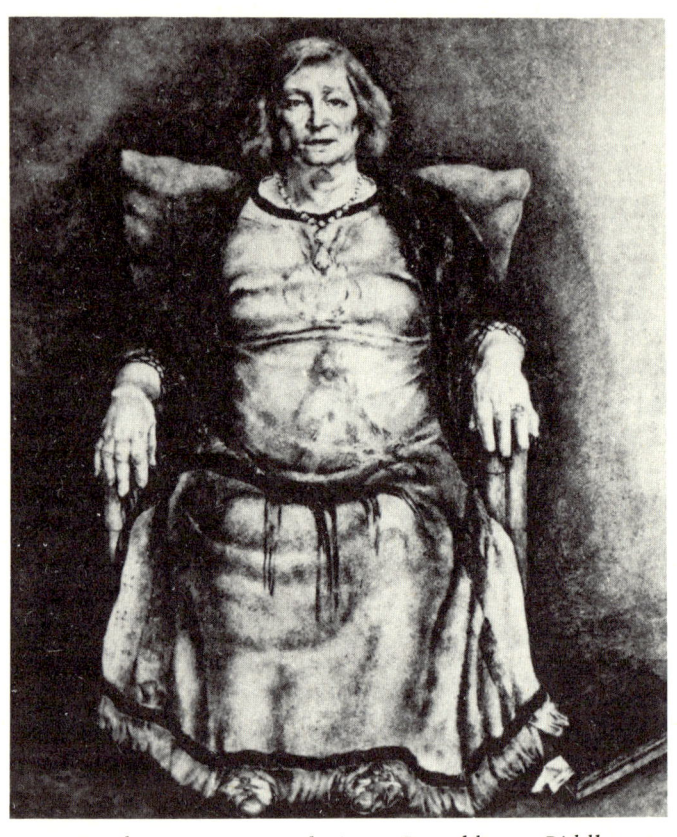

*Frieda Lawrence. Nach einem Gemälde von Biddle*

Fonda auf der »Plaza« der kleinen Rancher-, Trapper-, Angler- und Pferdezüchter-Stadt ein Zimmer gemietet haben, melden wir uns bei ihr an. Frieda ist 72, verheiratet mit dem einstigen Bersaglieri-Leutnant Angelo Ravagli, »Angelino«, den sie mit 54 Jahren seiner Frau abspenstig gemacht hat, und immer noch von großem Reiz in ihrer lässigen, üppigen Weiblichkeit, mit ihrem kaum vergilbten maisfarbenen Haar. Eine Korngöttin, eine Erdmutter, ja, »die Mutter des Orgasmus und des ungeheuren, lebendigen Mysterium des Fleisches«, wie Mabel Dodge sie genannt hat.

Sie empfängt uns, da wir deutsch sprechen wie sie selbst in ihrer Jugend, mit großer Herzlichkeit, behält uns stundenlang bei sich und zeigt uns jene »skandalösen« Ölbilder von Lawrence, die sie nicht ihrer Freundin, der griechischen Besitzerin von La Fonda, zur Ausstellung überlassen hat. Was sie uns erzählt über ihr Leben hier in Taos und weiter oben auf der Kiowa Ranch mit ihrem indianischen Dienerpaar Trinidad und Rufina, habe ich mir damals notiert, aber weder im *Statesman* noch im *Monat* in allen Einzelheiten preisgegeben.

Ein anderer Deutscher namens Mendelssohn, so sagt sie uns gleich, habe sie kürzlich besucht: ein Naturwissenschaftler, im nahen Los Alamos beschäftigt, dem Geburtsort der Bombe von Hiroshima, wo die Atomforschungen weiterbetrieben werden. In der Tat gebe es familiäre Verbindungen zwischen den Richthofens und den Mendelssohns – ihre Tante Fanny sei eine Enkelin von Felix Mendelssohn-Bartholdys Schwester Fanny Hensel gewesen. Nicht nur von ihren Vorfahren spricht sie, auch von den drei Kindern, die sie einst um Lawrences willen verlassen hat und jetzt, als Erwachsene, mit ihren Enkeln, ab und zu in England besucht. Nach Deutschland wolle sie nicht gehen, dort seien alle ihre Verwandten so arm und hätten so viel durchgemacht, die ganze schlesische Familie habe alles verloren. Als die Russen nahten, sei ein Nachbar zu ihnen gekommen und habe sie gebeten, seine Schätze für sie zu hüten. »Und was war ihr größter Schatz?« fragt Frieda mit ihrem rauhen, kehligen Lachen. »Eine Haarlocke von Goethe!« Ihr, der Frau eines Dichters, zugleich das Urbild seiner *Lady Chatterley*, erscheint in ihrer »Weisheit des Blutes« – Lawrence, der Puritaner, kam in seiner Philosophie geschlechtlicher Enthemmung gewissen »Mythen des 20. Jahrhunderts« gefährlich nah – solche Verherrlichung abgelebter Relikte einfach komisch.

Mabel Dodge hat Frieda ganz auf diese Ebene einer rein physischen Daseinsform festlegen wollen. »Sie war sein

(Lawrences) Medium, er brauchte sie zum Sehen, und sie konnte das Leben nur vom Geschlechts-Zentrum wahrnehmen.« Aber diese Frau hat mehr als Naturverstand. Sie schildert uns die Indianer, mit denen sie sich umgibt, als überaus gütige Menschen. Ihr Stamm ist nicht ausgerottet worden, weil er im Grunde friedlich war. Sie nennen sich Christen, sind »höflich gegenüber dieser Religion«, doch sie feiern ihre eigenen heidnischen Riten im August am heiligen blauen See und verbieten den Weißen streng, ihnen dort zu nahe zu kommen, ja, haben sogar schon neugierige »Anglos« getötet, die sich nicht daran hielten. Ihre Dienerin Josephine hier unten in Taos borgt sich immer ihren besten Schal für diese Feste von ihr aus. »Wahrscheinlich hat es etwas mit Sex zu tun«, sagt Frieda wieder lachend. Und wie reizend sie sind, welche wahren Freunde! Trinidad und Rufina oben in San Christobal hat sie erklärt: »Hört, dieses Land war einmal euer Besitz. Wenn ich sterbe, sollt ihr es wiederhaben.« Zuerst waren sie begeistert. Aber dann: »Was wird der Gouverneur dazu sagen?« Und am nächsten Morgen kamen sie und sagten: »Frieda, du bist nicht reich. Warum verkaufst du nicht das Land und behältst dir das Geld?« Offenherzig sind sie, und nur verschlossen, wo es um ihre geheime Religionsausübung geht. Selbst Tony Luhan, Mabels geduldiger indianischer Ehemann, der erste und einzige, der die Launen dieser exzentrischen Frau erträgt, hat ihr noch kein Sterbenswörtchen davon verraten.

Von Lawrence beginnt sie erst zu sprechen, als Peter erwähnt, wir hätten Taos, dieses hohe Tafelland, dieses Lichtland mit seinem duftenden Bergsalbei und schöner als Zimt und Nelken riechenden Pflaumenblüten, sobald wir nach den gewundenen Straßen oben ankamen, als »Dach der Welt« empfunden. Seltsam, ruft sie aus, so habe Lawrence es auch genannt, mit diesen Worten. Doch ehe sie weiterredet, erscheint The Honourable Dorothy Eugenie Brett, als Kind »Doll« genannt, dann nur noch »die Brett«, eine große wetterfeste Engländerin, mit deutlich sichtba-

160

rem Hörgerät im Ohr und einer Baskenmütze, die sie mit Metallspangen an ihr weißes Haar geheftet hat, Farbflecke auf ihrer Oberlippe, ihrer wohlgefüllten Bluse, ihren Blue-jeans, die in Stiefeln stecken. Sie entführt uns in ihr Haus gegenüber in die Questa Road, das wie alle anderen in Taos dem »Adobe«-Stil der indianischen Lehmbauten angegli-chen ist, aber – von ihr über den Eingang gemalt – das Wap-penschild ihrer gräflichen Familie trägt. Sie zeigt uns in ih-rem Atelier jene großen Ölbilder, auf denen sie ihren ver-botenen Kenntnissen von den Ritualtänzen am Heiligen Berg Ausdruck verliehen hat. Wilde Farbvisionen des »Sonne-und-Mond-Gottes« und der ihm geopferten Mäd-chen – vielleicht sogar wahrheitsgetreu, denn wenn India-ner die Gemälde sehen, erschrecken sie, und die Brett muß erklären, sie habe das alles nur geträumt.

»See the cobra that killed Grace Wiley!« so das riesige Plakat an dem Highway, der an den einen Kilometer lan-gen »Kobragärten« in der Nähe von Grants, ein paar Stun-den westlich von Albuquerque, vorbeiführt. Wir sind, diesmal im Bus, auf dem Weg nach Arizona, quer durch den Petrified Forest und die Painted Desert nach Williams, wo man übernachtet und bei anbrechendem Tag zum Grand Canyon fährt. Vor der Schilderung dieses Welt-wunders will ich mich hüten. Im Sprung denn nach Los Angeles, weil dort, nach New York und Taos, die denk-würdigsten Begegnungen unserer Monate in den Staaten sich ereignen. In der Filmstadt am Rand des Pazifik hausen zur Zeit nicht nur Peters jüngster Bruder Felix und Frau von Cube, ihre nun schon recht betagte, aber immer noch würdevoll und damenhaft, in Shantungseide und matten Perlen thronende Mama, sondern auch der Komponist Erich Zeisl und seine Frau Trude, von mir Susi genannt, die nach vierzehn Jahren, vermehrt um eine hübsche kleine Tochter, wiederzusehen eine unaussprechliche Freude ist. Hier finden sich überdies noch die meisten Protagonisten der heute schon historischen deutschsprachigen Kolonie im kalifornischen Exil. Brechts und Eislers sind nicht mehr hier, das Ehepaar Heinrich Mann, Arnold Schönberg und Franz Werfel sind gestorben. Doch Lebensform und Gedächtnis der Verbliebenen sind intakt. Und nicht nur, weil der geschickte Boulevardier Christopher Hampton sich drei Jahrzehnte später, in seinen *Geschichten aus Hollywood*, eine schlimme Travestie all dieser Menschen geleistet hat, will ich ein wenig bei ihnen verweilen. Seinem Bild von Bertolt Brecht, den er als eine böse kleine Ratte auf die Bühne bringt, habe ich hier schon in meiner Schilderung dieses, Hampton als Dramatiker doch um einiges übertreffenden Schriftstellers in Berlin entgegengewirkt.

Gewiß: es gab und gibt, wie in jeder Gruppe, vielfach abgestufte Erscheinungsformen unter den Emigranten in dieser Stadt. Sie reichen, in meiner Erinnerung, vom Erhabenen bis zum Vulgären – etwa von dem so vornehm wie bescheiden, ohne jede olympische Eitelkeit seinen Gästen gegenübertretenden Thomas Mann bis zu Paul Kohner, dem längst vor Hitler hier angelangten einstigen Filmproduzenten und jetzigen Agenten der Prominenz. Albert Bassermann, John Huston, Maurice Chevalier und Charles Boyer, Remarque und, Jahre nach unserem Besuch bei ihm, selbst Ingmar Bergman und Liv Ullman haben zu seinen Klienten gehört. Den »Zauberer vom Sunset Boulevard« nannte ihn sein naiverer und liebenswürdigerer Bruder Frederick in einer panegyrischen Biographie. Uns schien Paul Kohner eine Verkörperung all dessen zu sein, was an Hollywood, dem »Markt, an dem Lügen verkauft werden«, fragwürdig war, und Hampton hätte besser daran getan, sich solchen Geschichten zuzuwenden. Wir saßen, von dem Ex- und Urberliner »PEM« (Paul E. Markus), dem Chronisten des Exils, an ihn gesandt, eine ganze Weile lang in einem Vorraum seiner Villa, bis er hemdsärmelig und unwirsch eintrat, weil wir ihn in einer Pokerpartie am Rande seines Swimmingpool unterbrochen hatten. Was wir wollten? Von zwei Autoren erwartete er offenbar

*Thomas Mann in Pacific Palisades (1947)*

Bitten um Verfilmung ihrer Bücher, und war erstaunt, weil wir diese nicht aussprachen. Wozu wir dann gekommen waren? Weil PEM uns die Höflichkeitsvisite nahegelegt hatte. Damit wußte er nichts anzufangen und bot uns in seiner Ratlosigkeit die Vermittlung einer Tour durch die Paramount Studios an. Dafür dankten wir ihm und empfahlen uns. Von dem Studiobesuch ist mir eine 43mal vor unseren Augen gedrehte minutenlange Szene aus einem Western im Gedächtnis geblieben.

Wie anders dann die Teestunde in dem lübeckisch, münchnerisch oder zürcherisch anmutenden Großbürgerhaus in Pacific Palisades, wo das Ehepaar Mann uns nicht anders empfängt, als es in der Poschingerstraße oder in Küsnacht vor sich gegangen wäre. Sie stehen, wie wir hören, kurz vor der Rückkehr nach Europa, in die Schweiz, doch nichts ist zu bemerken von Hast, von Aufbruchstimmung, man unterhält sich gelassen, ohne Fremdheit oder Scheu, und mit einer Herzenshöflichkeit, die Hamptons Karikatur eines hochnäsigen, abweisenden Geistesgecken Lügen straft. Wir sind in Gesellschaft von Salka Viertel gekommen, Bertholds Frau, die uns aus ihrem Haus in Santa Monica heraufgebracht hat und danach auch mit uns zu Feuchtwangers fährt. Der Ton, der in diesen zweifellos wohlbestellten Niederlassungen herrscht, läßt Rückschlüsse zu auf die Umgangsformen der Deutschen und Österreicher während der gemeinsamen Zeit in der so Europa-fernen Stadt am Stillen Ozean, hergebrachte Verhaltensnormen, die weder in selbstgefälliges Pathos noch, bei all dem regen Verkehr, in plumpe Vertraulichkeit ausgeartet sind. Und wenn bei dem berühmten Geburtstagsfest für Heinrich Mann, mitten im Kriege in Salkas Haus, sein Bruder Thomas und er feierliche Reden aufeinander gehalten haben, dann mag Hampton das im nachhinein lächerlich finden: Salka selbst meint, es seien an diesem Abend »herrliche, geniale Gedanken« geäußert worden, und manche der Flüchtlinge hätten mit tränenüberströmten Wangen gelauscht.

Die Quelle späterer Verzerrungen sollte die bis in ihre hohen Neunzigerjahre aktive und mitteilsame Marta Feuchtwanger werden. Bei meinen häufigen Besuchen in Los Angeles erlebte ich immer wieder ihre phantasievollen Reminiszenzen, die längst ihre eigene Wirklichkeit angenommen hatten. Eine originelle, tapfere, tatkräftige Frau, während ihrer Ehe mit dem dominanten Mann zu einer dienenden Rolle verpflichtet, in Sanary noch dazu überschattet nicht nur von Feuchtwangers zahlreichen Geliebten, sondern vor allem von der Sekretärin Lola Sernau, die seine geistige Gefährtin war. In Martas Memoiren taucht ihr Name nicht auf. Die Überlebenden haben immer recht, könnte man in einer Umkehrung des französischen Wortes über die Abwesenden sagen. Jener kleine Vorfall, als Nellie Mann dem vormittags unverhofft bei ihr vorsprechenden Ludwig Marcuse in einem mehr als offenherzigen Negligé die Tür auftat, hatte sich bei Marta zu einem halb entblößten Auftritt vor einem Dutzend Abendgästen verdichtet – von niemandem außer ihr verbürgt. Als wir damals in der prachtvollen Villa Aurora Besuch machten, wurde ihr Redefluß immer wieder von dem kleinen, unschönen, liebenswürdigen Lion Feuchtwanger gehemmt. Seine Schreibmethode, mit den vielen Fassungen auf verschiedenfarbigem Papier, seine nun schon zum dritten Mal nach vollständigem Verlust neu aufgebaute Sammlung von Inkunabeln und Frühdrucken, vor allem sein Wohnstil überstiegen zwar die Qualität seiner Bücher, entsprachen aber deren finanziellem Erfolg.

In der Mabery Road bei Salka, Greta Garbos Script-Schreiberin und bester Freundin, war nachher nichts zu sehen von einem Butler oder einer Köchin wie bei Hampton, desto mehr von kultiviertem Europäertum. Eine große stattliche Frau, hatte sie, darin Frieda Lawrence verwandt, die Ausstrahlung einer verehrungswürdigen Muttergöttin. Zwei ihrer Söhne waren da, Bertholde in amerikanischem Format. Von ihm war Salka damals schon geschieden,

*Salka Viertel*

doch sie schrieben einander innig und oft. Ihn vor seinem allzu frühen Tod in Österreich zu besuchen, war ihr nicht vergönnt: die Hexenjäger verweigerten ihr einen Paß, unter anderem, weil sie eine Eingabe für die verfolgten »Hollywood-Ten« unterzeichnet hatte. Er war dahin, als sie schließlich die Staaten verlassen durfte und sich in der Nähe ihres Sohnes Peter in Klosters niederließ. In den Siebzigerjahren, bei meinen wiederholten Besuchen in Kalifornien, waren in Los Angeles neben Witwe und Tochter Zeisl nur zwei von der großen alten Garde der Emigranten übrig: Gina Kaus, die uns 1952 zu der Bildhauerin Anna Mahler geführt hatte, damals noch im verwaisten Werfelschen Haus, und Marta – zwei fabulöse Greisinnen höchst unterschiedlicher Art. Am schmerzlichsten vermißte ich dann immer Erich, der 53jährig – ähnlich wie mein Vater –

an einem glühend heißen Tag buchstäblich an gebroche-
nem Herzen gestorben war. Aus seiner nie beendeten Oper
*Hiob* nach Joseph Roths Roman hatte er uns damals noch
einige tief ergreifende Passagen auf dem Klavier vorge-
spielt, bevor wir weiter nach San Francisco fuhren.

In dieser schönsten aller Städte geriet Peter wieder einmal, unerklärlich wie so oft, in eine seiner schwarzen
Launen. Zum Ausgleich kaufte er mir ein kleines
Schmuckköfferchen, bis heute ein gehüteter Schatz. In Salt
Lake City erwarben und studierten wir eine Bibel der Mor-
monen, sahen uns den Tempel und die Luxusbehausungen
dieser so abstrusen wie geschäftstüchtigen Sekte an – auch
eine Modenschau, zu der jene Damen, die an die Offenba-
rungsreligion von Joseph Smith und seinem Engel glaubten, in reichem Juwelenglanz erschienen. Dann die lange
Fahrt durch die Rockies nach Denver, eine Nacht dort im
Hotel, wo sich die Mitglieder einer republikanischen Konvention versammelt hatten, ein seltsames Bestiarium mit
aufgesteckten Kokarden, und schließlich nach Chikago:
seine prachtvolle Uferstraße am Lake Michigan, Picassos
Porträt von Gertrude Stein im Art Institute, und ein Ausflug aufs Land, ins sattgrüne Illinois, eine Nacht im Haus
»Acres Away« bei der reizvollen Schauspielerin Monica
Miller, Tochter des Hausarztes meiner Großmutter Laura,
zu der er nie ohne weiße Handschuhe ging, Schulkollegin
Peter Smolkas am Gymnasium in der Kundmanngasse,
jetzt verheiratet mit einer wohlhabenden Vaterfigur.

Zuletzt in New York, nach der Ankunft, ein Schlüssel-
erlebnis. Peter war für einige Tage in Washington zurückgeblieben, ich nahm mir ein Taxi zum Colonial Hotel.
Nach dem Aussteigen vermißte ich das neue rote Schmuckköfferchen und erschrak bis ins Mark. Eine Viertelstunde
darauf, ich stand noch im Empfang, hielt dasselbe Taxi vor
der Tür und der Fahrer brachte das Köfferchen zurück –
1952, ein kleiner stoppelbärtiger Mann tschechischer Herkunft, Julius Kohout im Yellow Cab 5270.785 –, er schrieb

die Nummer und seinen Namen in mein Notizbuch. Ich küßte ihn auf beide Wangen. Es schien ihn mehr zu freuen als die paar Dollar Finderlohn.

Hansi war nicht in der Stadt, sie war in die Schweiz gefahren, um sich dort einer Operation zu unterziehen. Wir hielten uns hier nicht mehr lange auf und verbrachten den letzten Abend mit Heinrich Eduard Jacob und Dora, der einstigen Dora Angel aus dem Fleschischen Umkreis, denn Ernst Angel, ihr Bruder, war sein Jugendfreund. Anderntags, am 26. Juni, schifften wir uns ein auf der »Queen Mary« bei 100 Grad Fahrenheit und 90 % Luftfeuchtigkeit. Die halbe Stunde, in der wir auf der Gangway Schlange standen, war anstrengender als die gesamte Reise. Völlig durchnäßt kamen wir in unserer Innenkabine an. Ausgeträumt der amerikanische Traum, vollendet die Apotheose unserer gemeinsamen Reiselust, trotz mancher Ausbrüche eines unberechenbaren Temperaments vielleicht die glücklichste Unternehmung unseres Lebens.

Denn nun, nach der weitesten Ferne, die wir in unserem Leben erreichen sollten, zieht uns das Nahe wieder an, winkt immer heftiger, ruft immer lauter. Österreich. Und Peter, bei all seiner Wandelbarkeit, seiner zeitweiligen Passion für Oswalt von Wolkenstein, für Tirol, trotz alter und neuer Verzauberung durch den Charme leichtlebiger Menschen, die Anmut alpiner Landschaft, fügt sich auf die Dauer nicht ein, fühlt sich wahrhaft zuhause, wenn nicht im Vorkriegsberlin, dann in der Sonne Frankreichs oder Italiens, am Mittelmeer. So verbringen wir denn jahrelang immer weiter einige Wochen an der Marina di Pietrasanta, aber Sankt Wolfgang läßt uns nicht mehr los, umhüllt uns mit seiner vielleicht trügerischen, aber doch so tröstlichen Atmosphäre eines Daheimseins, einer Geborgenheit inmitten von – vielleicht nur scheinbar – Gleichgestimmten, Gleichgesinnten. Hier, im Anblick des blitzend gekräuselten Sees, »pimpant« haben ihn einst die Belgier genannt, der kühnen Schafbergspitze im Rücken, der Senke der

Vormauer zur Linken, der einzigartig geschwungenen Mulde zwischen Sparber und Bleckwand jenseits des anderen Ufers, werden wir immer tiefer eingesogen in eine Gemeinschaft, einen sommerlichen Lebensstil, die diesen ganzen Landstrich seit je zu einem geliebten, für viele später nur noch nostalgisch herbeigesehnten Aufenthalt der Schriftsteller, der Künstler und Musiker machten.

Diese Gemeinschaft und ihr Lebensstil haben seit den Dreißigerjahren, zwischendurch vermindert um die Davongejagten oder in den Tod Getriebenen, auf gleiche Weise ihren Fortgang genommen und sich bis heute bewahrt. Selbst in der Kriegszeit, fast völlig verschont von Luftangriffen, geschweige denn Waffenlärm und Panzergeroll, haben hier neben den Einheimischen die urbanen Herrschaften mit Landsitzen ganzjährig oder doch monatelang gehaust und sich gesellig zusammengefunden. Das Grand Hotel war ein Lazarett geworden, im wunderschönen Auhof hoch über dem See hatten die Machthaber kurz vor Kriegsende den von ihnen entthronten König Leopold III. von Belgien mit seiner morganatischen Gemahlin Liliane de Réthy untergebracht, und nicht nur eine Reihe von Wiener Dichtern, mit denen wir uns alsbald innig befreunden sollten, sondern auch der SS-General Wolff suchten hier immer wieder die idyllische Ruhe auf. Eine einzige Dame jüdischer Herkunft überlebte im Ort, von der durch und durch nazifreundlichen Sippe ihres Ehemannes geschützt. Aber nun kamen, sobald es nur möglich war, die Ausgestoßenen zurück, nicht nur aus London, sondern aus der Wüstennähe Kaliforniens und Israels, Salzkammergut-trunken seit eh und je, und schon so lange vergeblich dürstend nach frischer Höhenluft, nach dem Geruch von Zirbelholz und Zyklamen, vor allem aber nach Regen, jenem würzigen Regen, der die Landschaft so reinwäscht, daß sie am ersten folgenden Sonnentag herrlicher blitzt als alle pinienbesteckten Hügel, alle silbergrauen Olivenhaine, schläfrigen Meere und ewig blauen Himmel Italiens.

*Leo Perutz*

*Ralph Benatzky und seine Frau Mela (»Kirschi«)*
*im »Weißen Rößl«*

Hier sind sie denn wieder, an diesem und anderen Orten im Berg- und Seengebiet, nach langer und von den Zurückgebliebenen nicht allzu schwer verwundener Abwesenheit, die durch gelegentliches sehnsüchtiges Nacherzählen ihrer Scherze und geistvollen Aussprüche einigermaßen wettgemacht werden konnte – Leo Perutz und Ralph Benatzky, Fritz Kortner und Ernst Deutsch, Mischa Spoliansky und Adolf Wohlbrück, Ferdinand Bruckner, Berthold Viertel und Friedrich Torberg; in Sankt Wolfgang überdies, ein paar Sommer lang, manche der besten Filmemacher, Musik- und Lyrikschreiber aus Hollywood wie Robert Siodmak, Fritz Rotter und Hans Jacoby, nicht zu reden von den verschiedenen Mietern im Haus Breitgut, den Bermann-Fischers, Habes und Jungks. Und man heißt sie freundlich willkommen, nicht, wie die enttäuschte Rahel Varnhagen nach dem neu aufgebrausten »Judensturm« 1819 an deutschen Universitäten klagte, »zum Peinigen und Verachten, zum Fußstoßen und Treppenhinunterwerfen«, sondern zum Liebhaben, ja, ans Herzdrücken, zum neuerlichen Anhören ihrer nun authentisch vorgebrachten Witze – die sie freilich nicht mehr allzu gern erzählen –, zur Belebung der Gespräche und vor allem zur Gewähr, daß jenes im Grunde von allen gehaßte, aber notgedrungen mitgetragene Naziregime mit seinen ekelhaften Einmischungen in den gemütlichen Tagesablauf und schließlich auch noch mit all den Opfern, die einem im Zuge der Rückeroberung Europas abverlangt wurden, nun wirklich zu Ende war. Der Antisemitismus mit seinen tödlichen Folgen war vorbei, er wurde höchstens wieder, wie in den guten alten Zeiten, zum Kavaliersdelikt hinter vorgehaltener Hand.

Und alle, alle »Heimkehrer«, denn das sind ja zumindest die Österreicher unter ihnen, sind über alle Maßen glücklich, verzeihen allen alles, forschen gar nicht nach, welche von den alten oder neu errungenen Freunden, und in welchem Grade, sich mitschuldig gemacht haben an dem Unglück, das nun sein Ende gefunden hat. Allein Elias Canetti, der in den Fünfzigerjahren ein paar Tage in Sankt Wolfgang verbringt, will mit seinem jungen Reisegefährten Nassauer in einigen, von den Heimkehrern nicht aufgesuchten Lokalen wie dem »Wiesbauer«, an Bier- und Weintischen böse Reden belauscht haben, und reist mit der Bemerkung ab, hier sei Hitler allerorten noch lebendig. Aber Canetti hat sich durch hochfahrendes und aggressives Verhalten gegenüber den anderen Schriftstellern so mißliebig gemacht, daß man die Stimme des unbequemen Warners gern überhört. Und was immer noch latent vorhanden ist von dem alten Irrglauben und seinen Untaten – es wird ja nicht mehr virulent. Leo Perutz, anders als wir, nimmt ohne weiteres die ärztliche Betreuung durch den einstigen

Ortsgruppenleiter Doktor Reiss in Anspruch, hat Mirko Jelusich und Weinheber ihre Vergangenheit großmütig verziehen und trifft sich hier und in Bad Aussee immer wieder mit Bruno Brehm.

In diesem August, nun schon zum zweiten Mal in der Villa Tyrol am See etabliert, haben wir Perutz im Haus von Alexander Lernet Holenia kennengelernt. Gleich ihm stürzen wir uns, nicht lange zurück aus den Vereinigten Staaten, in die Vergnügungen und Begegnungen des Salzkammerguts, treffen einander vormittags in der Imbißstube Furian, tafeln abends mit der bunten Runde im »Weißen Rößl« oder naschen noch spät nachts in der Konditorei Wallner Zwetschkenfleck und Himbeereis. Wir sitzen im Salzburger Café Bazar mit Ingeborg Bachmann und mit Theodor Csokor und seinem Freund Bruckner im Tomaselli, wir empfangen im Hotel Tyrol den Besuch der gemeinsam in einem ausgedienten Jeep gekommenen Melvin Lasky, Golo Mann und dessen einstiger Kommilitonin, der Gräfin Lichnowsky. Wir sehen Thomas Mann in Strobl wieder und die Hermann Kestens in Sankt Gilgen – denn jeder, jeder, den man kennt, taucht auf der Höhe des Sommers früher oder später in dieser Gegend auf. In Wien aber, bei kurzem Besuch, verbrüdern wir uns noch rasch mit dem spät, aber desto ausgiebiger zu Ruhm gelangten Autor der *Strudlhofstiege*.

Die Eintragung in meinem Kalender am 12. Dezember in London: »Nebel all die Tage. Abends kamen zum Essen Dodo und ihr Mann, Anna Kallin und Freddie Ayer.« Wenige Jahre darauf hatte zumindest der Philosoph, Statthalter des »Wiener Kreises der Logischen Positivisten« in Oxford, den wir damals häufig sahen, unsere Existenz ganz vergessen und erkannte mich kaum wieder, als Melvin Lasky 1983 ein Begrüßungsfest in Chelsea für mich gab.

# VI.

## Die Qual der Wahl

Von Zeit zu Zeit muß ein Wort, oder eine Redensart, aus der Rumpelkammer hervorgeholt werden, vom Staub befreit und wieder auf Glanz gebracht. So etwa die Phrase oder das Klischee »Die Qual der Wahl«. Alles, so ließe sich sagen, ist entweder unwahr oder ein Klischee. Die Wahrheit dieses Satzes aber habe ich erfahren. Denn was in den nächsten elf oder zwölf Jahren, bevor die Wahl meines endgültigen Wohnsitzes, ob richtig oder falsch, getroffen war, mein Leben beherrschte und immer wieder zur Hölle machte, war eine innere Ungewißheit, eine Zerrissenheit, ein Schwanken zwischen zwei Zugehörigkeiten – zu diesem oder jenem Land, diesem oder jenem Gefährten, dieser oder jener Daseinsform.

Die Vorzüge und Nachteile, die Verlockungen und Abschreckungen auf beiden Seiten waren groß. Und doch hätte mir die Richtung, in die es ging, im Grunde klar sein müssen, wurde nur aus Gründen einer immer noch standfesten Treue, einer tiefen und unausmerzbaren Liebe zu der zweiten Heimat und der Rücksicht auf die in sie hineingeborenen Kinder viele Jahre lang von mir verdrängt. Während uns die englische Welt mehr und mehr entglitt, wiewohl wir's nicht wahrhaben wollten, streckte die Welt unserer Herkunft, vor allem eben meiner Herkunft, unzählige Fühler nach uns aus. Diese Fühler wurden zu Fangarmen und holten schließlich mich, wenn auch nicht Peter, an meinen Ursprung zurück. Sankt Wolfgang, das wir uns nicht ausgesucht hatten, das uns durch reinen Zufall, oder durch eine unerklärliche Fügung, aus Anlaß des Besuches bei Bermann-Fischers im Breitgut, vor die Augen gehalten worden war, erwies sich als der stärkste Magnet. Daß wir aber nach einigen Sommern vorübergehender Aufenthalte in der Villa Tyrol am See ein Häuschen erwerben konnten, dort seßhaft wurden zumindest für einige Monate im Jahr, wurde uns ermöglicht durch einen Glücksfall, der unsere stets unzureichenden Finanzen im entscheidenden Augenblick um den erforderlichen Betrag vermehrte.

Eines der schönsten Bücher Peters, als sein drittes erschienen, aber aus der ersten Erzählung, die er geschrieben hatte, »Krieg und Liebe der Kinder« – vom Freund Klaus Mann gedruckt – hervorgegangen, hieß *Schmerzliches Arkadien*, und noch wohlklingender in der französischen Übersetzung, die Denise van Moppès vor dem Krieg besorgt hatte, *Douloureuse Arcadie*. Seit langem hat Julien Duvivier, nach René Clair und Marcel Carné der bedeutendste Filmregisseur Frankreichs, der in den Dreißigerjahren mit *Pépé le Moko* und *Un Carnet de Bal* berühmt geworden und in letzter Zeit durch *Sous le Ciel de Paris* und die Don-Camillo-Peppone-Streifen aufgefallen ist, die Rechte an seinem Lieblingsbuch zu erwerben versucht. Es ist *Le grand Meaulnes*, auch das unsere, das meine, mit dem ich in den *New Statesman* eingezogen bin. Doch Isabelle Rivière, Schwester und Erbin des Autors, will eine Verfilmung nicht erlauben. Und so hat Duvivier Peters bei Plon erschienenen Jugendroman entdeckt, der gleich Alain-Fourniers Buch in einem Landschulheim spielt, unter empfindsamen Buben und Mädchen, mit zarten, unausgesprochenen und unglücklichen Beziehungen zueinander, mit frühen, unbewußt homoerotischen Bindungen und erwachenden Gefühlen zum anderen Geschlecht.

Im März ruft aus Paris der Agent André Bernheim an und fragt im Namen Duviviers nach den Rechten an *Douloureuse Arcadie*. Peter soll seinen Preis nennen, doch er ist ratlos, erklärt in seinem Leichtsinn sogleich sein Einver-

175

ständnis – für ihn sei dies »de l'argent trouvé dans la rue«. Man einigt sich denn auf tausend Pfund, einen für uns großen, im Vergleich zu den Gesamtkosten des Films lachhaft geringen Betrag. Nach ein paar Wochen ist der Regisseur selbst am Telefon und bittet Peter, sein Drehbuch zu lesen und dann in die Originalsprache zu übersetzen, denn neben der französischen Fassung ist auch eine deutsche geplant. Und im August fahren wir auch schon zu viert in unserem »neuen«, natürlich gebraucht erstandenen Wagen, nach Hohenschwangau, wo Duvivier sich mit seinem Team eingenistet hat. Der Regieassistent heißt Marcel Ophüls. Wir sehen ein paar Tage lang der Filmerei zu und begeben uns dann, von der Villa Tyrol aus, auf Suche nach einem nicht allzu teuren Baugrund, ständig dazu ermuntert von Alexander Lernet-Holenia, der uns, der mich, mit Freundschaftsbeweisen überhäuft.

Noch ist Österreich besetzt; in dieser Gegend waltet das milde Regiment der Amerikaner, doch die Zukunft ist ungewiß, und die Preise sind nicht hoch. Es zeigt sich, daß ein Anwesen an der unteren Grenze des herrlichen Lernetschen Naturparks unter Umständen in unser Eigentum übergehen kann. Es liegt am Dittelbach, einem Wildgewässer, das Oberösterreich und Salzburg voneinander trennt, und nicht weit vom See. Die Bodenfläche ist klein, das Haus, 1938 von dem Finnen Nils von Nyman in einem schlichten, italianisierten Stil erbaut, desgleichen. Der finnische Herr hat sich von seiner ersten Frau getrennt und eine Wolfgangerin geheiratet, er bewohnt mit dieser und einem kleinen Sohn das Erdgeschoß, während jene, unter Hinzunahme eines Freundes, im Oberstock zurückgeblieben ist, wo in einem winzigen Kabinett noch eine alte Dame haust. All diese Menschen drängen sich auf geringstem Raum, mit einem einzigen Bad und einer Küche, in diesem hübschen Bau zusammen, noch herrschen die Notlage, der Platzmangel der Nachkriegszeit, aber nun ist das enge Zusammenleben unerträglich geworden und soll sein

*Das Haus am Bach*

Ende finden. Mit Herrn von N. sind wir einig geworden, die Zustimmung der geschiedenen Frau von N. steht noch aus. Und dann findet sich in meinem Kalender ein Satz wie aus Schnitzlers *Fräulein Else*: »Fiala verkaufen auch.«

Aufregende Wochen. Am 10. September beginnen die Dreharbeiten Duviviers im nahen Fuschl, am Tag darauf erwerben wir das, erst später von uns so genannte, »Haus am Bach«. Dem Schloß in Fuschl – einst eine Sommerresidenz der Salzburger Erzbischöfe, in schlimmeren Zeiten Feriensitz von Ribbentrop, der dort sein fatales Abkommen mit Graf Ciano unterzeichnet hat, heute ein Luxushotel –, diesem Schloß ist damals von den Franzosen ein täuschend nachgeahmtes Seitentürmchen angeklebt worden, weil es den Herren, besonders wohl nach Hohenschwangau, ein wenig zu karg und reizlos erschien. Wir fahren, während wir schon mit dem Baumeister Brandl aus Bad Ischl den Anbau einer großen Terrasse an das Haus besprechen, immer wieder an den Fuschler See und mischen uns unter die Filmer. Inzwischen sind auch die Damen Duvivier eingelangt, seine Frau und Schwester, elegante ältliche Pariserinnen, die mein Sommerkleid in der Modefarbe »shocking pink« bewundern – erstanden in den Londoner Galeries Lafayette für drei Pfund, wie ich zufällig noch weiß.

Die Duviviers lieben Österreich, sie lieben das Salzkammergut, sie essen täglich »Kalbax«, worunter sich die ländliche Kalbshaxen versteht, auch die jungen Hauptdarsteller schließen sich uns an – Pierre Vaneck, der in der französischen Version den Vincent spielt, und Horst Buchholz als deutsches Gegenstück, in seiner ersten großen Rolle. Der Knabe Jan ist Peter Vogel, der sich später so tragisch das Leben nehmen wird, und als kleiner Felix, das Kind im Landschulheim, steht das herzige Bübchen Michael Ande vor der Kamera, heute der schon ergraute Kriminalbeamte Heymann in der ewigen Fernsehserie *Der Alte*. Peter hat vieles davon noch im selben Jahr in einem launigen Buch beschrieben und sich in dessen sechstem Kapitel, nicht zum ersten Mal, von mir verfaßter Stellen – aus meinem *Grand Meaulnes*-Essay – bedient.

Das Spiegelbild seiner eigenen Jugend durch einen Meister wie Duvivier verwirklicht zu sehen; ein Haus erworben zu haben an einem Ort, der ihm damals noch so sehr gefiel, all das hätte Peter für lange Zeit über seine üblen Launen hinweghelfen müssen. Doch schon auf der Heimfahrt bricht eine solche aus, fast errechenbar, denn sie folgt wie so oft auf ein bezauberndes Erlebnis. Wir sind abends, schon in der Dunkelheit, in Nancy angelangt und geraten, zum ersten Mal im Leben, auf die lichterhelle Place Stanislas. Die wunderbaren Häuser rundum, im reinsten Spätbarock erbaut um die Mitte des achtzehnten Jahrhunderts unter dem exilierten Polenkönig Stanislaw Leszczyński, Stanislas le Magnifique – Rathaus, Theater, Gemäldegalerie, Brunnen, Arc de Triomphe, mit einer Fülle vergoldeter schmiedeeiserner Gitter, Tore, Laternen, versetzen uns alle, die Kinder zumal, in einen Taumel des Entzückens.

Wir mieten uns auch noch ein in dem alten Hotel auf diesem Platz, dessen Badezimmer Säle gleichen. Und dann,
aus nichtigem, längst vergessenem Anlaß, ein Ausbruch,
der die Familie erschreckt, verstört, zum Weinen bringt.

Woher diese Streitlust? »Die artige Kunst, sich Feinde
zu machen«, wie Hans Habe, von Peter auch nicht ungeschoren, es nennt. Oft gab es Gründe dafür – zuviel politischer Widerspruch, etwa von dem freundlichen, baye-
risch-konservativen deutschen Kulturattaché Gürster, der
zu heftiger Wechselrede und zum hastigen Abbruch eines
von mir mit Sorgfalt geplanten Abendessens für ihn und die
Gräfin Wydenbruck mit ihren Eheleuten führt. Zuviele
Österreicher, wie bei meiner Einladung für den von Peter
doch so geschätzten Heimito von Doderer bei dessen erstem Londoner Besuch, die nach einer plötzlich vom Zaun
gebrochenen Szene in Unbehagen endet. Zuviel Flesch, der
zumeist toleriert wird: als Mann aus dem gleichen Milieu
und Metier, mit dem man in derselben Augenhöhe redet,
aber auch als Stütze des Haushalts, als Helfer in Nöten –
zumindest dreimal hat er, wenn der Gerichtsvollzieher
buchstäblich vor der Tür stand und unsere Möbel pfänden
wollte, eilig Geld aufgetrieben und das Schlimmste abge-
wehrt, als Ersatzvater schließlich, Pate ja immerhin, der
die Kinder in Spitälern besucht, die Peter grundsätzlich
nicht betritt,– aber eben immer wieder aus der Gnade fällt.
Zumeist jedoch ereignen sich die Aufwallungen aus keinem
ersichtlichen Grund, so daß ich in meinem Mann ein unbe-
wußtes Werkzeug der ausgleichenden Gerechtigkeit zu
vermuten gezwungen bin, jener unerbittlichen Kraft, die
nicht zuläßt, daß die Freude auf Erden ein gewisses Maß
übersteigt und allzu lange anhält.

Zuweilen, obschon selten, kann ich seinen Zorn verstehen
und teile ihn sogar. Im Vorjahr sind wir – es muß ein wenig
ausgeholt werden – in unserem ersten Wagen, einem lächerlich kleinen, auf dem Gepäcksträger hochbeladenen Ford,
unterwegs von Pietrasanta nach Zürich. Am Comer See, wo

wir übernachten wollen, finden wir nirgends Quartier. Jemand rät uns, es in der Villa d'Este zu versuchen. Ahnungslos halten wir vor dem prachtvollen Hotelpalais und fragen, es ist zehn Uhr nachts, nach Zimmern. Eine Suite sei frei. Ihre Kosten übersteigen fast die einer ganzen Woche bei Signor Alberto, doch die Kinder sind müde und hungrig, und wir haben eben noch genug Geld in der Tasche, in Zürich hilft uns sicher die *Weltwoche* aus. Die Londoner Nummer des Autos, unsere Pässe haben uns als exzentrische Briten ausgewiesen. So läßt man uns denn ein. Wir durchqueren die Hotelhalle in zerknitterter Strandkleidung und sehen unter den vornehm geschmückten Gästen niemand geringeren als den zwei Jahre zuvor abgesetzten belgischen König Leopold mit der schönen Liliane sitzen. Im Restaurant bestellen wir Scampi, nun kommt es auch darauf nicht mehr an. In Zürich steigen wir, wie es sich schickt, im Literatenhotel Urban ab. Manuel Gasser, nun Feuilletonchef der *Weltwoche*, bedeutet uns mit vielen Entschuldigungen, wir müßten abends mit ihm eine wohlhabende Gastgeberin wienerischer Herkunft besuchen, die von unserer Ankunft gehört hat und uns gleichsam zu sich kommandiert.

Hier nun die Quelle des Ärgers, der bei »Evchen« Röder ausbricht – der Tochter Lilli Kanns, einer Freundin von Karl Kraus, dessen Porträtlitho von Kokoschka uns denn auch sogleich im Vorraum der Dame begrüßt. Illustre Gäste. Nur einer von ihnen ist noch am Leben, ich nenne ihn nicht. Bei Tisch führt die Gastgeberin andauernd das große Wort. Sie läßt dabei nicht wenig durchblicken von ihrer Munifizenz anderen, weniger begüterten Ausländern in der Schweiz gegenüber, und Alfred Polgar, der große Polgar, dem wir hier zum ersten und letzten Mal begegnen, scheint sich dieser gleichfalls zu erfreuen, denn er schmeichelt der Hausherrin auf peinliche Art. Er bringt die Rede auf ihre Beiträge zur *Weltwoche*, Buchrezensionen, die sie gelegentlich schreibt, und rühmt diese mit sykophantischer Unterwürfigkeit.

Peter wird immer unruhiger, ich spüre es und gebe ihm innerlich recht. Und als dann Evchen Röder betont, wie oft sie doch seiner Tante Anja – Schwester des »Raben«, die hier eine Weile lang C.G. Jungs Adeptin war – unter die Arme gegriffen habe, erfolgt die Explosion. Die Tafel wird aufgehoben. Die Gastgeberin versammelt alle Ehrengäste im ersten Nebenraum und verbannt uns mit ihrem Mann und Polgars Ehefrau in ein zweites, ansonsten leeres Zimmer. Hier hören wir uns etwas mehr als eine Viertelstunde lang das Prahlen dieser beiden mit Reiseerlebnissen und Hotelaufenthalten an und stechen sie mühelos mit unserem As der Villa d'Este. Dann stehe ich auf und begebe mich zur Hausfrau, um ihr unseren Abgang zu melden. Ein langer Abend war geplant, in dessen Verlauf wir vermutlich begnadigt und zurückgeholt worden wären. Dazu kam es nun nicht mehr.

Den zweiten Vorfall, bei dem ich ganz und gar auf Peters Seite war, habe ich schon gestreift. Elias Canetti war es diesmal, der ihn ergrimmte. Die Eitelkeit dieses bedeutenden Schriftstellers – hier kann ich einen Lebenden so wenig schonen, wie er selbst es in seinen Erinnerungen tut – ist bekannt. Als ich 1952 in einer Londoner Buchausstellung der Anglo-Austrian Society einen Vortrag über die österreichische Literatur der Gegenwart hielt, hatte sich Canetti, von mir wohlbemerkt, unter die Zuhörer gemischt und gewartet, ob sein Name fallen würde. Nachdem dies geschehen war, entfernte er sich sofort, während ich weitersprach. Jetzt ist er, vermutlich im ersten Jahr unserer Niederlassung im Haus am Bach, nach dem Abendessen zu Besuch gekommen und erregt bei den anderen Gästen – Alexander Lernet-Holenia, Franz Theodor Csokor und Leo Perutz – zunehmend Ärgernis, indem er erklärt, wer für Geld schreibe, bringe nichts Ordentliches zustande.

Peter zittert vor Wut und braust endlich auf: er habe keinen Heller ererbtes oder erspartes Vermögen, aber eine Familie, die er mit Auftragsarbeiten, ja selbst mit dem von

Canetti verpönten Journalismus erhalten müsse. Da greift Leo Perutz ein. Er sagt ruhig und mit großer Würde: »Ich habe noch keine Zeile von Herrn von Mendelssohn gelesen, die nicht vorzüglich gewesen wäre.« Canetti verstummt und wird sich in London durch üble Nachrede an uns rächen. Mir aber ist kürzlich der zweite Band seiner Memoiren in die Hände gefallen, in dem er davon berichtet, wie er mit zwanzig Jahren in Berlin Bertolt Brecht gegenüber die gleiche Meinung vertrat. Brecht hat damals erwidert: »Ich schreibe nur für Geld. Ich habe ein Gedicht über Steyr-Autos geschrieben und dafür ein Steyr-Auto bekommen.« Dies war für Canetti, wie er allen Ernstes mitteilt, »als käme es aus dem Mund des Teufels«.

Die ausgleichende Gerechtigkeit, nach diesem so lustbringenden Sommer, wirkt sich noch in London aus, ganz ohne Peters Zutun. Der Kater Ebony, in guter Hut zurückgelassen, ist verschwunden. Dieser Kummer um die Tiere! Ha'penny dahin, nun Ebony, im Jahr darauf der vielgeliebte Lucky, schwarz und seidig, mit tiefblauen Augen, voll Übermut der Glückliche genannt, den das Unglück auf dem vielbefahrenen Ridgway ereilen sollte, wir fanden ihn, herzzerreißender Anblick, am Straßenrand. Die historischen Schicksalsschläge, die großen Verluste haben wir überwunden, nun kommen die kleineren dran, res venit ad triarios, doch sie schmerzen, so scheint es, nicht minder. Fast mehr, weil so unmittelbar miterlebt, als die Nachricht, ein Jahr nach unserem Wiedersehen in New York, daß Hansi gestorben ist, an Drogen, an der Krankheit – niemand kann es uns mit Sicherheit sagen. Eine Wunde freilich, die sich nicht schließen will, erst zu heilen beginnt, wenn ich Hansis Bild, vermischt mit fremden, oft mir selbst abgewonnenen Zügen, in einem Roman heraufzubeschwören versuche. Daß ich in der Figur ihrer Dienerin meinen eigenen Verrat an ihr vor sechsundzwanzig Jahren abbüßen wollte, habe ich erst in allerjüngster Zeit erkannt. Jetzt, sieben Monate nach Hansis Tod, beginne ich über die Emigranten in New York zu schreiben. Indes lehnt Herr von Zsolnay, immer noch Beflecker einer mittlerweile längst von einem Schutzpanzer umgebenen Seele, wieder einmal eines meiner Bücher, *The Fruits of Prosperity*, ab.

Und dies der Alltag in England, in Wimbledon, eine der drei in den Fünfzigerjahren sich immer deutlicher zur Wahl stellenden Existenzmöglichkeiten: Die Kinder sind bis zur Mitte der Dekade in den nahegelegenen katholischen Schulen untergebracht, die Tochter bei den Ursulinerinnen, der Sohn im Jesuitencollege. Beides erweist sich allmählich als unhaltbar. Die milde Reverend Mother aus New Jersey hat einer unerbittlichen irischen Klosterfrau Platz gemacht, die den vierzehnjährigen Mädchen jedes Gespräch im Ankleideraum verbietet, jedes harmlose Gelächter im Keim erstickt. Die guten Tagesschulen in London nehmen in dieser Phase keine Schülerinnen mehr auf, doch es gelingt schließlich, die Tochter nach Badminton zu schicken – ein Landerziehungsheim nahe von Bristol, aus dem sie den Sprung nach Oxford mühelos schaffen wird.

Der Sohn, fünf Jahre jünger, wird von den Jesuiten, allzuoft denn doch, mit dem Rohrstäbchen gezüchtigt, vor allem aber, wenn Naturwissenschaft gelehrt wird, durch ein ganz und gar antiquiert dogmatisches Weltbild verwirrt. Dies läßt uns an eine zeitgemäßere, weltliche Ausbildung denken. Der »Bursar«, der Schatzmeister der Westminster School in London, ein apoplektischer einstiger Militär, xenophob offenbar, nimmt uns unfreundlich auf. Die Eltern nicht »British born«? Katholisch obendrein? Nein, lieber Mr. de M., da nützt es nichts, daß Sie als Staatsbeamter, Schriftsteller, Churchill-Biograph zumal, sich bewährt und einen Namen gemacht haben. Wir blitzen ab. Und landen gleichfalls in einer Public School auf dem Lande, Bryanston, einer der besten, der fortschrittlichsten in England, geleitet von dem großen Pädagogen T.F. Coade. Zuvor muß der Sohn aber, in einer Preparatory School, den Über-

183

gang von dem einen zu dem anderen Schulsystem schaffen und verläßt uns gleichfalls für viele Monate im Jahr. Noch ist er, wie übrigens auch seine Schwester, religiös. In der Kleinstadt Wells in Somerset, wo er die Kirche besucht, redet ihm der Pfarrer zu, den geistlichen Beruf zu ergreifen: »You could be a light to the Church.«

Beide Kinder sind denn nach dem Jahr 1955 aus dem Haus. Das ist ein Einschnitt, der die Stimmung im »grünen Grab« während der Trimester nicht verbessert. Tagsüber in unsere Arbeit vertieft – ich schreibe, an einem kleinen Sekretär im Speisezimmer, neben den dem Brotberuf abgerungenen Bemühungen um den Roman bis zur Erschöpfung Kulturberichte an Zeitungen, Wochenschriften, Rundfunkstationen, und korrespondiere, telefoniere zwischendurch mit Londoner Verlagen über Auslandsrechte für S. Fischer, die mir eine kleine Rente dafür zahlen –, sitzen Peter und ich abends wortlos, einsam und entleert beisammen, Musik unser einziger Trost. Nur wenige Gäste kommen außer Flesch, der die Wochenenden bei uns verbringt. Dies das Grundmuster. Aber freilich fahren wir zuweilen, seit 1953 in einem abgeklapperten kleinen Wägelchen, in die Stadt, ich zumeist allein zu den Ereignissen, die den Lesern und Hörern im deutschen Sprachraum zu vermitteln mein Auftrag ist, Peter und ich abends gemeinsam zu Freunden, unter denen die Österreicher zunehmend die Engländer überwiegen.

Vor allem Nora Wydenbruck, eine jener adeligen Kärntner Damen, die Rilke zu seinen Patronessen erkoren hatte, und ihr Mann, der Maler Alfons Purtscher, sind unser häufiger Umgang. Verächter der Nazis, die lieber in gedrängten Verhältnissen in der Fremde leben als, sich widerspruchslos den damaligen Machthabern fügend, von diesen vielleicht sogar geehrt im eigenen Land, haben sie die Heimat verlassen und sich mit Mühe eine neue Existenz aufgebaut. Ihr kleines Reihenhaus in Addison Gardens, West Kensington, haben sie in ein Miniaturschlößchen verwandelt. Alfons, der hochgewachsene Tiroler, hat die Räume mit Fresken von Landschaften und schönen Pferden bemalt und die Schiebefenster mit Balken versehen, die rot-weiße Querstreifen tragen, als wäre man auf Hochoster-witz.

Nora, eine imposante, mit nobler Adelsnase versehene Frau – kleine Nasen verachtet sie als Zeichen von Dummheit –, empfängt ihre Gäste inmitten eines in Trödelläden zusammengekauften, von Alfons sachgerecht geleimten, gepolsterten und neubespannten Mobiliars, und gibt sich dann und wann parapsychologischen Übungen hin. Als Übersetzerin von Rilke und T.S. Eliot hat sie sich einen Namen gemacht. Selbst nach dem Sturz des verhaßten Regimes haben die beiden es vorgezogen, in London zu bleiben, und lehnen alles aufs heftigste ab, was von jenem übrig ist oder daran gemahnt. Als 1956 Carl Orff und Luise Rinser auftauchen, um der englischen Erstaufführung der *Carmina burana* beizuwohnen, empören sich Nora und Alfons, im Verein mit dem britischen Philanthropen Sir Robert Mayer, über die stampfenden, »erschreckend teutonischen« Rhythmen des Werkes und wollen mit Orff nichts zu tun haben, der immerhin bereitwillig Mendelssohns Musik zum *Sommernachtstraum* durch eine neue ersetzt hat. Und als Nora im Brompton Hospital ihren Tod herannahen fühlt, bestellt sie ihre Freundin Czernin zu sich, um mit ihr, aufrecht im Bett sitzend, in aller Gemütsruhe die eigene Parte und dazugehörige Adressenliste zu entwerfen.

So viele, ja die meisten der Exilierten aus Mitteleuropa sind in den Fünfzigerjahren bereits in ihre Heimat zurückgekehrt. Übrig ist – für eine kleine Weile noch, ehe er an den Genfer See zieht – Oskar Kokoschka, übrig sind Canetti, Erich Fried, Robert Neumann, unser liebes Künstlerpaar Georg und Bettina Ehrlich oder der zum Rezensenten gewordene, einst so wunderbare Pianist Peter Stadlen mit seiner Frau, einer Schwarzwaldschülerin. Sie wollen ihre Wurzeln nicht ein zweites Mal aus der Erde reißen, haben sich hier, wie sie meinen, »eingelebt«. Andere, wie f.th., die ihre Nächsten auf grausame, oft unvorstellbare Weise verloren haben, verweigern sich sogar noch lange Zeit, manchmal für immer, jeglichem Besuch an ihrem Ursprungsort. Aber auch sie vermögen die Stätten ihrer Kindheit, ihrer Jugend, nicht ganz aus ihrem Herzen zu verbannen. Wenn uns jemand vom Festland besucht, große Dichter und vertrauenswürdige Gewährsleute wie Paul Celan, Ilse Aichinger, Ingeborg Bachmann, eilen sie herbei und wollen erfahren, wie man, in den Worten der Bachmann, »unter Mördern und Irren« leben kann.

Daß sich in London neben den Botschaften nun auch ein deutsches und ein österreichisches Kulturinstitut etabliert haben und mit Kammerkonzerten, mit Lesungen locken, zieht uns immer mehr in die Sphären unserer Herkunft zurück. Zugleich halten zumindest wir fest an den englischen Freunden, erlischt meine enge Bindung an Dodo nicht bis zu ihrem Tod, sind wir nach wie vor im P.E.N. wohlgelitten und mehr oder weniger herzlich vertraut mit der Philosophin Kathleen Nott, der klugen Kate, mit der Historikerin Veronica Wedgwood, die im Krieg unter Qualen, streng überwacht vom Autor, Canettis *Blendung* übersetzt hat, mit dem großen Kritiker Philip Hope-Wallace und der seelensguten Lustspielschreiberin Eleanor Farjeon, mit Stevie Smith, der zart skurrilen Poetin und »Autorität der Traurigkeit«, wie man sie genannt hat, und mit Inez Holden, von der sie eine Weile lang unzertrennlich ist. Wir sehen auch Rex Warner gelegentlich, mit seiner zweiten Frau, in Woodstock oder London.

Doch schon macht sich da und dort bemerkbar, was die Kehrseite englischer Hilfsbereitschaft, Großzügigkeit, integrer Gesinnung und stimulierender Geistigkeit ist: ein tief eingewurzelter Hochmut allen »Continentals« gegenüber, der mit dem Ende der gebotenen Rücksichtnahme auf ihre Notlage wieder zum Vorschein kommt. Lady

Cynthia Asquith mag uns huldvoll ins Gespräch ziehen, doch für sie wie für viele andere gilt, was ihr Schwiegervater, der Premierminister, einmal als Charakteristikum der Absolventen seines eigenen, des Balliol College in Oxford, genannt hat: »the tranquil consciousness of effortless superiority« – das gelassene Bewußtsein müheloser Überlegenheit. Es bedarf freilich der Bosheit Rebecca Wests, um diese Frage an Peter zu stellen: »Wie kommt es, Mr. de Mendelssohn, daß Sie so gut schreiben und doch so wenig bekannt sind?« Auch den berühmten »English freeze-up«, den blanken, gefrierenden, versteinernden Blick auf dem Gesicht eines Menschen, der uns, aus Langeweile oder purer Laune, nicht wahrzunehmen entschlossen ist, erfahren wir jetzt zuweilen, bei Stephen Spender oder John Lehmann, die genau wissen, wer wir sind.

Vom New Statesman, zu dem wir gelegentlich noch beitragen, zu dessen »crowd« wir einmal gehört haben so wie Arthur Koestler zur »Horizon crowd«, werden wir zuweilen eingeladen, etwa im Mai 1956, wenn im Londonderry House sein Jubiläum gefeiert wird. Elwyn Jones trifft man dort und die großen Karikaturisten Vicky, Osbert Lancaster, David Low. Auch Kingsley begrüßt uns freundlich und vage, wie halb schon entschwunden gewähnte Freunde. Will man es auf die Spitze treiben, dann sinken wir allmählich auf die Ebene der »métèques« zurück. Einen »Metöken« nennt Flesch, der Antike-Kundige, sich ironisch in der BBC, wo die längst naturalisierten Deutschen und Österreicher von den britischen Abteilungsleitern immer noch mit Herablassung behandelt werden. Für ihn spricht allerdings, und mildert den despektierlichen Ton, daß seine Familie, durch entfernteste Heiraten mit dem englischen Königshaus verwandt, von seinem Vorgesetzten Christopher Dilke im »Debrett«, dem britischen Gotha, aufgefunden wurde.

Dagegen: die Achtung, ja Liebe, scheinbare oder wahr empfundene, die uns jetzt drüben wieder zuteil wird. Hü-

187

ben, das wissen wir im Grunde, werden wir einer Geisteswelt, die auch in ihrem Lebensstil so elitär wie exklusiv ist
und dessen reinste Ausprägung in dem vornehmsten aller
Wohnpalais vorführt, »Albany« auf Piccadilly – in dem
schon Lord Byron residiert hat und wir bei Edwin Muir,
Cecil Sprigge, J.B. Priestley zuweilen eingeladen sind –,
hüben werden wir ihr niemals vollwertig angehören. Drüben nimmt man uns auf, gliedert uns freudig ein. Und dort
sind es die Sommerwochen in St. Wolfgang, nun in dem
seit 1955 bewohnbaren Haus am Bach, die uns ein Gefühl
beglückender Gemeinschaft geben. Gemeinschaft mit
wem? Mit sogenannten Schicksalsgenossen, die gleich uns
für kurz oder lang zurückfinden in die frühere Welt. Aber
auch mit Menschen, die wir als Künstler, als Dichter bewundern, deren jüngste Vergangenheit uns aber zu denken
geben müßte, wären wir zu solchem Nachdenken bereit.

Daß dieser noch mit zweiundvierzig Jahren den »Polen-
feldzug« mitgemacht hat, darin leicht blessiert wurde und
nun ein »Verwundetenabzeichen« am Lodenhut trägt, dessen Hakenkreuz so nachlässig ausgerieben wurde, daß der
immer noch »völkische« Gärtner Putz im Ort den Helden
der deutschen Wehrmacht stets betont ehrfürchtig grüßt;
daß jener – wenn es nicht derselbe ist – nach dem Abgang
der »rassisch untragbaren« Kollegen mehr als das zehnfa-
che Einkommen eines hochbezahlten Rüstungsarbeiters
bezogen hat; daß der lüsterne alte Schöngeist in der Tages-
zeitung, deren Redakteur er war, die schlimmsten Ausfälle
gegen jene ohnedies längst verjagten Sündenböcke toleriert
und der besonders musische und charmante Arzt aus Wien
seine Dienste der SS gewidmet hat: wir wissen es damals
nicht und wollen es gar nicht wissen, wir schauen nicht unter den Teppich, wir klopfen den doppelten Boden nicht
ab.

Zu freudvoll ist es, in diesen so seltsam und versöhnlich
wieder zusammengefundenen Tafelrunden zu sitzen, wieder heimisch geworden zu sein in einem Marktflecken von

unsäglichem, damals noch unberührtem Reiz, mit einer Kirche, in der nicht nur der schönste gotische Flügelaltar, sondern davor noch ein zweiter, vom Barockkünstler Schwanthaler überschwenglich ausgestatteter steht, so viel Pracht, so viel Vergangenheit auf kleinstem Raum, und ringsum die idyllisch romantische Landschaft, ganz wie auf den alten Stichen, mit ihren kühnen, aber nicht allzu kühnen Berghängen, ihren sanften, aber nicht allzu sanften Weiden, dem stets in anderem Licht sich darbietenden, spiegelglatten, gekräuselten oder theatralisch aufgewühlten See – in der reinsten, der duftendsten Luft, die wir je geatmet haben, je atmen werden. Hilflos sind wir hingegeben, werden noch im Rückblick meinen, diese Jahre und Jahrzehnte seien immer wieder von einer so paradiesischen Lust gewesen, wie sie auf Erden nur möglich sein kann; und erst als die lieblichen Bauernhäuser von St. Wolfgang zu aufgeblähten Touristenherbergen geworden sind, die Ruhe im Ort zerstört ist und im ganzen Land, im Umfeld einer Bundespräsidentenwahl, die bösen alten Lieder, die schon verschütteten Vorurteile und Haßgefühle wieder wach werden und laut ertönen – erst dann erwägen wir, ob jenes himmlische Dasein vielleicht nur ein Blendwerk gewesen sei.

Derlei Blendwerke kennen wir aus den Zaubermärchen Raimunds, und etwas Märchenhaftes hat für mich in jener Zeit des Wiedereintritts in die österreichische Welt auch das zahlreiche Erscheinen des Hochadels in unserem Kreis, diese wahre Überfülle von Grafen und Gräfinnen, von Prinzen und Prinzessinnen gar, die in der Gegend sommers seßhaft sind und bei Alexander Lernet auftauchen, bevor er sie durch trotzige Attacken, entsprungen verschiedenen Anlässen zu gekränktem Stolz, öffentlich vergrämt und die meisten aus seinem Haus vertreibt. Nach meinem linken und zumeist intellektuellen Umgang in der Jugend bin ich in England, beginnend mit den Löwensteins, mit Angehörigen alter und nobler Familien in Berührung gekommen und habe ihre Haltung, ihre Umgangsformen, ihre wahre Courtoisie – bei keineswegs fehlender Geistigkeit – schätzen gelernt. Nun aber befreunden sich mit mir im Handumdrehen drei gräfliche Damen und eine geschiedene Prinzessin, durch ihre Heirat unmittelbar dem Erzhaus nah, meine liebe Maria bringt mir auf die Terrasse des Hauses am Bach einen jungen Erbprinzen zum Tee, und in Wien setzt sich, bei allen Besuchen in der Hofburg, wo Alexander eine der spottbilligen, für Staatsdiener oder andere verdiente Persönlichkeiten vorgesehenen Wohnungen eingeräumt worden ist, der gleiche Zustrom an »erster Gesellschaft« fort – »a covey of counts«, ein Schwarm von Grafen, so notiere ich mir im November 1955, schwirrt bei jeder Gelegenheit heran und herum.

Aber dieser Monat November ist nur der letzte leuchtende Höhepunkt in einem Jahr, in dem wiederholte Ausfälle aus dem Londoner Vorort dessen Monotonie unterbrechen. Schon im Februar ein für mich bewegendes Erlebnis: in der Hogarth Press in Bloomsbury empfängt mich Leonard Woolf – eine hagere Figur von düster verbittertem Charme –, mit dem ich im Namen des S. Fischer Verlages über die deutschen Übersetzungen des Werkes seiner verstorbenen Frau verhandle. Im März fahren wir mit den Kindern nach Paris, um der Premiere von *Marianne de ma jeunesse* beizuwohnen – so der Titel des Films, den die Produzenten marktgerechter gefunden haben als jenen des Buches, der Duviviers Aufmerksamkeit erregte: *Douloureuse Arcadie*. Im Deutschen wird er noch banaler sein: *Marianne – meine Jugendliebe*. Aber was verschlägt's! Wir feiern auf den Champs Elysées nahe dem Kinopalast, in dem die erfolgreiche Vorführung stattgefunden hat, summen dauernd die mitreißende argentinische Leitmelodie, und verbringen den nächsten Abend vor der Rückreise im »Dominique«, dem billigen Borschtsch-Lokal aus den Dreißigerjahren, das mittlerweile zu einer gewissen *mondanité* gelangt ist. Im Mai hören wir mit der übrigen Welt voll Staunen und Befriedigung von dem Staatsvertrag, der Österreich zu einem freien Land und der Besatzung ein Ende macht. Und bald gibt es neue Anlässe, wieder aufs Festland zu fahren. Der erste ist die Feier, in Zürich, des achtzigsten Geburtstages von Thomas Mann.

Was diesen betrifft, so ist Flesch – wie in den meisten Dingen künstlerischen Geschmacks – mit Peter durchaus einig, er liebt und bewundert Thomas Mann, hat gleichfalls mit diesem korrespondiert und darf nun mit auf die Reise, zumal es im Anschluß zu einem P.E.N.-Kongreß in Wien gehen wird. Im neuen alten Auto denn, einem abstrusen hellblauen Ungetüm namens Standard Vanguard, von Manuel Gasser das »Osterei« getauft, zunächst in die Schweiz. Am 5. Juni findet abends im Zürcher Schauspielhaus der öffentliche Festakt statt, Bruno Walter dirigiert *Eine kleine Nachtmusik*, die großen Mimen des Theaters, die Giehse, die Becker, Gustav Knuth und andere lesen aus dem Werk, und schließlich tritt er selbst aufs Podium, trägt mit schmunzelnder Gravitas Stellen aus dem *Krull* vor und schenkt uns als Zugabe den Beginn des *Erwählten*, in dem »Glockenschall, Glockenschwall supra urbem, über der ganzen Stadt, in ihren von Klang erfüllten Lüften« schwebt – diese herrliche Seite Prosa, eine der schönsten, die Thomas Mann geschrieben hat, was er wohl weiß und uns mit ersichtlicher Freude erkennen läßt, bis zum letzten Satz, wenn Rom in »schwirrender Allharmonie« erbebt, »ins Erzene übersetzt«, und alles läutet »zu großem Fest und erhabenem Einzug«.

Dies zu verkörpern, die »deutsche Repräsentanz«, wie Peter es später nennen wird, und es selbst so sehr zu genießen, sich selbst das Fest zu bereiten, erhaben und dennoch nicht ohne Selbstironie – wer geständе das Thomas Mann nicht zu, wer wäre nicht gerührt und geehrt, mit dabei sein zu dürfen, auch nachher im Pfauen, wo die Festgäste sich um ihn versammeln und er sich huldigen läßt, nicht hochmütig, aber hochgemut, nicht anmaßend, denn es gebührt seinem Maß. Ein Schlußakt, ein Schlußtakt, entsprechend seiner Bedeutung und Würde. Wir aber empfinden, alle drei, Dankbarkeit für diese Ausformung des »Deutschen« im besten Sinn, und werden selbst Jahrzehnte danach, wenn die seltsamen Schwächen und kleinen Abgründe seiner Seele in den schonungslos veröffentlichten Tagebüchern ans Licht treten, nicht abrücken von dieser unserer Liebe und Bewunderung. Und wenn im August desselben Jahres im kleinen Salon des Wolfganger Hauses aus dem Rundfunk die Nachricht von Thomas Manns Ableben kommt, verstummen wir und können in gelähmtem Schmerz nicht einmal Tränen vergießen.

Dazwischen liegt das Schriftstellertreffen in Wien, bei dem mein Feind Torberg im Plenum Angriffe gegen den von uns Verehrten, ihm Verhaßten richtet und von Flesch ebenso öffentlich zurechtgewiesen wird. Edouard Roditi, Simultandolmetscher der Tagung, hat es freilich schwer, Fleschs Hinweis auf jenen Aufsatz über Friedrich den Großen, dessen Autor nun von einem »kleinen Friedrich« attackiert wird, anderssprachigen Delegierten begreiflich zu machen. Auf dem Hin- und Rückweg besichtigen wir die Bauarbeiten im Haus am Bach und beginnen die Räume mit Möbeln zu füllen, erworben am Ort und im Wiener Dorotheum. Bevor wir einziehen, wird Mischa Spoliansky, einst Berlins mitreißendster Revue-Komponist, im Juli als zahlender Gast das Häuschen bewohnen. Der von ihm gemietete kleine Flügel bleibt für den Rest des Sommers dort stehen, und so übe ich mich, ein letztes Mal, in den mir verbliebenen, ohnehin geringen Pianokünsten meiner Kindheit, Beethovens »An Elise«, dem ersten Satz – die beiden anderen fallen mir zu schwer – seiner Mondscheinsonate, oder den zwei russischen Liedchen aus meines Vaters Krakauer Kriegszeit, die ich noch auswendig spielen kann. Am 28. August dann die »housewarming party«, zu der Hans Habe seinen eigenen Gast Fritz Kortner mitbringt und alle Eingeladenen, von Otto Windisch-

Graetz und den Thuns aus Salzburg bis zum Gemeindearzt Leifer und der Pensionswirtin Grete Vogler sich in das von Alexander gestiftete Gästebuch eintragen und, wie jeder Besuch bis zum Jahr 1986, dort verewigt sind.

Im November aber ist es mir vergönnt, der Apotheose des nun völlig entsatzten Wien beizuwohnen: der Eröffnung des wiedererstandenen Opernhauses, zugleich dem ersten großen Staatsakt im unabhängigen Österreich. Ein bis heute nicht aufgeklärtes Wunder war der Umschlag mit Pressekarten zu den drei Premieren in der Post nach Wimbledon. Ich kratze mein letztes Geld zusammen und besteige ein Flugzeug, zugleich mit dem neuen Botschafter am Hof von St. James, Johannes Schwarzenberg, und Raimund von Hofmannsthal. In Wien wohne ich, weil es zu mehr nicht reicht, im »Besenkammerl« der Lernets in der Hofburg – einem fensterlosen Abstellraum hinter der Küche, in den nachts durch die geöffnete Tür ein wenig frische Luft eindringt, vermischt mit anheimelnden Speisegerüchen. Von hier aus begebe ich mich im Abendkleid zur »Premiere des Jahrhunderts«, als die bereits um dessen Mitte der *Fidelio* am 5. November gilt. Ihm folgen ein *Don Giovanni* und eine *Frau ohne Schatten*. Am ersten Abend vor allem ein wahrhaft globales Publikum. Und nicht die Sänger auf der Bühne ergreifen am meisten, sondern in der großen Pause, nebeneinander auf einem Sofa sitzend in dem einzigen von Bomben unversehrten und im Stil der Gründerzeit erhaltenen Foyer, die beiden aus Amerika Angereisten, Florestan und Leonore von dazumal: Alfred Piccaver und Lotte Lehmann.

Allerlei rankt sich um das Opernfest, eine Matinee mit Beethovens Rasumovsky-Quartetten im Palais seines damaligen Mäzens, in Gegenwart zumal der gesamten, obgleich nicht mehr dort wohnhaften Rasumovsky-Familie. Gräfliche Einladungen zuhauf. Ein Galaempfang im Musikverein. Und für mich die nun klare Erkenntnis, was in den kommenden Jahren, mit oder ohne den zunächst noch überreich vertretenen Adel, vor und nach der endgültigen Heimkehr, den unwiderstehlichen Sog, die fortdauernde Anziehungskraft meiner Vaterstadt auf mich bewirken wird wie auf alle, die in ihr aufgewachsen sind: ein geselliges Leben von solcher Dichte und Permanenz, mit Hausbesuchen, Stammtischen, Heurigenpartien, gemeinsamen Ausflügen und Landaufenthalten, daß man sich in der bedrohlichen Weite des Weltalls niemals allein, niemals ausgesetzt fühlt, sondern stets umgeben von einer, wenn auch noch so trügerischen, menschlichen Wärme und ausgeübten Freundschaft. Von den Nachteilen dieser unausgesetzten Zusammenballungen auf engem Raum – Klatsch, Malice, Intrige, Ranküne, ein immerwährendes Menuett von Zerwürfnis und Wiederversöhnung – muß hier nicht die Rede sein. Aber viel, viel später, und wieder ganz eingewurzelt, sehnt man sich bisweilen zurück nach englischer Diskretion, Disziplin, Distanz.

Immer häufiger werden denn, nach diesem gloriosen Herbst, meine Reisen nach Österreich, schiebt diese, jeweils auf begrenzte Zeit, aber oft schon gemeinsam mit Flesch, erprobte Existenzmöglichkeit sich zwischen den unverändert weiter laufenden englischen Alltag, wähnt man sich zuweilen, Abend für Abend im Café Hawelka Rummy spielend mit einem von Hans Weigel angeführten Rudel von Künstlern und Beamten, längst schon dazugehörig und, in Doderers Worten, »profund einverblödet ins Altgewohnte«. Heimito von Doderer ist ja bereits eine Schlüsselfigur für das wiederzugewinnende Wien, hat sich, nachdem ich früh im Jahrzehnt seine *Strudlhofstiege* gelesen und an verschiedenen Orten glühend besprochen habe, zu einem guten Freund entwickelt, wie er das einmal schon für Flesch in der gemeinsamen Jugend gewesen war. Nur ein Jahr trennt ja jeweils diese drei, Flesch, Doderer und Lernet, zwischen 1895 und 1897 geboren, voneinander. Jeder von ihnen trägt, noch in der zweiten Republik, ein kleines Präfix mit sich herum, »Edler von«, »Ritter von« oder

»Herr von«, und für alle gilt die unlängst erst in Zagreb geprägte, slawisierte Formel für den wahren Altösterreicher »hercig, wicig, nobl und fes«. Mit ihnen wird eines Tages die letzte große Generation derer abtreten, denen die Urbanität, die *concordia discors*, eine aus vielen Sprachen und Kulturen stammende Bildung des habsburgischen Imperiums noch ganz natürlich zu eigen war.

Daß in diesem immer heftiger nach mir greifenden – oder greifen zu scheinenden – Wien auch ein wahrer Feind lebt, schreckt mich nicht. Torberg hat ja, dem Himmel sei Dank, kein Glück gehabt mit dem Versuch, bald nach unserer Rückkunft aus den Vereinigten Staaten, Peter und mir gleichsam den Erwerbsfaden abzuschneiden. Zwei Briefe, gerichtet Ende 1952 an die Herausgeber der Zeitschrift *Der Monat* und der *Neuen Zeitung*, von denen beiden unser Lebensunterhalt abhängt, sollten mich als »fellow-traveller« der Kommunisten ausweisen und damit als unwürdig, Mitarbeiterin amerikanischer Publikationen zu sein. Ein lächerlicher Anlaß war es, der ihn, nach dem im Vorjahr mit Hilfe von Arthur Koestler versuchten Vorstoß, nun selbst gegen mich vorgehen ließ. In diesem Sommer hat er als Berater des US-»Amtes für kulturelle Angelegenheiten« zu verhindern gewußt, daß der Schauspieler Karl Paryla, als Kommunist ausgewiesen, im amerikanisch besetzten Salzburg eine Rolle im *Jedermann* bekam. In meinem Bericht für den *Monat* über die Festspiele des Sommers 1952, unter dem Titel »Kabale und Kunst«, hatte ich in einem Satz erwähnt, daß Paryla, »weil im Privatleben zu rot selbst für den Teufel«, im letzten Augenblick gegen Peer Schmidt ausgewechselt wurde. Torberg, so witzig sonst, verstand keinen Spaß. Auf acht einzeilig beschriebenen Seiten klagte er mich bei dem Herausgeber der Monatsschrift des Mitläufertums an.

Mitten im Kältesten Krieg, als Senator McCarthy seine elenden Emissäre Cohn und Shine nach Europa schickte, um hier nach dem Rechtesten zu sehen (Roy Cohn starb

1986 an Aids), hätte diese Anschuldigung das Ende unserer Tätigkeit für die deutschsprachige Presse der USA bedeuten können. Was Torberg an den *Monat* schrieb, ist in seinem Nachlaß ans Licht gekommen. Wenn es korrekt sei, so endete sein Brief, daß diese Zeitschrift zu der allgemeinen Demaskierung des Bolschewismus und Totalitarismus beizutragen hätte, »dann kann Miss Spiel nicht gut zu ihren Mitarbeitern gehören. Miss Spiel gehört nicht zu jenen, die den Bolschewismus demaskieren. Sie gehört zu jenen, die ihn camouflieren. Und der springende Punkt meiner Polemik ist nicht, ob Miss Spiel in dieser oder jener Nummer des ›Monat‹ etwas Anfechtbares geschrieben hat, sondern ob es Miss Spiel erlaubt sein soll, überhaupt im ›Monat‹ zu schreiben«.

Jedoch: der Feind war an die Unrechten geraten. Chefredakteur der *Neuen Zeitung* war immer noch unser alter Freund Hans Wallenberg, Herausgeber des *Monat* nach wie vor der uns nicht minder gewogene Melvin Lasky. Beide, loyale Bürger und Diener der Vereinigten Staaten, zeigten uns die Briefe nicht, doch sie ließen uns wissen, daß diese existierten, und sie leiteten die Denunziationen nicht weiter, wie es Torbergs Absicht gewesen war. Nicht hoch genug kann ich es Lasky anrechnen, daß er damals seine Hand über uns hielt. Denn ganz und gar, und bis zum heutigen Tag, hatte Melvin sich dem Kalten Krieg verschrieben und noch am 11. November 1989 erklärt, dieser sei »es wert gewesen, geführt zu werden« – als hätte es nicht vor allem der Beispiele friedlicher und toleranter Demokratie bedurft. Im übrigen verfing auch die üble Nachrede nicht, die Torberg weiter betrieb; meiner guten Kate Nott teilte er bei ihrem Wien-Besuch mit, »Ihre Freundin Hilde mag ja ein ganz netter Mensch sein, aber politisch ist sie eine Laus«. Nun, jeder Mensch braucht einen Feind, hat Jahrzehnte darauf der gescheite Pole Andrzej Szczypiorski erklärt. Einen solchen besaß ich längst, doch das sollte sich erst als lästig erweisen, nachdem ich rückgewandert und

dauernden Verhöhnungen im *Forum* ausgesetzt war. Indes: noch ist es weit bis dahin. Noch sind die Fünfzigerjahre nicht zu Ende.

Was füllte sie aus? In Wimbledon Close stand, seit
Weihnachten 1955, ein neues Radiogram der Firma Fergu-
son, groß und spiegelglatt, das Gegengewicht zu den fabulösen Wiener Opernpremieren. Bis zum Ende der Dekade,
als es durch einen von Peter verachteten, in meinem Zimmer aufgestellten Fernseher ersetzt wurde, bildeten die
Musiken im Rundfunk und auf Schellackplatten, stumm
von uns angehört, unseren abendlichen Zeitvertreib. Die
großen Lasten der Schulgelder, unsere manische Reiselust,
die Aufrechterhaltung des Wolfganger Hauses ließen uns,
trotz unser beider beträchtlichen Arbeitsleistungen, den finanziellen Nöten nicht entrinnen. »Overdraft«, das über-
zogene Konto, war das beherrschende Wort. Beim Delika-
tessenhändler Stevenson & Rush hatten wir stets Schulden;
wenn sie an die hundert Pfund heranreichten, kam ein
Mahnbrief oder ein peinliches Telefonat. Den Sonderlin-
gen und Originalen von Wimbledon, dem alten Keksfa-
brikerben Henry Carr, einem unendlich wohlerzogenen,
harmlosen Irren, der namenlos ungewaschenen, verlotter-
ten Dame mit dem hochfahrenden »Queen's English« im
200-Bus, dem immer und immer in seinen Vorhersagen gewaltig sich irrenden Meteorologen Sir Henry Brunt in unserem Haus begegneten wir mit höflichen Grüßen, doch
ohne jedwede Annäherung.

Einmal im Monat fuhr ich nach Godalming, zu Rex
Warners Tochter Anna, dem armen epileptischen Mädchen, das sehr an mir hing, in seinem Heim, und jedesmal
ging es mir ans Herz, ein nächtlicher Asthma-Anfall folgte
unvermeidlich. An vielen Sonntagen erschien Theodor
Kramer aus Guildford, aß bei uns, trank viel Apfelmost
und begab sich gegen Abend in die Stadt, um Kneipen und
Mädchen zu besuchen. Später war es an mir, und an einigen
anderen, ihn in einer Nervenklinik in Virginia Water zu be-

*Diana-Statue im Park Cannizaro*

suchen, nach seinen gebieterischen Anweisungen den Spind an seinem Bett aus- und wieder einzuräumen, seine Leibwäsche mitzunehmen und ihm gereinigt wiederzubringen – bis er 1957, mit unser aller Hilfe, für traurig kurze Zeit vor seinem Tod zurück in die Heimat fand. Nicht immer freilich saß ich abends vor dem Radiogram, war ja beruflich dazu verhalten, ab und zu ins Theater zu gehen. Doch selbst die besten Aufführungen waren mir, damals schon, ein wenig verleidet, weil ich sie unbekannten Menschen würde nahebringen müssen: einer gesichtslosen Menge von Zeitungslesern in der Ferne, zu denen ich in keiner Beziehung stand.

Dazu Telefonate, Korrespondenzen, Verlags- und Autorenbesuche für S. Fischer, die zu wenig führten. Ein einziges englisches Buch, das erste, das ich empfohlen hatte, Goldings *Lord of the Flies*, erschien durch meine Hilfe in diesem Verlag, kein zweites mehr, in all den Jahren. Wenn »Tutti« Bermann-Fischer nach London kam, war ich tagelang im Dienst, auch als Chauffeuse, die sie nach Oxford zu den Pasternak-Schwestern fuhr. Das unterbrach zumindest die Eintönigkeit. Ein herbstliches Leben, in dem das Alter unmerklich näherrückt. Spaziergänge mit Flesch im nebligfeuchten, melancholisch schönen Park Cannizaro am Rand des Wimbledon Common – der kleinen Statue der Jagdgöttin, den von ihr erlegten Hirsch traurig betrachtend, die der ehemalige Besitzer des Anwesens aus seiner sizilianischen Heimat mitgebracht hatte (in ihren Sockel waren die Worte Villa Reale, Palermo 1813 eingraviert), strichen wir jedesmal über den schlanken, fein gemeißelten, porös steinigen Rücken – poetisierten die Trübsal. Kurze Aufenthalte der Tochter und des Sohnes während der Trimesterferien hellten sie auf.

1958 beschloß Flesch, von der BBC pensioniert, nach Österreich zurückzukehren. Desto häufiger flüchtete ich mich dorthin, hatte als Grund dazu, nicht nur als Vorwand, ausgiebige Quellenstudien in allen Archiven Wiens und bei den hochgeborenen Nachkommen meiner Heldin, der Berlinerin Fanny Arnstein, Inbild der Emanzipation von Frauen und Juden, deren Biographie ich nun schrieb. Meist verbrachten Flesch und ich eine Woche oder mehr im winterlichen Lofer, seinem Kindheitsort, in dem damals so behaglichen Gasthof Bräu, den die »Frau Major« Baumgartner, geborene von Rauchenbichler, mit charmanter Würde führte. Dort erreichten mich manchmal böse Anrufe aus London: der Kater Domino, nun auch er, auf dem Ridgway überfahren; Sohn oder Tochter in Bryanston oder Oxford erkrankt; meine augenblickliche Rückkehr geboten. Und nicht immer raffte ich mich dazu auf, manchmal duckte ich mich und wartete ab, ob die Krise sich von selbst wieder löste. *Mea maxima culpa* – wie im ersten Jahr nach dem Krieg. Kehrte ich dann nach London zurück, wachte ich jeden Morgen weinend auf und fand keinen Ausweg aus der Misere.

Immer schwerer wurde es, eine Ehe aufrecht zu erhalten, die sich so offenkundig überlebt hatte, deren Beendigung jedoch immer wieder hinausgeschoben wurde, weil man sie dann und wann doch für errettbar hielt. Aber selbst auf einer der letzten jener gemeinsamen Reisen, nun schon Verzweiflungsreisen, die weniger der Stillung des Fernwehs als einer möglichen Therapie der Lage daheim wegen unternommen wurden, geriet Peter häufig in, wie mir schien, unbegründete oder gar herzlose Wut. So im September 1959, mitten in der herrlichen Provence, als ich im Hotel St. Rémy des Nachts eine schwere Magenverstimmung hatte, schlaflos auf dem Boden hockte, um ihn nicht in seiner Ruhe zu stören, was dann doch mißlang. Wie aufregend aber war bis dahin diese Fahrt in dem nun schon neu gekauften und geräumigen Ford gewesen, von Landeck durch die Schweiz, vorbei am Rhônegletscher und an Grenoble nach Manosque und die von Menschen verlassene Stadt in den Hügeln: Les Baux.

Dort oben, in diesem Ort, der Peter in seinem von mir so

geliebten und ins Deutsche übersetzten Roman *The Hours and the Centuries* vorgeschwebt hatte, war kurz vor unserer Ankunft der Film *Le retour d'Orphée* gedreht worden, und an allen verfallenen Haustoren fanden wir große Kreidezeichnungen Cocteaus, der schon abgereist war. Nicht abgereist waren Picasso und sein Freund, der Stierkämpfer Dominguin, und am Nachmittag, in einem etwas tiefer gelegenen Café gegenüber von Les Baux, sahen wir die beiden am Nebentisch sitzen, mit einer jungen Begleiterin – Picassos Freundin Jacqueline Roque? Dominguins Frau? – und zwei kleinen Kindern. Nur Seitenblicke wagten wir auf den kleinen, stämmigen alten Mann zu werfen, beklommen wie immer in Gegenwart eines wahren Genies.

Nachts dann mein, vielleicht zum Teil hysterischer, Anfall. Und anderntags nach Arles, wo ein Stierkampf angesagt war und wir uns Karten dazu besorgten, weil Peter es wollte und ich nicht wußte, wie grausam und gemein dieses Todesballett war. Freilich saßen wir ganz oben auf der höchsten Estrade, doch nicht entging uns die langsame Tierqual, nicht entging uns auch, daß Picasso und Dominguin unten in der ersten Reihe Platz genommen hatten. Kürzlich habe ich gelesen, daß Hemingway in dem »Gefährlichen Sommer« 1959 nach Europa zum Stierkampf gekommen war, um danach in einem gleichnamigen, nie veröffentlichten Buch die tödliche Rivalität seiner Freunde Antonio Ordonez und Luis Miguel Dominguin, Spaniens führender Matadore, zu beschreiben. Ob er auch nach Arles gereist war? Nein, ihn haben wir nicht gesehen, ihm bin ich nie im Leben begegnet, was mancher Leser, meiner stets dampfenden »Namensküche« müde – ein Wort Canettis – mit Befriedigung vermerken mag.

Wir setzten die Reise fort über Aix – von Flesch in seinem Buch *Perlen und schwarze Tränen* so herrlich besungen, was ich nun einmal nicht vergaß – nach Bandol und Le Lavandou, Stätten der ersten deutschen Flucht vor Hitler. Danach nach St. Tropez, das man damals mit seinem End-

konsonanten aussprach, weil es noch nicht in Mode war.
Wir stiegen ab im Hotel La Pinède, und dort fiel mir neben
anderen eleganten Paaren ein hochgewachsener italieni-
scher Herr auf, nicht mehr jung, mit einem Hörgerät im
Ohr, an der Seite einer ebenso vornehmen blonden Dame.
Fünf Jahre darauf traf ich die beiden in Dubrovnik wieder,
in dem Hotel, das ich nun mit Flesch bewohnte, sie sprachen uns an und wir erfuhren, daß er ein Prinz Colonna
war, sie eine österreichische Baronin, doch nicht seine
Frau. Damals verließen wir nach ein paar Tagen St. Tropez
und hielten uns nur einmal noch ein wenig länger auf, in
Cagnes-sur-mer, wo Peter in den Dreißigerjahren gelebt
hatte und sehr glücklich gewesen war.

Gleich ihm hatte sich in jener Zeit der Maler und Dichter
Paris von Gütersloh mit der ebenso phantasievoll genannten
Tänzerin Primavera Mariagraete dort niedergelassen, und er
hatte Peter gelehrt, wie man Wiener Schnitzel zubereitet,
hauchdünn geklopft – darüber läßt sich streiten. Peter war
dort mit seiner ersten Frau Tschu gewesen, die er liebte, und
sie liebte ihn auch, aber schließlich verließ sie ihn doch, weil
sie keine Emigrantin sein wollte. Peter wäre, hätte er seinen
Namen geändert, im »Dritten Reich« ungeschoren geblieben wie manch ein Vetter mit demselben jüdischen Großvater im Ahnenpaß, der nur eben nicht Mendelssohn hieß, ja
sogar wie seine eigene Halbschwester, der trotz dieses Namens kein Leid, obschon manche Unbill geschah. Aber er
war viel zu stolz gewesen, um so seine Ehe zu retten, und er
hatte die neuen Machthaber zu sehr gehaßt, um unter ihnen
ein Deutscher sein zu wollen. Er war ein Weltmann, aber so
deutsch wie der Dresdener Zwinger, so deutsch wie die Gedächtniskirche und das Sendlinger Tor. Er hätte nach dem
Krieg in Deutschland bleiben oder früher dorthin zurück-
gehen sollen, als er es tat. Er war in England zutiefst unglücklich und gestand es sich nicht ein und machte seine
Umgebung unglücklich. Erst in seinem letzten Jahrzehnt
fand er zu der ihm gemäßen Lebensform.

Im Sommer 1958 freilich hatte Peter, hatten wir beide eine Übersiedlung nach München ernsthaft erwogen. Im Haus am Bach war sein einstiger Freund und nachmaliger Stiefvater Walther von Cube erschienen, für mich bisher vom Hörensagen eine sinistre Figur, Verursacher traumatischer Kränkungen Peters in der Jugend. Er saß, ein großer beleibter Mensch, der den ganzen Tag Unmengen von Mineralwasser trank, auf unserer Terrasse, ebenso sinister nun für mich wie zuvor in meiner Imagination, unendlich selbstbewußt, stets belustigt in sich hineinlachend und im Gespräch zumeist ironisch. Peter, den nur um zwei Jahre jüngeren, damals eben fünfzig, behandelte er hochnäsig, wie einen grünen Jungen. Ein kluger, böser Mann, so erschien er mir. Andere, auch Peters jüngster Bruder, haben ihn für eine bedeutende und liebenswerte Persönlichkeit gehalten. Den Gedanken, nach München zu gehen, redete er uns entschieden aus. Den sollten wir uns aus dem Kopf schlagen. Nach seinem Abgang war Peter völlig entmutigt, völlig niedergedrückt. Ein paar Tage später, bei dem damaligen Herausgeber der *Süddeutschen Zeitung*, Werner Friedmann, am Starnberger See geladen, wurden wir in unseren letzten Hoffnungen enttäuscht. Alles, was man dort von uns wollte, waren Auskünfte über Torbergs seinerzeitige Denunziationsbriefe an Wallenberg und Lasky. Ein abscheulicher Abend. Im Münchener Hotel danach war mir körperlich und seelisch übel – »sick literally and at heart«, trug ich in meinen Kalender ein. Dann entschloß sich Cube zu einem Trostpreis: er gab Peter einen Vertrag für politische Berichte an den Bayerischen Rundfunk aus London, der uns zumindest ein kleines Sicherheitsnetz für unsere finanziellen Seiltänze bot.

Zwei Rettungsversuche unserer Ehe wurden noch unternommen. Sie bestanden in meiner Rückholung Fleschs aus Wien und einem sehr weit gediehenen Plan, Wimbledon aufzugeben und in die Stadt zu ziehen. Flesch hatte sich als Mieter in einem befreundeten Döblinger Haus schon über-

203

aus heimisch gemacht, er stand kurz vor der Zuteilung einer kleinen Gemeindewohnung im selben Bezirk, doch er verschloß sich meiner Bitte nicht, im Herbst 1960 wieder nach London zu kommen. Auch er war von mir nicht gern getrennt. Der tränenreichen Abschiede waren zu viele gewesen. Eine Garçonnière im Broadwalk Court, wo Tante Lonny noch in der alten Wohnung meiner Eltern hauste, hatte ich ihm verschafft. Zwar war Wimbledon ihm versperrt, doch nun sah ich ihn oft an anderem Ort, und das half mir, die zwei letzten Jahre im »grünen Grab« zu ertragen. Aus diesem uns endlich zu befreien, hatte Peter am vergangenen Neujahrstag sich zum Ziel gesetzt. Eine, wie wir meinten, dauerhafte Anstellung im Verlag Thames & Hudson, die er damals antrat, legte uns den Erwerb eines kleinen Stadthauses nah. Ich fand eins, neu gebaut und hübsch, am Sussex Square nördlich von Kensington Gardens. Eine Anzahlung wurde gemacht. Ich fuhr mehrmals mit einem Maßstock und einem Tischler hin, besprach mit diesem den Einbau von Kästen und Regalen, richtete im Kopf die Räume ein, sah uns schon dort wohnen. Doch bereits im Juli zerstritt sich Peter mit dem Verlegerpaar, und wir mußten den Kauf rückgängig machen, unter dem Verlust von 400 Pfund, die wir als Anzahlung geleistet hatten.

Was wäre geschehen, wenn eine neue gemeinsame Lebensspanne am Sussex Square begonnen hätte? Und was nicht? Müßige Fragen. Nach diesem Fehlschlag, diesem Zurücksinken in den Alltag von Wimbledon, das nun auch von den Kindern in den Ferien häufig gemieden wurde – zu Ostern gingen sie lieber auf den Friedensmarsch von Aldermaston –, ergab sich Peter der Resignation. Er erhob auch keinen Einspruch, als ich mit der in ihren Oxforder Schlußprüfungen erfolgreichen Tochter und Flesch in einer in Wien gekauften alten Renault Dauphine nach Griechenland fuhr und fünf Wochen ausblieb. Ich chauffierte den kleinen Wagen von Sankt Wolfgang –

über den Großglockner, bis Brindisi und von Patras nach Sparta und Mistra, dann rund um die ganze Peloponnes. Dies ist, auch wenn es auf lange Strecken so aussieht, kein Reisebuch, soll es möglichst nicht sein. Aber von den wahrhaft halkyonischen Tagen in Epidaurus nicht zu reden, fiele mir schwer.

Zu Beginn der Sechzigerjahre herrschte dort, wie an all den anderen Orten der Antike, noch ein großer Friede. Zum Amphitheater kamen mehrmals täglich Autobusse, doch die Menschen verloren sich in der riesigen Arena und waren bald wieder fort. Unweit davon, dennoch außer Hör- und Sehweite, lagen kleine Pavillons, die man mieten konnte. Ich bezog, wie üblich, den einen Raum mit meiner Tochter, Flesch den anderen. Eine Küche und sanitäre Anlagen waren vorgesehen. Ringsum nur Wiesen und Weiden mit grasenden Schafen. Völlige Stille. Eine warme, im September nicht mehr zu warme Sonne. Ein balsamischer Windhauch, in dem nasse Wäsche in einer Stunde getrocknet war. Und das Gefühl, das ganz und gar archaische Gefühl, daß an diesem, einst dem Aeskulap geweihten Ort alle Leiden Heilung fanden. Jahre später erzählte ich auf seiner Botschaft einem Griechen von diesem Aufenthalt an der numinosen Stätte, und er sah mich ungläubig und kopfschüttelnd an. Eine überspannte Fremde! Wunder kommen von innen, das wurde mir klar.

Das Bewußtsein, gleichwohl im Alpinen beheimatet zu sein, stellte sich auf der Rückfahrt ein, auf dem Brenner, über Nacht in Gossensaß. Die scharfe Gebirgsluft durchs Fenster, die prallen Tuchenten, unter denen man vor der ungewohnten Kälte geschützt war, die Latschen und dichten Hochwälder, nach all den kahlen, wie gebleichte Knochen unter dem gnadenlos blauen Himmel liegenden Bergrücken des Südens, holten uns in unser angeborenes Klima zurück. In London begrüßte Peter uns stürmisch. Doch seine gute Laune hielt nicht an. Nach Österreich wollte er nicht mehr fahren. Wolfgang sei ihm verleidet, dort regne es nur, und die Menschen mochte er auch nicht mehr. Freilich hatte sich dort manches verändert. Leo Perutz war seit Jahren tot.

Ich war damals, Ende August 1957, nachts aus Salzburg zurückgekommen. Vor der Seerose, in der er wohnte, hielt man mich kurz vor Mitternacht auf. Bei Perutz, der im Bett nach Luft rang, waren seine Frau und Eva Lernet. Ich blieb bis vier Uhr früh bei ihnen. Bald nachdem ich heimgegangen war, wurde er nach Bad Ischl gebracht und starb dort am nächsten Nachmittag. Zur Beerdigung fuhren Lernets und wir gemeinsam. Alexander und Peter weigerten sich im Gasthaus Grüner Baum, in den Raum der Trauergäste hinaufzusteigen, und warteten unten in der Wirtsstube. Eva und ich gingen hinauf. Wir fanden etwa zehn schwarzgekleidete Verwandte des Dichters vor, zumeist Frauen, die aus London und Israel gekommen waren, und in ihrer Mitte, im Steireranzug mit schwarzer Armbinde und Krawatte, Bruno Brehm. Mit ihm mich in der Konditorei Wallner bekannt zu machen hatte Perutz sich noch in diesem Sommer gewünscht, und ich tat ihm den Gefallen. Freilich wechselte ich nur wenige Worte mit Brehm – die generöse Haltung Perutz' so vielen schlimmen Mitläufern gegenüber achtete ich, aber in den meisten Fällen brachte ich sie selbst nicht auf. Am Grabe auf dem schönen Ischler Friedhof sprach, nach Lernet, auch dieser völkische Schriftsteller in echter Ergriffenheit.

Seither waren, einer nach dem anderen, die Besucher aus Los Angeles abgewandert, allen voran der große Robert Siodmak, dessen früher Film Abschied mit der jungen Brigitte Horney für mich unvergeßlich war; die meisten in den Tessin, wo es mondäner zuging und in Ascona oder Locarno die französischen Mode- und Parfumschöpfer ihre Boutiquen hatten. Ins Café Verbano begaben sich die Damen aus Hollywood, sobald das erste Herbstwindchen blies, im Nerz. Mittlerweile war es in Sankt Wolfgang stiller geworden: eine Atempause vor dem neuerlichen Auf-

stieg, für mich Niedergang, der »Perle des Salzkammerguts« – damit ist alles gesagt. In Wien aber waren schon zuvor, im Vorfrühling 1962, Warnzeichen aufgetaucht, die
mich eine endgültige Rückkehr im nächsten Jahr besser
hätten überdenken lassen. Wieder auf Quellenstudien,
diesmal für ein geplantes Wien-Buch, fand ich nach einem
Abend bei Peters einstigem Gastgeber, die Wiener seien
doch »entweder boshaft oder fad«.

Eine Einladung bei dem venerablen Schriftsteller und Se-
natspräsidenten in Ruhe Kurt Frieberger notierte ich mir
als eine »tea-party in the morgue«. Und auf einem »Fa-
schingsfest« bei Lernets, wo der Adel sich bereits weitgehend verlaufen hatte, traf ich neben Hans Weigel und dem
genialen Kabarettisten Qualtinger den Theaterhistoriker
Kindermann, dessen Vergangenheit mir gänzlich unbekannt war. Ja, ich hielt, auf seine Bitte, in dem der Lernet-
Wohnung benachbarten Theaterinstitut der Wiener Universität bald darauf einen Vortrag über die englische
Bühne. Und erst, als ich im Österreichischen Kulturinstitut in London, nicht in einem Giftschrank, sondern in der
allen zugänglichen Bibliothek, Kindermanns 1939 veröf-
fentlichtes Buch Das Burgtheater entdeckte und las, war
ich entsetzt über die Falle, in die ich da geraten war, über
die Fallen, die mir noch drohten. Hier wurde der Erfolg
von Schnitzlers Liebelei all die Jahre vor dem Anschluß mit
den Worten bedauert, »das bewußte Unterscheidungsver-
mögen zwischen deutschem Gefühl und jüdischem Senti-
ment« sei »in dieser Zeit nur wenigen gegeben« gewesen.
»Juden und Freimaurer« hätten als »Hintermänner und
Vordermänner« Schnitzlers fungiert. In seiner Einleitung
hatte Kindermann überdies unmißverständlich erklärt, daß
seine neue Theatergeschichte von den »Grundwerten:
Rasse, Volk und Reich« ausgehe.

Welche Gefahr zeichnete sich da ab? Eine neue »ver-
schmierte Zeit«, so wie mir die Jahre nach 1934 erschienen
waren, als man sich dauernd in moralische Notlagen brin-

207

gen ließ. Gewiß: ich hatte noch die Wahl. Aber ich neigte ja längst dazu, mich eines Tages doch für Österreich zu entscheiden. Vieles wirkte darauf hin. Auch die stets wachsende Einsicht, daß es sehr geheime, aber unüberwindliche Schranken gab in unserem Leben unter den Briten. Unmittelbar vor diesen Wochen in Wien war ich mit dem Schriftsteller Angus Wilson nach Berlin geflogen. Ich hatte einen Band seiner Kurzgeschichten übersetzt und war von Walter Höllerer eingeladen worden, mit Wilson in seinem »Literarischen Kolloquium« aufzutreten. Es wurden unterhaltende Tage, ich war viel mit Lufts, oft mit Günter Grass zusammen. Die Berliner fand ich weder damals noch zu irgend einer anderen Zeit »boshaft oder fad«. Doch die englische Malice, der wienerischen durchaus ebenbürtig, überdies aber noch gepaart mit Hochmut, wurde mir auf dem Flug mit Wilson an vielen Beispielen bewußt. Amüsant und verklatscht wie meine alten Landsleute waren nun einmal auch die neuen.

So erzählte mir mein Begleiter die Geschichte von der Herzogin von Devonshire und der aus Deutschland stammenden, als überaus klug und vor allem auf das Höchstmögliche anglisiert geltenden Frau eines namhaften Cambridger Professors. Wie die Herzogin, eine Tochter von Lord Redesdale übrigens und daher Schwester der Hitlerfreundinnen Unity Mitford und Diana Mosley, sich über diese Dame geäußert hatte, muß zunächst auf englisch zitiert werden, so wie Angus Wilson es an mich weitergab: »We asked her to see if she was somebody but she wasn't anybody so we didn't ask her again.« (Wir luden sie ein, weil wir dachten, sie sei jemand, aber sie war niemand, darum luden wir sie nicht wieder ein.) Komisch, ja. Aber grausam. Und so kränkend, so tief verwundend wie die drei Worte, mit denen der Verleger Peter Calvocoressi meinen Amerikaroman abgelehnt hatte: »Well, not quite.« Nun ja, nicht ganz. Nicht ganz ausreichend für den anspruchsvollen Verlag Chatto & Windus, nicht ganz ausrei-

chend als britische Untertanin, nicht ganz so fein, wohler-
zogen, gebildet und scharfsinnig wie »our sort«, »the Bri-
tish-born«.

The Darkened Room wurde bald darauf von dem ebenso
anspruchsvollen Verlag Methuen angenommen und erhielt
sogleich nach Erscheinen im Juni 1961 Lob an der Spitze
der Romanliste in der Sunday Times. Dieses mein zweites
Buch auf englisch sei wunderschön geschrieben und auf
fesselnde Weise ungewöhnlich in seiner Thematik. Derlei
versöhnt einen wieder. Es bedurfte eines jungen Inders aus
Trinidad, um in der mir nahestehenden Zeitschrift, dem
New Statesman – in dem sein erstes Buch drei Jahre zuvor
unfreundlich besprochen worden war –, eine so knappe
wie süffisante Rezension meines Romans zu veröffentlichen, von dessen Thematik, Mitteleuropäer im amerikanischen Exil, er recht wenig verstand. Jener Inder war übrigens V.S. Naipaul, der eines Tages wohl den Nobelpreis
erhalten wird.

Mir war die Erkenntnis, daß man im Statesman die Tatsache meiner langjährigen, wenn auch seit einer Weile beendeten Mitarbeit bereits vergessen und mich durch einen
Außenseiter hatte abfertigen lassen, nicht mehr allzu
schmerzlich. Ich hatte vor wenigen Monaten ein Buch in
deutscher Sprache, die Biographie Fanny von Arnsteins
beendet, und war mit dem Manuskript zufrieden wie nie
davor oder danach. Allein die Studien dazu hatten immer
wieder wahre Glücksmomente mit sich gebracht – nicht
nur die vielen Stunden unter der Leselampe im British Museum und in der Wiener Nationalbibliothek, dazu Staatsar-
chiv, Stadtarchiv, Hofkammerarchiv, Adelsarchiv, mehr
noch, wenn ich in alten Truhen in Wien oder in einem
Kärntner Schloß handschriftliche Zeugnisse meiner Heldin
fand, Testamente oder Merkbüchlein, deren Bedeutung, ja
deren Existenz den Nachkommen selbst bis dahin nicht bewußt gewesen war.

Das letzte Jahr denn in England. Die Tochter hat in Oxford mit gutem Ergebnis graduiert und dort eine Stelle in der Pergamon Press Robert Maxwells angetreten, der sie nach kurzer Zeit durch schroffe Behandlung und elende Arbeitsbedingungen nahezu in einen Zusammenbruch, jedenfalls aus dem Verlagshaus treibt. Dem Sohn ist, nach dem Abschluß an der Bryanston School, ein ehrenvolles Stipendium für das Oxforder Oriel College zuerkannt worden. Anfang April wird die *Fanny* bei S. Fischer vorgestellt, und Peter schreibt mir in einem schönen und rührenden Brief, er bewundere das Buch so sehr, daß er mich freigeben wolle. Es war eine Gefühlsaufwallung, die er bald wieder bereute. Ich war von Frankfurt noch einmal nach Österreich gefahren und unternahm mit Flesch eine kleine Forschungsreise in seine und meine Vergangenheit. Wir überquerten die Grenze nach Mähren bei Nikolsburg, der Stadt meines mütterlichen Vorfahren Markus Benedict und dessen Familie, einem hübschen kleinen Ort am Fuß niedriger Hügel. »Sie müssen das Leben dort sehr gemütlich gefunden haben«, trug ich in den Kalender ein.

In Brünn entdeckten wir das Palais Flesch auf dem Glacis, in dem einst Bismarck zu Gast gewesen war; jetzt sah es herabgekommen aus und hatte seine berühmten blauen Fenster wohl schon lange verloren. Olmütz trug noch manche Spuren jenes kaisergelben k. und k. Armeekaders, als den ich es in der Kindheit erlebt hatte – aber nichts war mehr gelb, alles schmutzig grau, obwohl die Sonne schien. Wir fanden sogar den kleinen Ort Krönau, ein wenig höher gelegen, in dem mein Vater und wir 1916 einquartiert gewesen waren. Die Straße, auf der wir damals im Einspänner eine halbe Stunde zur Kreisstadt gefahren waren, legte ich jetzt im Auto in wenigen Minuten zurück. Freilich trugen all die Orte tschechische Namen, doch die alten deutschen, Leitomischl, Podiebrad, Zielscheiben altösterreichischer Schwänke, drangen durch. In Prag verbrachten wir ein paar Tage und fuhren über Budweis – nirgendwo auf der Welt solches Bier! – nach Wolfgang zurück.

Dort rief Peter aus London an und nahm alles zurück. Ich hätte die letzte Gelegenheit versäumt, auf seinen Brief hin alles wieder ins Gleis zu bringen. Jetzt mache er Schluß, habe die Kinder schon verständigt. Natürlich weinte ich lange, wie so oft, unablässig hin- und hergezerrt zwischen dieser und jener Zugehörigkeit. Dann fuhren Flesch und ich nach Ischl und aßen zu Mittag Forellen im Hotel Post. »Dies ist das Leben, das ich von jetzt an führen möchte.« Abends, es war Karfreitag, sahen wir die Lichterprozession der Wolfganger auf den Kalvarienberg. Zwei Tage später war ich in Wimbledon. Alles stand in Blüte. »Ich genieße den Komfort daheim.« Auch nahm ich die Arbeit wieder auf, als sollte sich nichts ändern, besuchte auf Wunsch des S. Fischer Verlages den Dichter Jewtuschenko in einem Hotel in der Oxford Street, fand ihn einen aufgeblasenen jungen Laffen, der die lange Zigarettenspitze nicht aus dem Mund nahm, wenn er sprach – damals, heute wohl nicht mehr, nannte man ihn den »mit einem opportunistischen Frühwarnsystem ausgestatteten Hofpoeten aller Kremlformen«. Seine politischen Schwankungen, zwei Schritte nach vorn und einen zurück, manchmal auch umgekehrt, haben mich immer an die Stephan Hermlins erinnert.

Ein Besuch im halb wieder aufgebauten Coventry, zur Uraufführung von Brittens *War Requiem* mit Fischer-Dieskau, das erst jetzt, 1962, die Versöhnung Englands mit Deutschland zu besiegeln schien. In Oxford fand, lange nach den Endprüfungen, die feierliche Verleihung des Bachelor of Arts an den Jahrgang unserer Tochter statt. Und dann war ich schon wieder davon, Mitte Juni, für den ganzen Sommer. Peter verbrachte ihn, wie ich hoffte, nicht allein, denn schon in London war auch er längst eigene Wege gegangen, in Pietrasanta. Bei mir in Wolfgang häuften sich die Hausgäste, das Ehepaar Doderer übernachtete im »Herrenschlafzimmer« im Oberstock, und die gute »Minze« eilte nach jeder Mahlzeit in die Küche, um Geschirr zu waschen, obschon am Morgen Frau Hutterer immer nach dem Rechten sah. Meine liebsten Gäste waren immer meine Kinder, vor allem mein bald so unsteter Sohn, wie kurz er sich auch bei mir aufhielt.

Lonny bezog das Kämmerchen der Tochter, denn diese war gleichfalls ans Mittelmeer gefahren. Aber meine Tante, die einzige nahe Verwandte, die mir geblieben war, kränkelte seit einiger Zeit, und ich mußte sie, deren Herz sich verschlechterte, ins Spital nach Bad Ischl bringen. Anfang September fand die sonderbarste Begegnung dieses Jahres statt. Peter hatte aus Italien angerufen und mich nach Lienz in Osttirol bestellt. Braungebrannt und gutgelaunt kam er in dem großen Ford Zephyr, den wir zuletzt erworben hatten, aus dem Süden an, ich in der kleinen Dauphine, über den Berg Isel, aus dem Norden. Wir mieteten uns im Hotel Zur Traube ein und vertrugen uns besser als seit Ewigkeiten. Gemeinsam aus dem Fenster lehnend, betrachteten wir am nächsten Morgen das bunte tirolische Schützenfest. Wimbledon war es gewesen, die Monotonie im grünen Grab, was diese Ehe zerrüttet hatte.

Ich versprach, im Oktober wiederzukommen. Lonny mußte ich in Ischl zurücklassen, aber Flesch wohnte weiter im Haus am Bach und fuhr täglich mit dem Bus ins Krankenhaus, wo sie mit einer anderen Dame in einem Zweibettzimmer lag. Die Dame hielt Flesch – der ja nur um fünf Jahre jünger war als Lonny – für deren Mann, und niemand fiel es bei, ihr dies auszureden. Es war die letzte Freude der Junggesellin, in ihrer einzigen großen Liebe bitter Enttäuschten, daß sie nun, kurz vor ihrem Ende, als mit einem stattlichen Herrn verheiratet galt. Aus Lonnys Londoner Wohnung rief ich Flesch am 5. Oktober an, um zu fragen, wie es ihr gehe. »Unverändert.« Er sei bis vor einer Stunde bei ihr gewesen. Ich sagte ihm, daß ich bald weiter nach Sadlers Wells fahren wollte. Zur Zeit unseres Gesprächs war Lonny schon gestorben. Er wußte es eine Minute später, rief aber nicht zurück, sondern gab mir erst am Morgen danach Bescheid, um meinen Opernbesuch nicht zu stören. Lonny, längst mit den Sterbesakramenten versehen und mit sich im Frieden, war so ruhig und unmerklich hinübergegangen, wie diese gute und reine Seele es verdiente. In Ischl haben wir sie dann begraben, nicht weit von Leo Perutz, auf einem der schönsten Friedhöfe der Welt.

Ich kehre nach Wimbledon zurück. Ich bringe den Sohn nach Oxford, wo er im Oriel College ein stilles Zimmer auf dem hinteren Quad erhält, ich muß Lonnys Wohnung räumen – nur Flesch bleibt noch für kurze Zeit im Broadwalk Court zurück, diesem für uns alle schicksalhaften Haus am Notting Hill Gate. Denn immer deutlicher wird es, obwohl Peter und ich meist höfliche Distanz zueinander halten, nur ab und zu von einem Aufflackern der Wut und Zwietracht unterbrochen, daß wir in Bälde auseinandergehen. Im Dezember wird London noch einmal tagelang in einen dichten Erbsensuppennebel gehüllt. Es soll der letzte sein. Danach wird ein »Clean Air Act« diese uralte, laut Virginia Woolfs *Orlando* freilich erst mit dem viktorianischen Zeitalter angebrochene Heimsuchung der Stadt für immer vertreiben.

Es dauert dann doch noch ein halbes Jahr, bis die Trennung endgültig wird. Die Abende verbringe ich zumeist vor dem gemieteten Fernseher in meinem Zimmer, ein neues satirisches Programm, »That was the week that was«, kündigt neben anderen Anzeichen den Anbruch des »Swinging London« der Sechzigerjahre an. Ich spüre, was unterwegs ist, berichte darüber an meine Blätter, doch die Entscheidung, ob ich in England bleibe oder nach Österreich zurückkehre, hängt davon nicht ab. Immer noch erwäge ich, unter Umständen hierzubleiben und mich, mit Hilfe des S. Fischer Verlages und meiner Kulturkorrespondenzen, allein durchzubringen. Am 12. Juni reise ich, nach kaum erträglich emotionellem Abschied von Peter, mit Bahn und Schiff nach dem Festland ab. Erst als Verhandlungen mit der *Frankfurter Allgemeinen*, die vor einer

Weile angeknüpft wurden, zu einer festen Abmachung führen, fällt der Entschluß für Wien. Auch hier habe ich wieder einmal darauf vertraut, daß die Weichen für mich gestellt würden, daß mir die Qual der letzten Wahl erspart bleiben würde. Und so trat es ein.

Mit Flesch verbringe ich dann einige Tage in Baden-Baden bei seinen nahen Verwandten, im »Landhaus«, einem Nebengebäude ihres Weingutes auf dem Fremersberg. Eine familiäre Idylle. In der kleinen Hauskapelle wurden vor mehr als siebzig Jahren seine Eltern getraut. Eine steigende Bewußtwerdung meiner neu gewonnenen Freiheit hebt mich aus jahrelang immer wieder verdrängten, dennoch stets nagenden Gewissensnöten, Schuldgefühlen, peinigender Unentschiedenheit. Sie findet ihren Höhepunkt bei einem Juwelier der Wiener Innenstadt, der den ein wenig eng gewordenen Ehering an meinem Finger mit einer Goldsäge durchschneidet. Die Symbolik hat einen kleinen Makel. Den Ring hatte mir nicht Peter, sondern mein Vater geschenkt. Als ich immer noch mit dem messingnen Vorhangring herumlief, der mir auf dem Standesamt in der Marloes Road angesteckt worden war – Peter hatte den seinen längst abgestreift –, gab mein Vater mir das Geld für einen echten. Das war kurz vor dem Anschluß gewesen, bei meinem letzten Besuch in Wien.

# VII.

# Eine Euphorie und ihr Ende

In einem Märchen der Brüder Grimm wird ein Mann für seine mangelnde Gastfreundschaft bestraft, indem der Herrgott ihm seine Wünsche erfüllt. Dürfe auch er, fragt er, drei Wünsche tun wie sein Nachbar? Ja, sagt der liebe Gott, das dürfe er wohl, es wäre aber nicht gut für ihn und er solle sich lieber nichts wünschen. Es geht denn übel aus. Und wenn ich zuweilen bereut, obschon niemals rückgängig gemacht habe, nach Österreich heimgekehrt zu sein, kam mir dabei das Märchen in den Sinn. Alles, was ich mir ersehnt hatte, wurde mir, zumindest eine Weile lang, in so reichlichem Maß zuteil, daß es mich um die nötige Muße und innere Einkehr, wenn auch nicht um den Drang nach wahrer kreativer Arbeit brachte.

Eine harte Strafe. Ludwig Wittgenstein hat einmal gesagt, ohne England könne er nicht arbeiten, ohne Wien nicht leben. Das traf – si parva licet componere magnis – auch für mich zu. Meine mir wichtigsten Bücher, die Biographie der Fanny Arnstein und der Roman über die Exilierten in Amerika, waren in der öden und dennoch fruchtbaren Einsamkeit von Wimbledon entstanden. Beiträge, Aufsätze, Vorworte, Nachrufe, Reden und Übersetzungen, einige gewichtigere Essays, ein in neue Form gebrachtes, längst geschriebenes Tagebuch, ein Filmskript, eine Erzählung und eine Handvoll Gedichte waren das Ergebnis vieler hunderttausender Wörter, einer ebenso rastlosen wie zumeist ephemeren Tätigkeit. »Twenty years largely wasted«, wie es bei T.S. Eliot über die Zwischenkriegszeit heißt, waren die nächsten zwei Dekaden meiner literarischen Existenz.

In meinem englischen Vorort hätte ich überdies, wäre ich dort verblieben, aus nächster Nähe eine Phase großer und erregender Veränderungen im Land miterlebt. In den frühen Sechzigerjahren geriet die Hauptstadt ins Schlingern, fing zu vibrieren, zu tanzen und wirbeln an. »Swinging London«, mirakulös verjüngt unter einer stockkonservativen Regierung, lockte nicht nur die Jugend aus allen Ecken und Enden der Insel, sondern auch die vom Krieg bereits unbeschwerten Halbwüchsigen aus dem Festland an. Das begann mit kecken Kabarett- und Fernsehprogrammen, mit einer Zeitschrift, die kühner, angriffslustiger, takt- und respektloser war als Frankreichs alter *Canard enchaîné*. Jenseits hergebrachter Grenzen von Rücksicht und Distanz, »beyond the fringe«, fand das satirische Zwiegespräch statt, das zwei Absolventen von »Oxbridge« allabendlich auf einer kleinen Bühne führten. Aus den ehrwürdigen, immer noch mehr Intelligenz als die neueren »Redbrick-Universities« der Industriestädte hervorbringenden Colleges von Oxford und Cambridge kamen auch die Spötter, denen 1961 die Gründung des bis heute virulenten Halbmonatsblattes *Private Eye* zu verdanken war. Und wenn auf dem Bildschirm, in den frechsten und flottesten Wochenrückblicken, die es jemals gab, *That was the Week that was*, auch herausfordernde Töne aus nichtakademischen Schichten erklangen, war das gleichfalls ein Zeichen der Zeit. Denn nun bemächtigte sich, neben und im Verein mit den bisherigen Eliten, ja, wirksamer noch als diese, die Provinz der britischen Öffentlichkeit.

Aus Liverpool tauchten die Beatles auf und versetzten ganz England, bald die gesamte Welt, in Rausch und Aufruhr. Aus dem Norden der »dark satanic mills«, wie schon William Blake die in seinen Tagen aufschießenden Fabriken genannt hatte, meldeten sich Schriftsteller wie John Braine zu Wort, deren Liebesgeschichten im Dampf der

216

Schlote und Nebel der Abgase, in den grauen Elendsvierteln von Manchester und Sheffield abliefen. In auf ihre Art ebenso trostlosen Mittelstandsbezirken wie Clapham oder Croydon, ja im East End Londons, entstand das »kitchen sink drama«, und die Akzente der handelnden Personen waren nicht mehr jene Jane Austens und Ivy Compton-Burnetts.

Eine herrlich vulgäre Subkultur übernahm das Modediktat. Carnaby Street, einen Steinwurf von Piccadilly Circus entfernt, wurde aus unerklärlichen Gründen zum Fundort der neuen, fetzigsaloppen Männerkleidung. Zugleich wuchsen Haupthaar und Bärte ins Ungeahnte. Noch waren es Blumenkinder und sanfte Hippies, die sich in den Rhythmen John Lennons und Bob Dylans wiegten. Doch bald betraten die lederstarrenden Hell's Angels die Szene, und um die Mitte der Siebzigerjahre wandelten durch die Kings Road Chelsea die ersten stachelmähnigen, papageienbunten Punks. Auch in der bisher großbürgerlich geführten Couture regte es sich heftig. Mary Quant erfand den Minirock. Und in einem vormaligen Kaufhaus für Damen, die am liebsten Tweedröcke mit einem wollenen »twinset« von Jumper und Weste, dazu zweireihige Perlenschnüre trugen – Derry and Toms in der Kensington High Street –, etablierte sich auf den umgebauten Etagen die Riesenboutique »Biba«, in allen Bereichen der Gewandung, aber auch in jenen von Küche, Keller und Innendekor mit einem vornehmlich in Schwarz und allerlei Schattierungen von Violett gehaltenen Angebot von makabrer Eleganz.

Das Jahr, in dem ich England verließ, 1963, wurde seither das bedeutsamste seiner Nachkriegsgeschichte genannt, eine »Wasserscheide« zwischen einer fast noch viktorianisch strengen oder zumindest eduardisch scheinheiligen Konvention verhafteten – und einer nun sichtbar zügellos gewordenen öffentlichen Moral. Der Kriegsminister John Profumo, trotz seines fremdländischen Namens ein vollgültiges Mitglied der regierenden Oberschicht, wurde nach dem Bekanntwerden seiner Affaire mit der Halbweltdame Christine Keeler zum Rücktritt gezwungen und riß beinahe den Premier Harold Macmillan und dessen gesamtes Kabinett mit sich. Eine zwielichtige Welt kam unter der reputierlichen Oberfläche der englischen Gesellschaft zum Vorschein. Das Mädchen Keeler hatte zudem eine Liaison mit dem sowjetischen Attaché Iwanow gehabt; und nach den Enthüllungen der tiefen Verstrickung einer ganzen Generation von Cambridge-Studenten der Dreißigerjahre in Spionsdienste für den einstigen Alliierten vermehrte die Möglichkeit eines neuerlichen Verrats britischer Geheimnisse an den nunmehr potentiellen Gegner noch den Skandal.

Alles war ins Wanken geraten. Aber desto lustiger lief das Leben in London dahin. Ich jedoch, noch nicht recht gewahr der Reichweite dieses Schrittes, war in einem Augenblick abgewandert, der so zukunftsträchtig, so vielversprechend für eine Lockerung sämtlicher erstarrter Formen auf der Insel schien wie nie zuvor. Mit Scheuklappen hatte ich mich in ein neues Dasein geflüchtet. Der Abschied war mir leichtgefallen. Doch er erwies sich als folgenschwer. Immer wieder holte mich in den nächsten Jahrzehnten, vor allem, wenn ich nach einem meiner häufigen Besuche in England wieder abreiste, das heulende Elend ein. Wimbledon, das mich so gelangweilt, ja gelähmt hatte, wurde in der Erinnerung zu einem verlorenen Idyll. Der kleine Gang durch den »turnstile« vom Ridgway durch Wright's Alley zu dem alten Dorfplatz des »Crooked Billet« am Rand des Common, wo ich mich so oft in der letzten Zeit, zwischen Einkauf und Mittagessen, rasch zu einem Glas Guinness mit dem durch Hausverbot verbannten Flesch getroffen hatte; die Scheiterhaufen und Feuerwerke zu jedem Guy Fawkes Day am 5. November auf diesem kleinen Anger; der regenfeuchte, nach Erdreich duftende Park Cannizaro mit meiner geliebten sizilianischen Diana – all das nahm nach und nach die numinose Aura an, die der

Heiligenstädter Pfarrplatz in meinen englischen Jahren für mich besessen hatte. Nur das Entrückte, das Unerreichbare, hat solche Gewalt über uns.

In Wien wurde ich sogleich von der Wärme, der hautnahen, wenn auch nicht immer tief verankerten Herzlichkeit meiner dort verbliebenen oder neugewonnenen Freunde umfangen. Freilich ahnte ich, ja wußte bald, so sehr ich dieses Wissen in meinem Seelengrund vergrub, daß diese Rückkehr auch ein Rückfall, ja, ein Fall gewesen war. Ein Fall woraus? Und wohin? Das ist schwer gesagt, ohne die Menschen in meiner Heimat heute noch zu kränken. Vielleicht wird es durch ein Bild erklärt. In einem Roman von Nigel Balchin, den ich übersetzt hatte, beschreibt der Autor als Ichfigur, wie er nach Wochen mit amerikanischen Kumpanen in Paris wieder einmal mit britischen Landsleuten zusammentrifft. Diese Landsleute sind zufällig seine ihm entfremdete Frau und jener Liebhaber, um dessentwillen sie ihn schnöde verlassen hat. Die Amerikaner waren gut und hilfreich zu ihm gewesen. »Aber mit ihnen kam ich mir immer vor wie in einem furchtbar netten Kinderzimmer. Mit diesen beiden hier fühlte ich mich, zumindest an diesem Abend, wie unter gleichaltrigen Kindern.«

Als Gleichaltrige, besser: als Erwachsene und mir häufig Überlegene hatte ich die Engländer empfunden, auch jene, die nichts von mir wissen wollten oder deren Präsenz ich nur mittelbar genoß: in Büchern, auf einer Bühne, im politischen Kommentar oder dem Kulturteil der *Times*. Jetzt befand ich mich in einem, zunächst noch »furchtbar netten«, Kinderzimmer. Ich meinte nicht hoffen zu können, von irgend jemand hier etwas zu lernen. Ich wurde nicht, wie in England, ständig geistig gefordert – weder von den Gazetten noch von den Gesprächen in unserem Kreis. All diese wohlerzogenen, liebenswürdigen Leute, aus denen, wenn sie sich in Gruppen zusammenfanden, mein geselliger Umgang bestand, unterhielten sich fast ausschließlich über die jüngsten Aufführungen in der Oper oder auf dem

Theater, besonders gern aber über die Schauspieler und deren Privatleben, dazu über ihre Sommerreisen, über kleine Dummheiten abwesender Freunde oder deren boshafte Nachrede untereinander, die man gleichzeitig von sich wies – nie über existentielle Probleme, selten über Politik. In der Politik herrschte ja um diese Zeit in Österreich, zumindest vor dem Einbruch der russischen Panzer in die benachbarte Tschechoslowakei, ziemliche Windstille, und wenn fern in der Türkei die Köpfe aneinanderschlugen, kümmerte man sich, nach altem Muster, nicht darum.

Wie behaglich aber, wie ausruhsam und unanstrengend waren doch diese Zusammenkünfte, in kaum wechselnder Besetzung, an mittäglichen Stammtischen, die jahrein, jahraus die gleichen blieben mit unfehlbarer Regelmäßigkeit, obendrein, spät nachts nach dem Theaterbesuch, in einem jener ebensolange in Schwung bleibenden Restaurants der Innenstadt oder, an freien Abenden, weiter draußen bei einem Heurigen, den nur Einheimische kannten, in dem es keine Musik gab, der den Fremden verschlossen war. Und fremd war ich nun einmal nicht in Wien, ich war einheimisch gewesen und von neuem geworden, und endlich durfte ich glauben, wieder eingebettet zu sein in eine Gemeinschaft, in die ich nun einmal hineingeboren war. Ein euphorischer Zustand. Unter vermeintlich wohlwollenden Mitbürgern fühlte ich mich geborgen und ging heiter »durchs raschelnde Laub der Vergangenheit«, wie es bei Heimito von Doderer hieß. Dies aber ist das Stichwort, um mich einigen großen Figuren zuzuwenden, die aus dem dicht gewebten, obschon wenig schillernden Netz dieses Sozialgefüges herausragten und mit denen, in kleinster Runde, wir uns in Bewunderung wie im Widerstreit zusammenfanden als Gleichaltrige, zuweilen auch Unterlegene, dennoch eins wie uneins in derselben Augenhöhe, mit demselben Augenmaß zumindest für künstlerische Qualität.

Heimito gehörte zu ihnen und freilich auch Alexander

Lernet-Holenia, der sich durch seine schönste Lyrik und die erlesenste seiner so unterschiedlichen Prosa unsere hohe Achtung errungen hatte: sein Charakter, sein Verhalten bedurften schon der Liebe, weil man sie sonst nicht ertrug. Diese Liebe habe ich aufgebracht, unter den schwierigsten Umständen und bis zum bitteren Ende. Und wie selten er auch, unter der Maske eines von jeder geistigen, gar literarischen Tätigkeit weit entfernten Edelmannes – nie sah man ein Manuskript, einen Verlegerbrief auf seinem Schreibtisch, nie ein Buch in seiner Wohnung, es wäre denn verschämt auf einem kleinen Regal im Schlafzimmer seiner Frau gestanden –, wie selten er preisgab, was in Wahrheit in ihm vorging: zu mir sprach er manchmal davon. Im Frühling unserer Freundschaft, noch in den Fünfzigerjahren und in Sankt Wolfgang, waren wir oft allein, in seinem Bootshaus, auf dem See im Schilf, wenn er, der nicht gerne schwamm, mich und seinen kleinen Hund ans andere Ufer ruderte, auf Wanderungen über den Falkenstein, in die »Auerriesen«, oder zum Schwarzensee. Bei einem Gang um jenes hochgelegene, dunkle Wasser erzählte er mir den Inhalt seines letzten bedeutenden Romans, des *Grafen Luna.*

Eine *amitié amoureuse*, die mit Ruhe und Gelassenheit – denn wir waren nicht mehr jung und wurden zusehends älter – in eine, allen Fährnissen zum Trotz, herzliche Bindung glitt. Von seinen Wutanfällen blieb ich weitgehend verschont. Noch in den letzten Monaten seines Lebens, ein von der Todeskrankheit ausgezehrter, zumeist verwirrter, dem bereits völlig zerrütteten Don Quijote gleichender Mann, verzog er seinen Mund zu einem mühsamen Lächeln, wenn ich sein Zimmer betrat. Immer wieder litt ich indes, wie seine gesamte Umgebung, unter den Rösselsprüngen seines Denkens und Handelns, zuweilen auch unter Hinterhältigkeiten oder gar Verrat. Aber so groß war mein Gefühl für ihn, so tief und ehrlich mein Entzücken über Gedichte wie die »Weissagung des Teiresias« oder den

»Dreikönigsritt«, über Erzählungen von Kleistscher Makellosigkeit wie den *Baron Bagge,* über einen Roman wie *Beide Sizilien,* der so viel von dem, was mir an Österreich teuer war, im Kern enthielt, daß ich ihm alles verzieh, alles nachsah, wie später nur noch einem Freund, mit dem er mehr gemeinsam hatte, als beide ahnten: Thomas Bernhard. Flesch hat ihn, in seinen postum veröffentlichten Erinnerungen, »die Kehrseite des Golddukatens Austria« genannt und das sicher nicht nur tadelnd gemeint. Denn »vertrackt« wie er selbst waren Fleschs Freunde Lernet und Doderer, und alle drei wiesen jene Verzerrungen auf, denen das Bild des heiteren, leichtlebigen, mühelos musischen und ritterlichen Habsburg-Untertanen vom alten Schlag in einzelnen Fällen unterliegt.

Noch im hohen Alter, immer bedroht von eigenen Bewußtseinstrübungen, hat Flesch die komplexe Wesensart dieser beiden bis ins Letzte durchschaut und sie, darüber hinaus noch deren äußere Erscheinung, mit einer so wunderbaren Wortmacht beschrieben, daß ich diesen Portraits nur wenig hinzufügen kann. Mit beiden war er in der Jugend mehr oder weniger gut bekannt gewesen, und er trat ihnen nach den trennenden Erlebnissen der Zwischenzeit vermutlich kritischer entgegen als ich in meiner fast blinden Passion für alle Verkörperungen des nur noch rudimentär und illusionär vorhandenen alten Österreich. Zu einer unerbittlichen Haltung den ideologischen und moralischen Schattenseiten meiner Landsleute gegenüber bin ich erst in den allerletzten Jahren gelangt, als im Zuge einer verhängnisvollen Bundespräsidentenwahl all das verschüttete und totgeglaubte Böse, Mißgünstige und Unduldsame im Volkscharakter wieder zum Vorschein kam.

Damals, und noch für lange Zeit, fand ich mich ab mit jenem bübischen Trotz, der Alexander bewog, das Emblem eines ihm noch verhaßten Regimes, unzulänglich getilgt, an einer Kriegsplakette weiterhin am ländlichen Hut zu tragen; fand mich damit ab, daß in Heimitos Wiener Woh-

*Alexander Lernet-Holenia und Hans Flesch-Brunningen*

*Mit Heimito von Doderer*

nung zwei Fotografien in krasser Kontrapunktik an die – wenn ich mich recht erinnere – Seitenwand eines Bücherregals geheftet waren: Papst Pius XII. in der engelhaft weißen Soutane, in der ich ihn 1950 am Petersplatz gesehen hatte, und darunter ein in der Tat abstoßendes Bild der ostdeutschen Justizministerin Hilde Benjamin, deren Mann von den Nazis erschlagen worden war und die jetzt, gegenüber den Schergen des »Dritten Reiches«, im Gerichtssaal keine Gnade kannte.

Doderers *Strudlhofstiege* hatte mich verzaubert. Daß der gewaltige Roman, dessen »Rampe« dieses Buch gewesen war, ursprünglich *Die Dämonen der Ostmark* heißen sollte und deutlich antisemitische Züge trug, daß in ihm die Ereignisse des 15. Juli 1927 auf fragwürdige Weise dargestellt wurden – was verschlug's? Ich war wehrlos gegenüber dieser Verdichtung wienerischen Lebensgefühls, dieser so präzisen wie skurrilen Sprache, dieser Kraft des Aufbaus bei immer wieder frappierender Anschaulichkeit der Details. Alles, alles nahm ich hin: daß Heimito, was niemals er, aber seine Freunde für ihn ins Feld führten, jenes »Dritte Reich« mit dem Heiligen Römischen Reich Deutscher Nation verwechselt hätte – eine Verirrung, die man einem illegalen Parteimitglied, das eigentlich die Bibel jener Partei, *Mein Kampf*, gelesen haben müßte, wirklich nur schwer zugestehen kann. Und ich nahm hin, da sie ja nicht mich selbst betrafen, die mehr oder weniger geheimgehaltenen sexuellen Exzesse des großen Mannes, dessen unbändige Lust an Gewalttaten jeder Art, wie sie in den *Merowingern* geschildert werden, auch an Derbheiten, die offenbar das Antidotum zu diffizilen, vielleicht sogar melancholischen Verfeinerungen des Gemüts darstellen – siehe Mozarts Briefe an sein Bäsle.

Unvergeßlich ist mir ein Besuch in Landshut, in der Wohnung seiner »Minze«, wo wir, noch vor unserer endgültigen Rückkehr nach Österreich, von ihm zum Abendessen geladen waren. Wir fuhren hin, mieteten uns ein im

Gasthof Zur Sonne und betraten die in funktionellem Fich-
tenholz möblierten Räume der guten Ehefrau. Dort erwartete uns ein riesiger dampfender Porzellantopf, gefüllt mit
Weißwürsten – unzähligen Paaren dieser bleichen, nach
dem Verzehr einiger von ihnen immer widerwärtiger werdenden Fleisch- und Darmgebilde. Sie wurden mit sehr viel
Bier, aber ohne die geringsten Beilagen serviert, weder mit
Senf noch Kraut noch Kartoffeln. Und mit geradezu tücki-
schem Vergnügen nötigte uns Heimito dazu, uns dies, wie
er hervorhob, echt bayerische Mahl bis zum Überdruß ein-
zuverleiben. Im Bayerischen lag wohl seine Rettung von
jener wienerischen Dekadenz, der er in seiner Jugend an-
heimgefallen war. Gern betonte er auch, seine Minze sei
die Nichte Ludwig Thomas, also aus urtümlichem Dich-
terhaus. Ob er die Auslassungen des Oheims im *Miesba-
cher Anzeiger* kannte, die ja erst kürzlich wieder ans Tages-
licht gedrungen sind? Ich glaube es nicht. An anderem Ort,
im Vorwort zu einem Band von H.C. Artmann und Gerhard Rühm, die er schätzte und förderte, hat er Thoma, am
Ende einer Skala früherer Dialektschriftsteller, eher verächtlich abgetan.

Wenn von jenen die Rede ist, die das Klima des Kinder-
zimmers belebten, darf Ernst Fischer nicht fehlen – auch er
ein Kind noch der alten Monarchie, obschon zu Beginn des
neuen Jahrhunderts geboren und ein wahrer Antipode,
wenn nicht Fleschs, so doch Lernets und Doderers. Mit
Alexander verband ihn gleichwohl eine seltsame Achtung
und Neigung, die aber wieder so unerklärlich nicht war,
denn beide waren Träumer und Poeten. Fischer trat erst
nach einiger Zeit in unser Leben ein, als wohl wichtigster
der neu hinzukommenden Freunde – einer wahren Überfülle wahrer oder weniger wahrer Freunde, so mochte es
uns scheinen nach der langen englischen Isolation. Sie alle
zu nennen, versage ich mir, nicht allein wegen jener Gefahr
einer »Namensküche«, der ich ja schon oft erlegen bin,
sondern weil es den noch lebenden unter ihnen ohnehin

nicht recht zu machen wäre, wie immer man von ihnen spricht. Nur wo es unvermeidlich ist, werden sie im Lauf der nächsten Jahre ihren Auftritt haben. In seinem Werk *La Vie de Henri Brulard* fragt Stendhal: »Où se trouvera le lecteur qui, après quatre ou cinq volumes de *je* et de *moi*, ne désirera pas qu'on me jette non plus une verre d'eau sale mais une bouteille d'encre?« Schon an dieser Stelle des zweiten Bandes meiner Memoiren befürchte ich, das ewige »ich und ich« könnte meine Leser nach einem Tintenfaß greifen lassen.

So rasch wie möglich will ich denn die nächsten Dekaden durchmessen – obschon vieles, mich selbst Bewegendes in ihnen geschehen ist. Zumindest aber ist offenzulegen, wie es sich mit der Fatalität der erfüllten Wünsche verhält und weshalb die Euphorie erblassen mußte, der ich mich eine ganze Weile lang hingegeben hatte. Indes: welche Euphorie dauert denn an? Nun sollte, so hatten wir uns beim Auszug aus England gedacht, ein ruhiger Lebensabend beginnen. Doch nichts davon. Es ist immer noch Nachmittag, Stürme toben, wenn auch im Wasserglas, und zuweilen brennt die Sonne allzu heiß. Wir haben es immerhin, obwohl noch lange keine Eheleute, vereint zu einer kleinen Wohnung gebracht, in einem der von der Wiener Gesellschaft verachteten Gemeindebauten, gleichwohl im vornehmen Cottageviertel, mit Bäumen vor allen Fenstern, wie es mir nun einmal unabdingbar erscheint. Ein Pied-à-terre in der Stadt: als solches sehen wir's an, auch wenn wir den größten Teil des Jahres dort verbringen.

Der eigentliche Wohnsitz ist Sankt Wolfgang. Und wann immer wir hinausfahren, das heißt, bei jeder sich bietenden Gelegenheit, bin ich »glücklich hier zu sein«: dies der niemals versäumte erste Satz jeder Kalendernotiz nach der Ankunft. Das Wiener Domizil in der volkstümlichen Siedlung, umringt von Jugendstilvillen, hat freilich sein Gutes: es bewahrt uns vor snobistischem Umgang, auch vor der Notwendigkeit, dort einen aufwendigen und zeitraubenden Salon zu führen. Auf dem Land, zumindest für einige Sommerwochen, etabliert sich ja, jeweils von selbst, was ein freundlicher Mann aus Sankt Wolfgang später den »grünen Salon am Dittelbach« genannt hat. Hier gibt es Hausgäste, Tischgäste, Gäste zu allen Tageszeiten und zuhauf.

Aus dem Kulturbetrieb in Wien, dessen Hektik alle Erwartungen, ja Befürchtungen übertroffen hat, in die Stille des kleinen Anwesens flüchten zu können, das auf drei Seiten von einer Baum- und Buschkulisse umgeben ist, kam mir allezeit vor wie ein unverdientes Geschenk des Schicksals. Ja, ich war stets eingedenk der Gunst, in einer immer menschenreicher und platzärmer werdenden Welt dieses hübsche Haus und dieses Stück Garten für mich und die Meinen allein zu haben, und im Grunde nicht erstaunt, nur eben doch vernichtet, als der Himmel sie mir zuletzt wieder entriß. Jeden Pfennig und Groschen, die ich verdiene, stecke ich denn in den bescheidenen Besitz, nehme Kredite auf, um nach und nach die angrenzende Wiese dazu zu kaufen, auch einen Annex von zwei Zimmern zu errichten und eine Zentralheizung einzubauen, pflanze mit Alexanders Bewilligung Obstbäume auf dem ihm noch gehörenden Rasenrest, schütze auf seinen Wunsch den gemeinsamen Eingang durch ein Tor, lasse ein Dutzend Birken einsetzen, einen lebenden Zaun entlang der Zufahrt und zwei Magnolien, den geliebtesten Strauch. Kein Luxus, aber der nötigste Komfort. Badezimmer und Duschräume auf das schlichteste verfliest. Der neue Besitzer, in einer noch nicht vorstellbaren Zukunft, wird sie als erstes mit Zierkacheln versehen lassen.

Mein Tagesablauf ist erschöpfend. Aus dem deutschen Sprachraum in den deutschen Sprachraum zu berichten, stellt sich als eine äußerst mühsame Aufgabe heraus. In England hatte ich die Entscheidungsgewalt, welche künstlerischen Ereignisse, welche geistigen und sozialen Tendenzen den Lesern und Hörern auf dem Festland vermit-

227

telt werden sollten. Hier bin ich ein Vollzugsorgan der Redaktion, die genau unterrichtet ist über die Vorgänge im Nachbarland und, wenn ich da und dort säume oder lieber verzichte, mich telefonisch zur Meldung mahnt. Das betrifft zumeist Dinge des Theaters, die hier ja auch, nur übertroffen von den selteneren Opernpremieren, am beachtlichsten sind. Neue Bewegungen in Politik und Gesellschaft gehen von Wien nicht aus. Dennoch häufen sich Veranstaltungen jeglicher Art, die wahrzunehmen meine Pflicht ist. So erwidere ich bald auf eine Anfrage, wie ich meinen Tag verbrächte, man komme in dieser Stadt nicht zur Besinnung, denn es sei in ihr »dauernd etwas Langweiliges los«. Zwar erfährt jeder meiner Beiträge nach seinem Erscheinen sogleich lobenden oder kritischen Respons. Doch später, wenn das Lob sich als hohl, die Kritik sich als verhüllte Mißgunst, die Masse derjenigen, in die ich mich so willig und freudig integriert habe, sich als wankelmütig und unaufrichtig erweist, schwindet das Vergnügen, und die Brotarbeit, denn nur als solche kann ich sie verstehen, wird immer mehr zur Last.

Hinzu kommt, als eigentliche Wurzel allen Übels, meine eigene, mich heute mehr als peinlich anmutende Betriebsamkeit. Der Drang, überall dabei zu sein, Einfluß zu nehmen – gewiß war er verständlich, aber eben doch auch lächerlich. So lange am Rand gestanden zu haben, soll nun durch einen Sprung in die Mitte und einem Verharren dort ausgeglichen werden. Und wo bietet sich eher Gelegenheit dazu als in der Gemeinschaft der Schriftsteller, im österreichischen P.E.N.? Daß ich ihm beitrat, war unvermeidlich. Ihm nahezu sieben Jahre lang zu dienen in zeitraubender Ehrenfunktion, stellte sich ebenso unweigerlich als Irrtum heraus. Meine Ausrede ist, wie jene Heimitos und anderer zeitweiliger Weggenossen, die das »Dritte Reich« mit dem Heiligen Römischen Reich verwechselt haben wollten: ich verwechselte den Wiener mit dem Londoner P.E.N. Die Analogie ist so abwegig nicht. An der Spitze des Vereins saßen untadelige Leute wie Franz Theodor Csokor, der Maler-Dichter Carry Hauser, der Prosaist Alexander Sacher-Masoch, jeder ein einstiger Exilant. Aber bei den übrigen Mitgliedern des Vorstandes, auch Staatspreisträgern, konnte man sich nicht so sicher sein. Manche waren um ein Huldigungsgedicht an Hitler nicht herumgekommen. Dennoch hatte man als einzigem Heimito von Doderer lange die Aufnahme verweigert, weil er als einziger seine Verfehlung nicht verschwieg.

Nein, beworben habe ich mich nicht. Aber als die selbstlose Seele dieses P.E.N., die Journalistin und »geschäftsführende Sekretärin« Erika Hanel frühzeitig verstarb, fand ein Revirement statt, und ich wurde dazu überredet, an Stelle von Carry Hauser das Amt des Generalsekretärs zu übernehmen. Ein fataler Entschluß. Er fiel am 20. April 1966, und ich empfand dabei, so notierte ich mir, »einen kleinen scharfen Schmerz im Herz«. Böse Omina. Dennoch verdanke ich ihm, der mir schließlich die tiefsten Enttäuschungen eintrug, viele neue Freunde in diesem internationalen Verband, häufige Zusammentreffen mit meinen Londoner P.E.N.-Gefährten, aber auch mit Geistesverwandten aus den verschiedensten Ländern, das immer wieder spontan entstehende, obschon ebenso rasch wieder verfliegende Gefühl einer globalen Zusammengehörigkeit. Ich verdanke dem Entschluß überdies jenen wirklich sinnvollen Auftrag, im Rahmen des Internationalen »Writers in Prison«-Komitee viele Stunden meines Lebens mit Bemühungen um gefangene, manchmal gefolterte Schriftsteller in aller Welt zu verbringen. Gewiß – es gab auch Tunichtgute, ja Bösewichte, selbst Idioten in dieser Familie des P.E.N., zugleich aber großartige, gute und bezaubernde Menschen, von Heinrich Böll bis zu meiner slowenischen »Schwester« Mira Mihelič.

Der Standort hat gewechselt. Die Schizophrenie hält an. Jetzt tritt, was an alten habsburgischen Bindungen übrig ist und bald als Traum von einem neuen »Mitteleuropa« er-

229

*Mira Mihelič*

*In Bled: Flesch und Mira. Im Hintergrund Peter*

wacht – der freilich angesichts der allerjüngsten, weiterrei-
chenden Veränderungen in diesem Erdteil schon wieder
ausgeträumt ist –, immer mehr in unser Blickfeld. Schon in
den ersten Sommern nach der Rückkehr sind wir, Flesch
und ich, nach Opatija, Portorož und Dubrovnik gefahren,
den einstigen Ferienorten Abbazia, Portorose und Ragusa
der Doppelmonarchie. Nun kommen die jährlichen Besuche bei den slowenischen Schriftstellern hinzu, zuerst
gleichfalls in Portorož und Piran, dann in dem mir aus der
Kindheit vertrauten Bled. Mira, ihre Präsidentin, leitet die
Tagungen in jedem Mai, sie ist eine dunkle, ungemein an-
ziehende Frau, Tochter eines Laibacher Großbürgers, die
sich im Krieg den Partisanen angeschlossen, dort Entbehrungen und Gefahren durchlitten hat, aber als die subtile
Romancière und wahre Weltdame daraus hervorgegangen
ist, zu denen sie von Herkunft und Bildung her bestimmt
war. Sie spricht mühelos englisch und französisch, am liebsten aber deutsch, denn die Vorfahren hatten Wien als ihre
Kapitale betrachtet und oft aufgesucht. Wenn sie meinen
Namen mit einem leichten Hauchlaut versieht, zärtlich
»Childerl« zu mir sagt, schmelze ich dahin. Und alle, die
mit ihr zu tun haben, lieben sie und das sanfte Regiment,
das sie über die slowenischen »pisatelji« führt – wie geistes-
abwesend zuweilen, mit »pannonischer« Lässigkeit in ihren eigenen Worten. Und wenn sie um das Wetter für den
Ausflug am Ende jedes Treffens bangt oder Streit zwischen
den jugoslawischen Fraktionen ausbricht, stiftet sie rasch
eine Kerze dem heiligen Antonius, der ihr auch immer wieder hilft.

Von Portorož war Venedig nicht weit, und oft fuhren
wir, wenn nicht schon aus Wien, über Triest dorthin, viele
Jahre lang in jedem späten Frühling für ein oder zwei Wochen, uns einnistend immer in derselben Künstlerpension,
»Alla Salute da Cici«, im ruhigen Viertel Dorsoduro, ich
im Zimmer 38, Flesch im Zimmer 8. Das meine hatte einen
kleinen verwitterten Eisenbalkon über der weinbelaubten

Regenplache des Restaurants, von dem aus man die Kuppeltürme der Salute-Kirche sah, da tranken wir nachmittags häufig Tee und gingen dann um die Ecke in Ginos Café, um durch die schmale Calle, an deren Ende es lag, auf einen Ausschnitt des Canale della Giudecca zu blicken, an dem immer wieder ein Schiff vorüberglitt. Nach und nach kannten wir alle Kirchen und Museen und statteten einigen auserwählten von ihnen stets Respektbesuche ab, als erstem immer dem Raum in der Accademia mit den Bellinis und dem »Gewitter« von Giorgione. Mehr noch als die lieblichen Madonnen Bellinis entzückten mich die fünf Tafelbilder seiner »Allegorie«, und am meisten jene »Fortuna Inconstante« – die Glücksgöttin, mit melancholisch gesenkten Lidern, im windbewegten Gewand auf einem schwankenden Kahn, die blaue Weltkugel auf ihrem Knie mitgestützt von einem Putto, drei andere Knäblein mit im Schiff, zwei daneben im seichten Meer, eines von ihnen selig hintreibend in den Wellen. Dieses rührte mich überaus, und als mein erster Enkel geboren wurde, fand ich, daß er ihm glich.

Zu Cici kam abends manchmal Peggy Guggenheim mit ihren drei dummen kleinen Pekinesen, auch Ezra Pound, denn beide wohnten nah, und Signor Manins Küche war gut. Einmal, als keine Tische mehr frei waren, weil man wegen Regens im Haus sitzen mußte, ließ Pound mit seiner Gefährtin sich an dem unseren nieder und verharrte zwei Stunden schweigend, von Olga Rudge ebenso stumm betreut. Ich betrachtete den bärtigen Greis voll Ehrfurcht und ohne jeden Abscheu, obwohl ich von seinen hassenswerten Rundfunkreden im Kriege wußte: ein verblendetes Genie, nun auch noch erloschen und versteinert im hohen Alter – nur heilige Scheu kam da auf. Alle Riten dieser Aufenthalte in »unserem« Venedig, als dessen einzig wahre Besitzer sich doch alle wähnen, die ihm verfallen sind, wurden Jahr für Jahr befolgt: nach dem ersten Wiedersehen mit den »Allegorie« die langen Wanderungen zur Kirche »Za-

232

nipolo« (SS. Giovanni e Paolo), wo ich mir als Favoritin die
barocke Statue der Belluna ausgesucht hatte, und zu den
Tiepolos im obersten Stock der Ca'Rezzonico; die Vormit-
tage auf der Piazza, Aurum nippend zu den törichten Me-
lodien der Musikanten im Quadri oder Lavena; die Ein-
kaufsfeste in der Merceria, an deren Ende immer die Hom-
mage an Goldoni stand – hoch auf seinem Sockel mitten
unter seinen Veneziani; die Mahlzeiten im Blätterschatten
des Gartens der Trattoria Montin; nachmittags zuweilen
das Café in San Stefano, wo Studenten und Hausfrauen saßen; gegen Abend Plauderstunden, in ihrem kleinen Palazzo neben dem Peggy Guggenheims, mit Doxie Bru-
netta, einer Frau von außerordentlicher Allüre, von der
man viele Geschichten und Anekdoten aus der »Gesellschaft« Venedigs erfuhr. Erst nach Fleschs Tod und als der
alte Karneval unselig und künstlich wieder angefacht
wurde, gab ich meinen Anspruch auf dies illusorische Eigentum auf.

Alle werden sie nun wieder geknüpft – die alten Bande.
Im ehemals »goldenen«, nun grauen Prag sehen wir uns
um, noch vor der Niederwerfung seines »Frühlings«. Bu-
dapest in einem neblig-trüben Herbst der Siebzigerjahre:
wir besuchen in ihrem noch baufälliger gewordenen Haus
die mir so lieben Verwandten meiner Mutter, Stella und
Oszkar Udvaros – ihre Tochter, die ganze übrige Familie
ist 1956 aus dem Land geflohen –, und unweit von ihnen in
Buda, in seiner gepflegten Villa, den »rehabilitierten« Ti-
bor Déry, aus Anlaß seines achtzigsten Geburtstags. Ein
grandseigneuraler Mann, mir vertraut, als wäre auch er einer meiner Onkel. Nicht lange danach entdecke ich Krakau wieder, in dem ich seit meinen frühesten Tagen nicht
gewesen bin. Und schon glaube ich, als mich im Winter
1976 das Österreichische Kulturinstitut nach Polen geholt
hat, mein Leben lang einem Wahnbild nachgegangen zu
haben – grünlich patinierten Zwiebeltürmen in Krakau, die
ich dort zunächst nicht finden kann. Dann entdecke ich sie

*Triest 1977: Thomas Bernhard, Hede Stavianicek,*
*Siegfried Unseld*

doch noch auf dem Wawel, der alten Königsburg, die zwischendurch als »Residenz« des deutschen Generalgouverneurs und Massenmörders Hans Frank entweiht war. Im Café an den Tuchhallen auf dem Rynek Glówny, dem Hauptplatz, vermeine ich mich an demselben Ort, an dem ich als Fünfjährige mit meiner Mutter Schokolade getrunken und Bonbons gegessen habe.

Nach Triest, das wir bis dahin umfuhren, bringt mich im Jahr darauf ein Symposium über Thomas Bernhard, und so komme ich immer wieder und treffe dort viele Relikte aus der Zeit, da dies der wichtigste Handelshafen der Doppelmonarchie war: Admiralstöchter, auch schon betagt, den letzten lebenden Ritter des Maria-Theresien-Ordens Baron Banfield, Beamten- und Arztenssöhne, deren Vä-

ter aus Wien stammten, und, in dieser längst wieder in Nostalgie nach Franz Joseph, dem vormals verspotteten
»Cecco Beppe«, versunkenen Stadt, den jungen Wiederer-
wecker des »habsburgischen Mythos« Claudio Magris, der
zugleich alles andere als ein Konservativer ist. Auch eine
weitere späte Freundin gewinne ich dort, Hansi Cominotti,
lieb und gescheit, ein Gegenbild zu Mira, obschon etwas zu
füllig, schön angesiedelt in einem Haus hoch über der Stadt,
in Opicina. Für einen Film, den ich in Triest spielen lasse,
hat sie mich dann zu der Figur einer Galeriebesitzerin inspi-
riert. Sie welkte dahin, als ihr Ehemann Nino starb, und be-
ging schließlich Selbstmord aus Kummer und Krankheit,
von mir betrauert wie jene erste Hansi, wie eines Tages dann
auch meine Mira – betrauert und beweint.

Dies alles gehört zu der Welt, in die ich mich wieder ein-
gefügt habe, und sie enthält, das wird mir allmählich klar,
mehr Wunschbilder der Vergangenheit als Lockungen der
Gegenwart. Die Gegenwart ist immer noch mächtiger für
mich in England, wo meine Kinder zurückgeblieben sind,
wo, unverändert betreut von derselben Hausgehilfin, Peter
in Wimbledon weiterhaust. Schon im Herbst 1963, vorerst
noch untergebracht in Berthold Viertels Wiener Wohnung
nahe dem Stephansdom, in der seine Witwe uns Zimmer
vermietet hat, werde ich nach London zurückgerufen, weil
eine kleine Familientragödie sich ereignet hat. Gespaltenen
Herzens beziehe ich wieder mein früheres Zimmer, nun
freilich gewisser Möbel und Bilder beraubt, die schon ver-
schifft sind, und bleibe eine Woche, bis das Problem sich
gelöst hat. Danach werde ich nicht mehr in Wimbledon ab-
steigen, aber gelegentlich einen Abend dort verbringen,
wenn es Geburtstage der Kinder, die wechselnden Wohnsitzes sind, am vertrauten Ort zu begehen gilt. Dann
komme ich mit gefüllten Einkaufstaschen an und bereite
ein Festmahl wie in alten Zeiten. Peter bleibt zumeist un-
sichtbar. In jedem Jahr, bis zu dem Augenblick, in dem ich
in England wieder für eine kurze Weile heimisch werde,

fahre ich zwei bis dreimal hin – zuletzt vor allem der Tochter wegen, die als einzige ihr Geburtsland nicht aufgibt, aber auch aus jedem anderen sich bietendem Anlaß: Hochzeiten der Kinder, P.E.N.-Treffen, Vorlesungen, Teilnahme an einem »Round Europe Quiz« der BBC. Nie habe ich dabei empfunden, dort nicht mehr zu Hause zu sein.

Auch die Londoner Gegenwart hat ihre Riten. Bis in die Siebzigerjahre bietet der samstägliche Portobello Market sich als ein Zentrum der jugendlichen Subkultur an. In den vielen Pubs, vornehmlich bei Henekey's, trifft sich mittags bei Bier und Sandwiches die Szene: langmähnig, vollbärtig, jeansbehost, miniberockt, von Markthelfern bis zu Herzogstöchtern, die das »slumming« der Zwanzigerjahre nun zur permanenten Lebensform gewählt haben – durchmischt von ausländischen Käufern, zumeist Amerikanern, denen zu jener Zeit noch ein unermeßliches Angebot an Antiquitäten, Möbeln, Silber, Netsukes, Buddhas, indischen Holzschnitzereien und Jugendstillampen zur Verfügung steht in einem Land, das seit dem 11. Jahrhundert von keiner fremden Macht besetzt und ausgeplündert worden ist.

An einer Ecke des Marktes, in der Lonsdale Road, lerne ich eine Kommune kennen, in der Spades – schwarze »Brüder« aus dem »Black House« –, friedliche Hippies, harmlose Junkies und ausgeflippte Gestalten aller Art hausen oder aus und ein gehen, wo dauernd Räucherstäbchen brennen und die Beleuchtung ein wenig hilflos psychedelische Zustände zu bewirken sucht. Im Untergeschoß wohnt ein schöner blonder Hell's Angel mit dem poetischen Namen Bob Wildchild, nachts vielleicht ein Schrecken der Bürger auf seiner knallenden Harley Davidson, untertags freundlich und auskunftswillig gegenüber der Besucherin. Weshalb er auf der schwarzen Lederjacke neben allen möglichen anderen Emblemen auch so viele Hakenkreuze trage? Sein Gesicht wird ernst, er runzelt die Stirn und denkt nach. »Ich stell mir vor«, sagt er dann zögernd, »die bedeuten so etwas wie Macht.«

Manche der Einwohner dieser Kommune haben Schwierigkeiten, mit Problemen aus der Kindheit und Pubertät zurechtzukommen. Da sind denn zwei einsichtsvolle Psychiater aufgetaucht, die Abhilfe zu schaffen vermögen. Der eine, Ronald D. Laing, ein dunkler, nervöser Mann, erklärt in seinem Buch *Das geteilte Selbst* die »ontologische Unsicherheit« als ganz natürlich, denn im Grunde sei die Gesellschaft krank und der Neurotiker, weil im Besitz der wahren Erkenntnis der Wirklichkeit, gesund. Laings Freund David Cooper, von gewaltiger Statur, rothaarig, rotbärtig, vertrauenserweckend heiter, hat in seinem Hauptwerk *Der Tod der Familie* die Wurzel allen Übels bei den unzulänglichen und übermächtigen Eltern entdeckt. Wenn Mütter bereit sind, für seine Therapiestunden Schecks auf fünfzig Pfund auszustellen, sieht er ihnen ihre Verfehlungen nach und erkennt sie als Ausnahmen an.

Ich versuche in der Kommune auch einmal, mit den Einwohnern und Besuchern im Kreis hockend, eine Haschisch-Friedenspfeife zu rauchen, doch mein phantasieloses Gehirn verweigert sich jeglichem Rausch. Mitgerissen bin ich indes zu Ende der Sixties von einem Rockkonzert, vor einer halben Million Zuhörern, im Hyde Park. Umringt von meinen Nachkommen, deren Ehegatten und Freunden, sitze ich im Gras und lausche selig dem zuckenden, rhythmisch betörenden Lärm, der von weit, weit weg, wo auf einem Podium hauteng bekleidete Figuren mit langen Kabelmikrophonen umhergeistern, durch Lautsprecher an die unübersehbare, durch und durch gutwillige Menge dringt. Ein Erlebnis, an dem teilgehabt zu haben ich nicht missen möchte, selbst wenn es dem eines Philharmonischen Konzertes Sonntag vormittag im goldenen Saal des Wiener Musikvereins diametral entgegengesetzt scheint. Auch den bürgerlichen Freuden Londons und Oxfords bin ich gleichwohl hingegeben.

Nun steige ich in dem mir liebsten Umkreis ab: in Dodos hübschem Häuschen in Fulham, das sie seit der Trennung von ihrem Mann und dem Auszug aus dem Pembroke Square in Kensington bewohnt; bei ihrem Jugendfreund Patrick, Lord B., in seiner Junggesellenwohnung in Holland Park; bei der nun verwitweten Bettina Ehrlich in der Palace Gardens Terrace unweit unseres Broadwalk Court am Notting Hill; oder in einem der kleinen Hotels in Lexham Gardens, nahe der Marloes Road, in der Peter und ich vor mehr als dreißig Jahren geheiratet haben. Patrick führt mich zum Mittagessen oder Tee ins Oberhaus des Parlamentes aus, ich darf dann auch ein wenig in den Sitzungssaal und den Reden der »edlen« oder »gelehrten« oder »hochwürdigen« Lords beiwohnen. In Oxford besuche ich Dodos Tochter, die einen Dozenten der Germanistik und Kafkaforscher geheiratet hat, und wandle mit beiden entlang des von Glockenblumen gesäumten Themse-Ufers am Ende des Magdalen College. Hier ist die Tradition noch intakt, vielleicht weil Studenten, die verführt sind von den Lehren des falschen Propheten William S. Burroughs oder von dem Geist der 68er auf dem Festland, sich lieber schweigend aus der Universität entfernen, statt den Versuch zu machen, sie zu revolutionieren. Für oder gegen sie Partei zu ergreifen, liegt mir fern. Und schließlich trete ich immer wieder in die tröstliche Atmosphäre des Glebe House ein, wo unter Mahagoni-Möbeln und Kristallornamenten, umgeben von den Bildnissen venerabler und hingeschiedener Mitglieder wie Henry Nevinson oder Hermon Ould, behütet allezeit von Henriettas großem Kinderporträt, die Vertreter der Internationalen P.E.N.-Zentren tagen und tafeln – linientreue Kommunisten aus Bulgarien und der DDR, schwankende und scheinheilige aus Ungarn, liberale Hitzköpfe aus Holland, elegante Rhetoriker und liebenswert gefräßige Romanciers aus Frankreich –, bis 1977 akuter Geldmangel die Londoner Gastgeber zum Verlassen ihrer schönen, aber nur für befristete Zeit von Henrietta ererbten Heimstatt zwingt.

Diese Atmosphäre, dieses Gemeinschaftsgefühl suche ich denn in Wien beim P.E.N. und glaube, sie in der reizend unordentlichen Wohnung von Erika Hanel zu finden, wo man sich zu jener Zeit zwanglos und formlos, voll jovialer Heiterkeit, aus öffentlichem oder privatem Anlaß trifft. Auch hier, in dem einzigen Vereinslokal, tauchen *confrères* aus anderen Ländern auf, so eines Tages James Baldwin, dessen Stück *Blues für Mr. Charlie* am Volkstheater erstaufgeführt wird. Auf Erikas Bitte fahre ich ihn und seinen türkischen Freund auf den Kahlenberg, um ihnen den Wienerwald und Blick auf die Stadt an der Donau zu zeigen, und erkläre zu ihrer Belustigung, daß von diesem Punkt aus 1683 jener Gegenangriff auf das Heer Kara Mustaphas erfolgt ist, der die wilden Osmanen für immer aus Mitteleuropa vertrieb. Nie vergesse ich Baldwins aufleuchtenden Blick, als ich den kleinen unschönen Mann zum Abschied umarme. Im übrigen wohnt bei Erika seit 1956 ein ungarischer Emigrant, der seither bemüht ist, mit ihrer Hilfe das literarische Wien zu erobern, und es vierzig Jahre darauf tatsächlich zum Amt des österreichischen P.E.N. Präsidenten bringen wird. Doch Erika geht vor der Zeit dahin, und ich, unterstützt von ihrer treuen, nun mir loyal verbundenen Gehilfin, die noch dazu den Namen meiner Mutter trägt, werde in den nächsten sieben Jahren, in einem von uns gefundenen und eingerichteten Quartier, den Club verwalten.

1966 fliege ich mit dem Präsidenten Franz Theodor Csokor zu einem Kongreß nach New York – so sehr als Delegierte wie als des 81jährigen Betreuerin. Csokor, der ewige Vagant, ein Humanist mit kleinen Fehlern – doch andere finden sich ja nicht, sollen sie wirklich menschlich sein –, Csokor ist anregender, weltläufiger, auch unermüdlicher als so viele Jungvergreiste in seinem Verein. Bei unserem Zwischenaufenthalt in Paris besteht er darauf, das *Quartier latin* mit mir zu durchstreifen, er übernachtet bei seinen Freunden Zuckerkandl und trabt dann fröhlich zum Flug nach Amerika. »Alter Wolf, trabe, trabe!« – dies sein bestes, ihn selbst am besten schilderndes Gedicht. In New York, das er zum ersten Mal sieht, fühlt er sich sogleich zuhause und reizt mich mit unsinnigen Vergleichen, etwa, daß die Achte Avenue ein genaues Gegenstück der Wiener Praterstraße sei. Er versammelt alle seine Freunde um sich, Otto Weiningers Bruder Richard, der es in genauem Kontrast zu dem genialen Neurotiker zum schwer begüterten Geschäftsmann und Reeder mit einem Büro in der Madison Avenue gebracht hat; Hertha Pauli, Freundin Ödön von Horváths, eine rotblonde, agile, warmherzige Person; schließlich Friederike Maria Zweig, Stefans ein wenig betuliche, ein wenig abgeschmackte, aber seelensgute erste Frau, von der es heißt, sie habe bald nach der Ankunft in New York bei einem Abendessen für illustre Gäste den Eßtisch sinnig mit *poison ivy* geschmückt.

New York denn wieder, nach so langer Zeit, ohne Hansi – ja, der meisten Emigranten, die ich vor vierzehn Jahren dort getroffen hatte, durch Tod oder Abwanderung beraubt. Erquickend, aufmunternd, Lebensmut einflößend desto mehr, trotz all der wilden Armut in den Elendsvierteln das Inbild trotzigster Himmelstürmerei. Auf dem Kongreß präsidiert Arthur Miller, viele große Lateinamerikaner, darunter Pablo Neruda, sind angereist, auch ich habe meinen kleinen Auftritt mit einem Plädoyer für den Schriftsteller als »daring young man on the flying trapeze«, der »den Salto mortale des Die-Dinge-zu-Ende-Denkens vollführt – selbst bis zur Absurdität«. Sartre und Koestler, sage ich, hätten sich dieser Aufgabe in den letzten zwei Jahrzehnten brillant unterzogen und uns allen dadurch viele gefährliche, ja falsche Gedankengänge erspart. Heute bin ich längst für das Ende solcher Narrenfreiheit. Damals hörte man sich's wohlwollend an, und der *Aufbau* druckte den Wortlaut, sonst wüßte ich ihn nicht mehr. Wider Willen werde ich noch dazu genötigt, mich John Updike und Saul Bellow als Interviewerin zu nähern, denn den Literaturchef des Hessischen Rundfunks, der die Gespräche führen wollte, hat plötzlich der Mut verlassen, und er drückt mir, einer zufällig Dabeistehenden, schlichtweg das Mikrophon in die Hand und schiebt mich den Herren zu.

Der Kongreß ist aus, die »Familie« zerstreut sich, ich verlasse das Fifth Avenue Hotel und finde Unterschlupf in einem Zimmerchen des Österreichischen Kulturinstituts, das mir als Stützpunkt dient, von dem aus ich die Insel Nantucket, New England, Boston und die kleine Universitätsstadt Cambridge aufsuchen kann. So wird einiges von dem nachgeholt, was mir 1952 versagt war. In Cambridge holt mich von einem Harvard-Professor und seiner Frau, die mich als Gast aufgenommen haben, Hertha Pauli ab und fährt mich mit dem Wagen nach New York zurück. Zum Tee sind wir, unterwegs, bei Arthur Miller auf seiner Farm in Roxbury eingeladen. Seine Frau ist nun die fabelhafte Fotografin Inge Morath, mir aus der ersten Nachkriegszeit in Wien gut bekannt, sie haben ein reizendes kleines Mädchen, die Monroe wird nicht erwähnt. Miller zeigt uns Erinnerungsstücke seiner Familie, die aus den östlichen Provinzen der Donaumonarchie stammt: Gruppenbilder seiner Vorfahren und deren Geschwister, Portraits, Dokumente verschiedenster Art: alles liebevoll gehütete Schätze, deren Fortbestand ihn mit Stolz und Freude erfüllt. Wie traurig, eines Tages hören zu müssen, daß sein Haus abgebrannt ist und all die Reliquien verlorengegangen sind.

In Wien findet langsam ein Generationswechsel der Freunde statt. Heimito, mit dem wir nach der Rückkehr dauernd zusammengesteckt sind – auf der Heimfahrt von einem Fest seines und meines Verlegers im Schloß Schleißheim haben wir uns zu viert, mit Dorothea Zeemann, in einer Art Treueschwur verbunden –, begeht im Herbst 1966 mit großem Pomp seinen siebzigsten Geburtstag und siecht bald darauf dahin. Im Januar haben wir ihn dann begraben. Und dort kam, am Ende des Leichenzugs, an dem

*Im P.E.N. Mit Johannes Urzidil und Frau. Torberg begrüßt (1968)*

auch Torberg teilgenommen hatte, Alexander Lernet auf
uns zu, um ihn und mich, angesichts der Nichtigkeit irdischen Gezänks, zur Versöhnung zu bewegen. Bis zum
neuerlichen und endgültigen Zerwürfnis sechs Jahre darauf
trat dann eine Art von Waffenruhe ein. Im Jahr zuvor hatte
Torberg ja das *Forum*, seiner bisherigen Geldgeber nach
und nach beraubt, an Günther Nenning abgegeben. Damit
hörten denn auch die kleinen Fußtritte und Nadelstiche
auf, denen ich, mein Name nach Karl Krausscher
Unmanier verballhornt als »Hulda Spitz«, immer wieder
ausgesetzt war. Nun wandte der Polemiker sich seinem erhofften Meisterwerk, dem Roman *Süßkind von Trimberg*
zu und führte, wenn es denn sein mußte, andernorts seine
Fehden. Ein unsicherer Friede, stets bedroht. Immerhin
ließ der wieder zum Feindfreund Gewordene mich eine
Weile lang ungestört im P.E.N. meine Linie verfolgen –
zumal ich ja auch aus innerer Überzeugung bei allen internationalen Treffen für die Sache des Westens eintrat und
heftig gegen die eisern stalinistische Bulgarin Leda Mileva

und deren ebenso fanatische, oder auch nur feige Gesellen aus anderen Volksrepubliken kämpfte, wo immer es um Meinungsfreiheit, um Vorstöße für bedrohte oder inhaftierte Dissidenten ging.

Meine auffällige Vereinsmeierei brachte es mit sich, daß ich in alle möglichen Jurys berufen wurde, auch in jene, die Anfang 1968 den »Förderungspreis« des Unterrichtsministeriums für die Sparte Roman vergab. Die Wahl unter hundert vorgelegten Prosawerken war keine leichte, doch schließlich hatten die Befürworter Thomas Bernhards, unterstützt von zwei konservativen, aber künstlerisch aufgeschlossenen Beamten des Ministeriums, diese erste österreichische Ehrung für den hier noch wenig bekannten Autor und sein Buch *Frost* durchgesetzt. Im folgenden März hat er sie dann erhalten, doch den amtierenden Minister durch eine existentielle Trauerrede so empört, daß dieser zornesrot ausrief: »Wir sind trotzdem stolze Österreicher« und den Audienzsaal türenschlagend in Richtung Nebenraum und Buffet verließ. Ihm folgte die gesamte, ebenso aufgebrachte Gilde der Wiener Dichter und Denker. Nur ein kleines Häuflein, darunter ein Ministerialrat, zu seinem Lobe sei's vermerkt, eilte zu dem Preisträger, der sich als »Aussätziger« fühlte, und bekannte sich zu ihm. Daß Bernhard in seinem Buch *Wittgensteins Neffe* allein diesen, Paul Wittgenstein, und seinen »Lebensmenschen« Hede an seiner Seite gesehen haben wollte, warf ich, die natürlich auch dabei gewesen war, ihm später vor. Dichtung und Leben, sagte er reuelos, deckten sich eben nicht. Ich hatte auch einen Brief an den Minister geschrieben und ihm die Rede zu erklären versucht, bekam aber keine Antwort. Immerhin begann damals meine Freundschaft mit Thomas Bernhard, las er auf meine Bitte wenige Wochen danach aus seinen Werken im P.E.N.

Medioker oder nicht – der Verein hatte seinen Nutzen. Als im August des vergangenen Jahres die russischen Panzer in Prag eingerollt waren, wandte sich die Botschaft eines befreundeten Nachbarlandes an uns und bat uns, eine größere Summe von ihr entgegenzunehmen und an nach Wien geflüchtete Schriftsteller zu verteilen. Es mußte so geheim geschehen, daß Ursprung und Verwendungszweck des Betrages nirgends aufscheinen sollten und dem Spender auch nicht weiter Rechenschaft gegeben werden durfte. Wir legten, meine treue Gehilfin und ich, ein Sonderkonto an und halfen dort sofort und angemessen, wo Not am Mann war und der Bittsteller sich als Autor ausweisen konnte. Als ich 1972 abserviert wurde, warf man uns vor, P.E.N.-Gelder unkontrolliert verausgabt, möglicherweise veruntreut zu haben. Im Herbst 1968 erschienen dann auch Exilanten aus Polen, wo Gomulka seine Judenhetze begonnen hatte. Mit Hilfe einer anderen westlichen Botschaft hatten sie zumindest ihre Dokumente, akademische Abgangszeugnisse und Doktordekrete, an uns geschickt, deren offizielle Ausfuhr ihnen die Behörden verweigert hatten. Auch ihnen kam zugute, was weniges von jener Spende noch übrig war.

Ich hatte in meinem Tatendrang ein »Aktionskomitee« aus etwa sieben oder acht Mitgliedern um die Vierzig gegründet, die abseits des verknöcherten Vorstandes ein wenig Leben in den Verein bringen sollten. Nahezu alle von ihnen sollten mir in den Rücken fallen, als die Parole dazu ausgegeben war. Einer sagte damals, von all den Schlangen, die ich an meinem Busen genährt hätte, sei er die einzige, die mich nicht gebissen hätte. Aber gemach: auch er biß eines Tages zu. Mit einem anderen initiierte ich die vermutlich nützlichste Tat, die im Rahmen des P.E.N. gesetzt werden sollte. Doch als die Pirsch gegen mich begann, sagte er sich, wenn auch unter Druck, gleichfalls von mir los. So lange die Euphorie anhielt, war ich froh, mich mit einer jungen Gruppe, unter der sich, ganz in der Tradition des Kaiserreichs, ein hier eingewanderter und ansässig gewordener Südslawe, ein Ungar und ein Deutschböhme befanden, zusammengeschlossen zu haben. Dennoch waren

es, so lange sie lebten, die großen oder auch nur der Größe
nahe gewesenen Alten, mit denen Flesch und ich am liebsten umgingen. Wir hatten uns mit Arthur Schnitzlers
Sohn Heini angefreundet, einem stillen feinen Mann, der
die Stücke seines Vaters so inszenierte, wie sie diesem vorgeschwebt hatten. Wir sahen häufig Fritz Kortner, er
sprach zu uns von seinen »Duzfeinden« im Burgtheater
und erklärte: »Es unheimelt mich an in Wien.« Und wenn
wir nach wie vor an den Samstagen zu Lernets Lever und
den anschließenden gemeinsamen Mahlzeiten im Michae-
ler-Beisl gingen, bei denen immer wieder irgendein bemerkenswerter Gast auftauchte – Julien Green mit seinem
Adoptivsohn Jourdan; der geschickte Erfinder seiner
selbst, Gregor von Rezzori; oder Figuren aus der Vorzeit
wie Eckart von Naso –, dann gehörte der Sonntag Ernst Fischer und seiner Frau Lou, die davor zwanzig Jahre mit
Hanns Eisler verheiratet gewesen war, ihnen und gleichfalls hinzustoßenden Bekannten beim Mittagessen in der
Gastwirtschaft Zur Schönen Aussicht auf meinem Heiligenstädter Pfarrplatz, jahrzehntelang ein Treffpunkt der
nettesten Leute in Wien.

Mit möglichster Knappheit, manchmal nur in Augen-
blicksbildern, will ich nun schildern, was sich in den nächsten Jahren begab. Wie ich nach Israel fuhr, wenige Monate
vor dem Sechstage-Krieg, und so das Land noch in seinen
ersten ärmlichen Grenzen kennenlernte, gleichsam in seiner Unschuldszeit. Und wie ich dann, als der Krieg ausge-
brochen war, auf Bitte eines ihrer Diplomaten an jedem
frühen Morgen in der israelischen Botschaft die auf englisch eintreffenden Meldungen vom Schauplatz ins Deutsche übersetzte und auch noch auf Matrizen schrieb, um sie
rasch an die österreichische Presse und Agenturen gelangen
zu lassen – all dies, während die vollmundigen Verfechter
des Zionismus sich noch in ihren Betten siehlten, Nachtar-
beiter in eigener Sache, die sie waren *in imitatio* ihres Ab-
gottes Kraus. Wie ich mich, diesmal durch Vermittlung

*Mit Lou und Ernst Fischer*

Ernst Fischers, zur Versöhnung bereitfand auch mit Canetti, und dieser eines Tages an unserem sonntäglichen Mittagstisch erschien, zu dem sich bereits Theodor W. Adorno eingefunden hatte. Wir saßen im Garten der Schönen Aussicht unter einem Kastanienbaum. Als in der folgenden Nacht ein Gewitter über Wien hinwegzog, schlug ein Blitz schnurstracks in den Baum und spaltete ihn bis an die Wurzel. Die geballte Eitelkeit der beiden Geisteshelden, so meinten wir danach, sei noch in der Luft gelegen und habe die Entladung des Himmels herbeigeführt.

An Ernst Fischer bewunderten wir den Ästheten und Interpreten, den kunstvollen Übersetzer Vergils und Baudelaires, den im kleinen Kreise wohltuend leisen, den klugen und schwärmerischen Freund. Längst bevor er zu einer Leitgestalt der Kafka-Renaissance in Liblice und dann des Prager Frühlings wurde, bevor er diesem den – alsbald von Dubček übernommenen – Begriff eines »Kommunismus mit menschlichem Antlitz« verlieh und nach dem Einmarsch der Russen voll Abscheu das Wort vom »Panzerkommunismus« prägte, wußten wir von seinem Abfall von der ganz und gar entarteten Ideologie. Über seine früheren Verirrungen wurde nicht gesprochen, er hat sie in seinen eigenen Memoiren eingestanden und zu erklären versucht.

Von dem rhetorischen Pathos, das er als Politiker so brillant zu entfachen verstand, haben wir ein Beispiel erlebt, als wir mit ihm und Lou zu einem der slowenischen Frühlingsfeste gefahren waren. Nahe von Hradinje, wo in einem kleinen Kirchlein das einzigartige Fresko eines mittelalterlichen Totentanzes erhalten ist, mitten im friedlichen Picknick des letzten Ausflugstages an einem Hügelabhang, erhob Ernst Fischer sich plötzlich und hielt eine zündende Rede, unerwartet, vielleicht sogar unpassend, aber überaus eindrucksvoll und denn auch bejubelt von Angehörigen der Linken, die nur noch so wenig vom Staatskommunismus hielten wie er.

Eine andere Momentaufnahme: der Bundeskanzler Klaus hat an einem Nachmittag alle erreichbaren Schriftsteller Österreichs ins Palais Dietrichstein eingeladen. Nie zuvor und nie nachher ein solcher Versuch, Politik und Kunst einander näherzubringen! Selbst aus Graz hat man, in einem Mietwagen, die jungen Rebellen Wolfgang Bauer und Alfred Kolleritsch herbeigeholt. Wir stehen im Vorraum des Prunksaals, als die schwere Eingangstür sich langsam öffnet. Durch sie tritt ein Page ein, mit allen Anzeichen äußerster Verlegenheit. Der Page trägt schwarze Kniehosen, weiße Strümpfe zu Schnallenschuhen, ein flatterndes weißes Hemd. Hamlet frisch aus Wittenberg. Es ist Ingeborg Bachmann, die sich, nachdem sie wenige Tage zuvor in mondänem Gewand mit römischem Gold schmuck den Großen Staatspreis für Literatur entgegengenommen hat, nun diese Verkleidung ausgesucht, aber Angst vor der eigenen Courage bekommen hat. Sie steht unschlüssig herum, bis man sie in den großen Saal an den Ehrentisch des Bundeskanzlers holt, wo bereits, mit nicht minder gequältem Gesicht, Thomas Bernhard sitzt, unweit von Franz Nabl, und ihm gegenüber, nun des Pagen Hände schüttelnd, die Dichterin Christine Lavant in einem knöchellangen, bedruckten Barchentkleid, eingemummt in ein Kopftuch aus dem gleichen Stoff, das ihre bäuerliche Herkunft noch demonstrativer betont. Zwei Jahre später wird auch sie den Großen Staatspreis erhalten. Thomas Bernhard nie.

Im Jahr nach seinem »Affront« gegen den Minister ist Bernhard wieder einmal für den Tag aus seinem Hof in Obernathal zu mir nach Sankt Wolfgang gekommen. Er trifft gewöhnlich gegen elf Uhr ein, wir gehen spazieren, essen gemeinsam auf der Terrasse, trinken nach der Mittagsruhe Tee, gegen Abend entfernt er sich wieder. Diesmal taucht zum Tee, durch das Eisentürchen zu seinem Park, Alexander Lernet auf, den ich im Ausland wähne. Auch er ist damals mit den anderen Leuchten der österreichischen Literatur aus dem Audienzsaal gestürmt, um den Preisträger in seiner Schande allein zu lassen. Aber warum hätte Lernet-Holenia, ein Dichter vom alten Schlag, den die Besorgnis um das mögliche Schwinden seiner Schaffens- und Manneskraft, den die Furcht, von den Spätergeborenen überholt zu werden, stets zu wilden Ausbrüchen gegen den Nachwuchs drängt – warum hätte er sich für diesen ihm unheimlichen, wiewohl von seinem Freund Zuckmayer geförderten jungen Menschen einsetzen sollen, dessen Rede auch ihn verstört hat, weil er den ganzen Kerl nicht versteht?

Hier trifft er nun bei uns auf einen gepflegten, ländlich gewandeten Besucher, in dem er Thomas Bernhard nicht erkennt – oder erkennen will. Wer der Besucher denn sei, erkundigt er sich. Wir beginnen zu lachen. »Nennen wir ihn einfach Rumpelstilzchen«, sage ich, und Lernet, Ungutes ahnend, aber selbst schrullig genug, um sich mit der Antwort zu begnügen, läßt sich mit Bernhard auf eine höfliche Unterhaltung ein. Man redet über die Leiden und Freuden des Landbesitzes, über böswillige Nachbarn und

streitsüchtige Anrainer, über die Vorzüge eines Gelände-
wagens, vor allem im Winter, in diesem gebirgigen Ter-
rain. Und so gut verstehen die beiden einander, daß keiner
Miene macht aufzubrechen, und beide sich gern auf ein
rasch bereitetes Nachtmahl einladen lassen, bei dem weiter
von Mostpressen, oberösterreichischer Verstocktheit, aber
auch von den erstaunlichen, in ihren Familien erblichen
Künsten hiesiger Schreiner und Schmiede gesprochen
wird. Nachdem Bernhard sich empfohlen hat, fragt Lernet, wer der angenehme Gast denn wirklich sei. Ich sage es
ihm. Er lächelt ungläubig. Oder nur verschmitzt?

Gedächtnissplitter: sie lassen sich nicht verdrängen. Wie
in Weidlingau bei Wien, ein paar Jahre nach Doderers Tod,
in Gegenwart seiner Freunde und Hinterbliebenen eine
Wohnsiedlung nach ihm benannt wird und der Würdenträ-
ger, der den Festakt eröffnet, auf mich zutritt mit den Worten: »Ich begrüße Sie als Vorkämpferin der europäischen
Literatur und ähnlicher Bestrebungen.« Weit ernster die
Erinnerung daran, wie der damals noch in Leningrad lebende Efim Etkind, zu einem Symposium in Wien, mit uns
für ein paar Tage über Ostern ins Salzkammergut fährt und
mich bittet, auf der Anhöhe über dem Traunsee kurz anzu-
halten. »Diesen Blick habe ich nie vergessen.« Wann er ihn
denn zum ersten Mal gesehen habe, fragen wir ihn. Er sei
1945 mit der roten Armee hier eingezogen, eben um diese
Jahreszeit, und habe die Schönheit der Landschaft fast
schmerzhaft empfunden. Dann habe er mit den Kameraden das Lager Ebensee befreit und könne auch dies nicht
mehr aus der Erinnerung tilgen. Auf seine Bitte halten wir
vor dem Lager, dessen Besuch wir uns bisher erspart haben, und gehen mit Etkind hinein. Er bemerkt trocken,
daß neben den Gedenksteinen für Franzosen, Holländer,
Griechen nirgends ein Mahnmal an die russischen Insassen
von Ebensee zu finden sei. Das sei aber auf Stalins Befehl
zurückzuführen, das Faktum russischer Gefangener einfach wegzuleugnen, indem man jeden Hinweis auf sie

*Mit W.H. Auden*

löscht. Wie hieß es bei Napoleon? »Die Garde stirbt, aber
sie ergibt sich nicht.« Die Heroen unserer Zeit sind unge-
rühmt in den Steinbrüchen von Ebensee zugrunde gegangen.

Schließlich das Erlebnis mit W.H. Auden – seinen engli-
schen Freunden, seinen Biographen bis heute unbekannt.
Auden hat sich in Kirchstetten, in einer für mich reizlosen
Umgebung, ein altes Bauernhaus gekauft, in dem er mit
Chester Kallman jeden Frühling und Sommer bis zu sei-
nem Tode verbringt. Seit 1966, als auch ihm in Wien ein
Preis verliehen wurde und ich die Laudatio hielt, treffen
wir einander ab und zu, vor allem während ich, neben an-
deren, eine Reihe seiner Gedichte für eine zweisprachige
Ausgabe übersetze, oder wenn er meine Hilfe in seinem
Ringen mit dem österreichischen Finanzamt braucht. Im
Mai 1971 sind wir mit ihm und Kallman sowie einigen an-
deren Paaren, darunter der Wiener Gerichtsmediziner
Wilhelm Holczabek mit seiner Frau, bei einem Grafen
Colloredo in einem dem Audenschen Hause nahen Schlöß-
chen eingeladen. Das Mittagessen ist vorbei, man begibt

sich in den Salon, um ein oder zwei Stunden behaglich zu plaudern. Doch der Mediziner, monomanisch auf sein Fach fixiert wie manch andere Koryphäe seines Schlages, reißt sogleich das Gespräch an sich und ödet die übrigen Gäste mit seinen Klagen darüber an, daß ihm und seinen Studenten keine Leichen mehr zur Verfügung ständen. Niemand vermache die seine der Anatomie, und gierig entzögen die Angehörigen ihre Toten dem Zugriff der Spitäler.

Auden wird immer unruhiger, seine Füße in den berühmten Filzpantoffeln scharren ungeduldig, plötzlich springt er auf und befiehlt: »Chester, we must go.« Der Hausherr, wir alle sind betrübt, doch schon sind beide dahin. Zwei Jahre darauf, nach einem Abend im Vortragssaal des Palais Palffy, an dem er den englischen Text, andere die deutschen Übertragungen seiner Gedichte lasen, ist Auden nachts im Hotel Altenburgerhof gestorben. Chester Kallman will ihn am nächsten Morgen tot aufgefunden haben – so hat er es den englischen Freunden, die zum Begräbnis kamen, erzählt. Doch Kallman war an jenem Abend gar nicht in der Vorlesung, sondern in der Oper gewesen, und hatte die Nacht in seiner eigenen kleinen Wiener Wohnung verbracht. Wahrscheinlicher ist der Ablauf, wie ich ihn damals hörte: Im Hotel entdeckte man Audens Tod, besaß nur seinen amerikanischen Paß und verständigte die Botschaft der Vereinigten Staaten. Dort wußte man nichts von ihm, und so wurde er, was auch Kallman bestätigt hat, da die Todesursache unsicher war, zur Autopsie gebracht. Und wer sonst als Professor Holczabek bemächtigte sich der Leiche?

Zum Ende denn der Euphorie: der ersten; denn eine zweite, wahrhaft existentielle, wurde am Ende dieser Dekaden noch grausamer zerstört. Daß es sich lohne, in Wien öffentlich zu wirken, daß man dies – gleichviel, ob aus schierer Wichtigtuerei oder nicht auch aus dem Drang, ein wenig zum Gemeinwohl beizutragen – unbeschadet tun könne, hatte ich wahrhaftig geglaubt. Nach dem Tode unseres guten Csokor Anfang 1969 war mein Name unter seinen möglichen Nachfolgern im P.E.N. gefallen, aber ich schlug trotz seines unberechenbaren Naturells sogleich Lernet vor: damals immer noch der bedeutendste lebende Repräsentant der österreichischen Literatur. Ihm war es recht, mich weiter schalten und walten zu lassen; die Geschäfte und Aufgaben des Vereins interessierten ihn wenig, und wenn man ihm nicht eben die Aufnahme des völkischen Schriftstellers Gustl Kernmayr ausreden mußte, ging es im allgemeinen gut.

Um die damals wieder einmal heftig umstrittene Frage einer von der deutschen gesonderten österreichischen Literatur, für die ich mich einsetzte, amikabel zu besprechen, lud ich schon im Januar des nächsten Jahres eine Gruppe von Schriftstellern der Bundesrepublik nach Wien, darunter Kästner und Kesten, Härtling und Horst Krüger, Ingeborg Drewitz und Thilo Koch. Sie kamen bei herrlichem Winterwetter an, wurden fêtiert, diskutierten mehrmals leidenschaftlich und, natürlich, ohne einig zu werden, für und gegen einen Eigenbestand unserer Dichtung, stapften fröhlich durch den knirschenden Schnee nach Döbling zu Adrienne Thomas, die eine größere Anzahl uniformierter und hochdekorierter Bundesheer-Offiziere, Freunde ihres verstorbenen Mannes, des einstigen Verteidigungsministers und Generals im Spanienkrieg Julius Deutsch zum Tee mit den darob fassungslosen Deutschen geladen hatte, und stiegen die flachen »Kaiserstufen« hinauf zu Lernets Appartement in der Hofburg, das ihnen mit seinem zum Großteil von der Hofmobilienverwaltung entliehenen Mobiliar noch einen Hauch imperialer Vergangenheit zu vermitteln schien.

Das Aktionskomitee, meine »Jungtürken«, wie ich sie nannte, hatte mitgeholfen, und aus seiner Mitte, von unserem Budapester Serben Milo Dor, kam im Herbst 1970 der Vorschlag, sich mit den Bemühungen in der Bundesrepublik um die Rechte freischaffender Autoren zu befassen, vielleicht auch bei uns mit solchen zu beginnen. Phantasievoll, aber ein wenig träge, will Milo vorerst noch nicht tätig sein, redet mir aber zu, an dem im November in Stuttgart stattfindenden Schriftstellerkongreß teilzunehmen, der Heinrich Bölls Aufruf zu einem »Ende der Bescheidenheit« Folge leisten will. Beschwingt von den drei Tagen, an denen Bölls zweite Forderung nach »Einigkeit der Einzelgänger« erfüllt wird, kehre ich zurück und beginne mit den Vorbereitungen zu einer ersten »Enquête«.

Mitte Januar wird intern die Gründung einer noch als »Aktionsgemeinschaft« bezeichneten Organisation beschlossen, in den letzten Tagen des Monats findet sich, im Beisein der Vertreter so ziemlich aller Schriftsteller in Österreich, neben Bruno Kreisky und Christian Broda eine Reihe von Politikern ein, um sich unsere Wünsche anzuhören, aus Deutschland ist zu unserer Unterstützung Reinhard Baumgart angereist. Im März erscheinen bei einer zweiten öffentlichen Enquête, zu der Dieter Lattmann uns Hilfe leistet, nun schon vor etwa achtzig Zuhörern Repräsentanten sämtlicher Medien in unserem Versammlungssaal im »Concordia«-Haus. Der Chefredakteur der *Presse* nennt mich, die ich unter all den Männern den Vorsitz führe, die »Pasionaria der Wiener Schriftsteller«. Ende Juni 1971 wird die »Interessengemeinschaft österreichischer Autoren« legal konstituiert, werde ich Präsidentin, wird Milo Dor Vizepräsident.

In den kommenden eineinhalb Jahren verdoppelt sich womöglich noch mein Arbeitspensum. Vorsprachen im Parlament, im Finanz-, Unterrichts- und Justizministerium, ständige Sitzungen, um alle widersprüchlichen Fraktionen in dem Dachverband zu einen, Kummer mit Anwälten, Ärger mit Pedanten, Hindernisse, Rückschläge aller Art. Zwischendurch gilt es, das von Ludwig Wittgenstein für seine Schwester erbaute Haus vor dem Abriß durch einen Bauspekulanten zu bewahren, auch der P.E.N. wird gebeten, sich an den Rettungsbemühungen zu beteiligen, die von einer Reihe von Architekten, an ihrer Spitze Bernhard Leitner, in die Wege geleitet worden sind. An einem Nachmittag erscheint vor Ort die zuständige Ministerin, zu dumm und zu eigensinnig für ihr Amt und daher die Urheberin fataler Entscheidungen, die noch heute den Museums- und Universitätsbetrieb belasten, und pflanzt sich verächtlich vor dem seiner Baumkulisse bereits beraubten Kunstwerk auf. »Na ja, als Philosoph«, so ihre Worte, »mag der Wittgenstein ja einiges gegolten haben, aber als Architekt, nein, das werdets ihr mir nicht einreden.« Die Vertreterin des Bundesdenkmalamtes, Gertrude Lipp, bittet die Frau Minister mit bewundernswerter Geduld, sich wenigstens das Innere des Gebäudes freundlichst betrachten zu wollen. Immer noch kopfschüttelnd, verläßt diese dann das Haus und bedeutet uns, die wir in stummer Wut draußen gewartet haben, mit hoheitsvoller Miene, die der kleinen Person etwas Komisches verleiht, sie werde die Angelegenheit prüfen. Nicht der Staat hat schließlich das Wittgensteinhaus gekauft, sondern die bulgarische Botschaft, die ihr Kulturinstitut dort einrichtet. Auch dies eine »Wiener Comedi«, wie es im Rosenkavalier heißt.

Ein erster Erfolg der Interessengemeinschaft, der einzige während meiner Ära, aber kein geringer, wird erzielt: für freie Schriftsteller wird die Entrichtung einer Mehrwertsteuer aufgehoben. Bis heute beharrt Hans Weigel darauf, daß dies erreicht zu haben die raison d'être meines gesamten Lebens sei. Gleichviel, überlastet bis zum physischen Ruin, der sich mehr denn je in nervösen Herzanfällen anzeigt, gebe ich im Dezember dieses Jahres das Generalsekretariat des P.E.N. an Dorothea Zeemann ab, behalte aber meinen Sitz im Vorstand. In Dublin haben wir Heinrich Böll zum Internationalen Präsidenten des P.E.N. gewählt, und da dieser sich in erhöhtem Maß dem »Writers in Prison«-Komitee zuwendet, in dessen innersten Kreis man mich aufgenommen hat, werde ich im kommenden Jahr immer öfter in die Nähe dieses großen und guten Mannes gelangen. Jedoch: daheim beginnt's zu brodeln. Im Juni hat Robert Jungk, Atomgegner und Bekämpfer aller Kriege, zur Zeit dessen in Vietnam, an einer Demonstration gegen den in Salzburg zwischenlandenden Richard Nixon teilgenommen und ist von der Prügelpolizei übel zugerichtet worden. Im P.E.N. wollen Carry Hauser, Dora und ich eine Solidaritätserklärung für ihn zustandebringen. Doch der Feindfreund wehrt sich dagegen hinter der Szene, und schon wird einer der Jungtürken zu seinem Werkzeug und erklärt sich gegen den Beschluß. Auch gegen Heinrich Böll, dessen Bitte um »Gnade für Ulrike Meinhof« so gründlich mißverstanden wurde und diesen friedfertigsten aller Christenmenschen zum Freund des Terrors und der Gewalt stempeln soll, murrt der vergreiste Vorstand, kaum weniger aber das von Zauderern und Angsthasen durchsetzte Aktionskomitee. Im September rollt Torberg nun in einer Sitzung persönlich die Sache Jungk noch einmal auf und macht mir selbst den flauen Kompromiß, den wir damals durchgesetzt haben, zum bitteren Vorwurf.

Der letzte Abschnitt beginnt als Farce. Am 19. Oktober wird Böll der Nobelpreis zuerkannt. An diesem Tag feiern wir Alexander Lernets und meinen Geburtstag im P.E.N. Als wir danach, in größerer Runde, heiter beim Abendessen in unserem »Michaeler« sitzen, bringt jemand die Nachricht, Alexander habe schon am Vormittag, hinter jedermanns Rücken, aus Protest gegen Bölls Ehrung vom P.E.N. demissioniert. Mit bübischem Trotz sieht er mich an, als ich ihm sprachlos, verzweifelt über solche Absurdität, solche Heimtücke in die Augen blicke. Und nun brausen die Stürme in dem gar nicht mehr netten Kinderzimmer, in das ich mich begebe, mit dessen Kindern ich gespielt, dessen Regeln ich mich unterworfen habe. All die Verblendung dieser Jahre wird offenbar. Ein Kleinkrieg, voll niedriger Manöver, voller Heuchelei und Hinterlist hebt an.

Torberg hat beschlossen, den endgültigen Schlag gegen die Verteidigerin Jungks, die Anhängerin Bölls, die seit der Jugend lästige Widersacherin zu führen. Seine Strategie ist brillant. Gegen meine Kandidatur für die Präsidentschaft, auf die ich mich, um meine langgehegten Pläne für eine Verjüngung des Vereins zu retten, unsinnigerweise eingelassen habe, führt er einen Anwärter ins Feld, der in derselben Freimaurerloge nicht nur mit den rührigsten meiner Jungtürken, sondern auch mit dem Unterrichtsminister Sinowatz sitzt. Alle »Brüder« werden vergattert. Der Männerbund taktiert mit gewohntem Geschick. Sein Kandidat siegt, der Minister schickt dem neuen Präsidenten ein Glückwunschtelegramm und verfünffacht die Jahressubvention des P.E.N. Clubs. Ich ziehe mich am Tag nach der verlorenen Wahl von allen Ehrenämtern in diesem Land, gewissermaßen aus seiner Öffentlichkeit zurück.

»Sie wissen nicht, was das heißt, in Wien und Österreich geistig leben zu wollen, vernehmbar sein zu wollen! Man dünkt sich in eine Polsterzelle gesperrt. Da drinnen mögen Sie sich heiser rufen, mögen Purzelbäume schlagen. Es dringt kein Laut hinaus . . . Diese Stadt ersäuft in der Banalität ihrer Gassenhauer . . . In dieser Stadt gibt es kein Bündnis im Geiste, nur Spießgesellentum zur Geltendmachung des Halben, Minderwertigen, Leichtsinnigen.« Dies schrieb Anton Wildgans im Februar 1918 an Kurt Wolff, und es mag als Nachwort gelten. Aber er schrieb auch: »Ein Abend in einem österreichischen Garten ist Zweck genug, ist Zeugnis genug, um den Zauber und den Fluch dieses Landes zu verstehen.« Den Zauber haben alle empfunden, unter dem Fluch haben alle gelitten, die sich, mit dem ersten sich nicht begnügend, dem zweiten ausgesetzt haben. Ohne dieses, von Friedrich Heer ein paar Jahre später wieder ausgegrabene Wildgans-Zitat zu kennen, machte ich den Entschluß, hier nur noch meinen Garten zu bestellen, zur Grundlage meines weiteren Verbleibens in Österreich.

# VIII.

# Die Passionen der Alten

Was soll denn wirklich, zumal in vorgerücktem Alter, dieser fragwürdige, von Machthunger nie ganz zu unterschei-
dende Dienst am »bien public«? Um wieviel lohnender –
ja, wie schön, wie unverzichtbar ist es doch, wann immer
ich in Sankt Wolfgang bin, nach Tisch auf meinem Balkon
eine Ruhepause zu halten, während das Haus am Bach
langsam in den Schatten gerät. Um halb drei wandert die
Sonne dahin, und wenn ich erwache, sehe ich sie durch die
hohen Baumkronen blitzen und langsam im Westen versinken, wo dann manchmal eine wunderbare Glut den
Himmel überzieht.

Ein Glücksgefühl sondergleichen! Aber auch die kurze,
meinen Pflichten abgerungene Stunde im Lernetschen
Bootshaus, allein nun, nach Alexanders Tod, in den späten
Siebzigerjahren, auf den grauen, morschen Brettern des
Steges zu liegen und dann in der kleinen Bucht, geschützt
vor den Motorbooten und Wasserskikünstlern, im kühlen
Wasser ein paar Runden zu ziehen. Wie behaglich, mit
meinem guten »Hausmann«, dem Herrn Hutterer – ein
Hausverwalter stände dem bescheidenen Anwesen nicht
zu –, bei einem Gläschen Schnaps in der Bauernstube die
nötigen Reparaturen und Pflanzungen zu besprechen, wie
angenehm, nicht selbst am Herd stehen zu müssen, wann
immer seine Frau Rosina, soweit sie nicht von der eigenen
Familie gebraucht wird, für uns die schmackhaftesten Pa-
latschinken mit Eierschwammerln oder Forellen aus der
Zucht ihres Sohnes kocht.

*Auf der Terrasse, Haus am Bach. Ehepaar Wellesz-Kessler
(l. u. r.), Jünglingin*

In Wien durch die Hauptallee des Praters zu fahren,
wenn – ach, ihr banalen Gassenhauer! – die Kastanien blü-
hen. An der Wand eines ganz stillen Heurigenlokals zu sitzen, am späten Nachmittag, unter nur wenigen Gästen,
vor uns ein Henkelglas mit Wein – nicht anders als ehedem,
mit einem etwas gebauchteren Glas Guinness, auf einer
Holzbank vor dem Pub »Hand in Hand«. Das mußte doch
reichen, das war doch schon der Lebensabend, den ich mir
mit Flesch gewünscht hatte. Auch die wenigen jüngeren,
nun muß man wohl Dichter sagen, die wir lieben und bewundern können, von Zeit zu Zeit zu sehen, Ilse Aichinger
im salzburgischen Großgmain, von wo ich, immer wieder
bezaubert von ihrer Sanftmut, ja Engelhaftigkeit, gleichsam erhoben heimfahre wie nach einem Kirchenbesuch.
Daß Thomas Bernhard in jener Zeit, bevor er ganz zum
Einsiedler geworden ist, oft unerwartet anruft oder plötzlich auf der Terrasse steht, daß er, wenn man ihm zufällig in
der Inneren Stadt begegnet, am selben Tag noch für viele

Stunden in die Cottagegasse kommt. Oder auch, bei einer ihrer Erkundungsreisen, ob sie doch wieder in Wien leben könne, mit Ingeborg Bachmann im »Schanigarten« eines Ringcafés Eis zu essen und das Für und Wider, jenen Zauber und jenen Fluch, mit ihr so zwischen Scherz und Ernst, wie es ihre Art ist, zu besprechen. Aber Inge fällt einem der gräßlichsten aller Tode zum Opfer. Und hat doch erst einige Wochen vor der Nacht, in der ihr Martyrium begann, eine ganze Stunde lang mit mir telefoniert und mir erzählt, wie wenig sie es erwarten kann, dieses ihr nun verhaßte Rom zu verlassen, wie sie sich auf die Wohnung freut, die in Wien für sie bereitsteht, und dann als erstes von mir die Adresse meines Steuerberaters wissen wollen – so genau plant sie schon ihre Wiederkehr.

Nicht, um mich mit ihnen zu schmücken, nein, weil ich diese drei als Trost für die Untreue der auch noch minderbegabten Jungtürken empfand, mehr noch, als Erfüllung dessen, was ich mir immer von einem heutigen Österreich erhofft hatte, nicht nur an Talent oder gar Genie, sondern ebenso an Anstand, an moralischer Kompromißlosigkeit: deshalb erwähne ich sie hier. Gewiß gab es auch unberühmte Freunde, gemütlich und sogar musisch, mit denen wir nach den Enttäuschungen des vergangenen Jahres gern zusammentrafen. Nichts Drastisches war geschehen; nur aus der Liebe zu jenen, die hier das kulturelle, das gesellschaftliche, das politische Leben bestimmten, war ich gefallen. Und was noch fehlte zu jenem Lebensabend, der uns vorschwebte, nämlich Ruhe, das hätten wir haben können, doch wir brachten es selbst nicht auf.

Es lag vor allem daran, daß ich, getrieben von den Furien der Pflicht, der Existenzangst, aber auch eines unverminderten Tatendranges, meine Arbeit nicht einschränkte – die Berichte, die Feuilletons, die Essays, die Übersetzungen, die Beiträge zu oder gar Herausgabe von deutschen oder englischen Anthologien. Daß ich, nachdem die Last der Vereinsmeierei im Lande von mir genommen war, noch jahrelang meine Fälle im Komitee für die gefangenen Schriftsteller weiter betreute. Daß ich, als Mitglied des deutschen und des englischen P.E.N., nach wie vor zu internationalen Tagungen fuhr, dann auch noch zu jenen der Darmstädter Akademie, die mich aufgenommen hatte, und mich in Jurys wählen ließ, in die des Berliner Theatertreffens oder des Klagenfurter Bachmann-Preises: immer anstrengender, ja aufreibender das alles für eine doch unübersehbar alternde Frau.

Ich war 59 gewesen, Flesch eben 76, als wir mitten in den fieberhaften Wochen der ersten Enquêten, im Februar 1971, in Sankt Wolfgang Hochzeit hielten. Nun erst hörten wir auf, uns mit Sie anzureden, wie wir es in allen Lebenslagen getan hatten. Immerhin währte diese späte Ehe noch ein ganzes Jahrzehnt. Wie es dazu kam? Peter hat, nachdem er nie etwas davon wissen wollte, vor einiger Zeit selbst die Scheidung von mir verlangt, er hat sich einer Enkelin des Verlegers S. Fischer verbunden und will sie heiraten, was mich glücklich macht, mir jedes weitere Schuldgefühl erspart. Nun besteht Flesch auf der Wolfganger Zeremonie, die wir mit ein wenig heiterer Ironie, aber doch nicht ganz ohne innere Bewegung vollziehen. Peter ist indessen nach München übersiedelt, auch er hat einen Schlußstrich unter seine englische Existenz gemacht und wird endlich zu dem gelangen, was ihm vorbestimmt und von ihm vermutlich immer ersehnt war: zu »deutscher Repräsentanz«. Und kaum hat er sich in einem hübschen kleinen Mietshaus am Herzogpark eingerichtet, beginnen unsere Beziehungen sich auch schon zu verbessern. Sie werden immer enger, ja inniger werden in jenen zwölf Jahren, die ihm noch vergönnt sind. Doch erst hat er einen der furchtbarsten Schicksalsschläge seines Lebens zu überwinden. Wenige Wochen, bevor Gaby und er die Ehe schließen wollen, kommt sie, die ihm die liebste, anregendste, vor allem eine geistig ebenbürtige Gefährtin seines Alters hätte werden können, in einem Autounfall um.

Auch unsere Kinder, beide schon wieder geschieden, geben zu jener Zeit dann und wann Anlaß zu Besorgnis. Es ist mir eine große Hilfe, daß ich nun wieder gemeinsam mit Peter ihre Probleme besprechen kann. Am 30. März 1971 wird der Sohn in Nordirland verhaftet. Er ist im Auftrag des deutschen Magazins *Twen* nach Belfast geflogen, um »über das Alltagsleben der Einwohner in den katholischen Armenvierteln der Stadt zu berichten« – so hat er es später in der Zürcher *Weltwoche* erklärt. Da aber die Mehrzahl dieser Leute zumindest passiv die illegale Geheimarmee der IRA unterstützt habe, sei er bald auch mit Aktivisten unter den Widerstandskämpfern in Verbindung gekommen. »Von übereifriger Neugierde dazu verführt«, sei er dann in ihre Mitte geraten, als ein Brandbombenanschlag auf die Universität verübt wurde. Die Universität war »Queen's«, die Zeit um Mitternacht, und als die Polizei erschien und einige andere bereits geflüchtet waren, nahm man, zugleich mit dem bewaffneten und wohlbekannten Rebellen James McCann, einen amerikanischen Fotografen und den Reporter des *Twen* – zwei unschuldige, von der Absicht der Brandstifter nicht im voraus unterrichtete Zuschauer – fest. Auf dem Polizeirevier wurde der Sohn 36 Stunden lang verhört und über Kontaktleute und deren Adressen ausgefragt. »Die IRA«, so schrieb er Monate darauf in der *Weltwoche*, »hegt wenig Verständnis für Denunzianten und pflegt sie zumeist durch Genickschuß unschädlich zu machen. Es war also nicht nur die berufliche Schweigepflicht, sondern auch berechtigte Todesangst, die mich dazu veranlaßte, meine Aussage zu verweigern.« Die Kriminalbeamten hatten ihm freilich gesagt, daß er die Stadt ohnehin nicht lebendig verlassen werde. Falls er auf seinem Schweigen beharre, würden sie ihn in den Ruf eines Denunzianten bringen und ihn dann in einem Rebellenviertel aussetzen. Physisch mißhandelt wurde er nicht.

Diese Einzelheiten sind uns zunächst nicht bekannt. Wohl aber, daß der Sohn längere Zeit in Untersuchungshaft verbringen und ohne einen tüchtigen Strafverteidiger einer langjährigen Gefängnisstrafe kaum entgehen wird. Er sitzt im berüchtigten Crumlin Jail, und vorerst darf man ihn nicht besuchen. Wir finden eine Anwaltskanzlei, die den Fall übernimmt, doch sie gehört dem katholischen Teil der Bevölkerung an, was ihre Aussichten auf Erfolg bei einem protestantischen Gericht nicht verbessert. Und wieder ist es unser P.E.N., unsere große Familie, die uns zu Hilfe kommt. Bei unserem nächsten Treffen in Bled erklärt sich der internationale Schatzmeister, Peter Elstob, sogleich bereit, der Gerichtsverhandlung beizuwohnen. Aber wichtiger noch: die Präsidentin des Belfast-Zentrums, Jeanne Foster-Cooper, rät uns, augenblicklich den Anwalt zu wechseln und eine protestantische Kanzlei mit der Verteidigung des Sohnes zu betreuen. Sie empfiehlt uns den Strafverteidiger Desmond Boal, Q.C. (Queen's Counsel), der ein Freund des Anführers der protestantischen Aktivisten, des Reverend Ian Paisley, und überdies der größte Rhetoriker in Nordirland sei. Er, und nur er, könne den Sohn vor einem harten Urteil bewahren.

Zwei Wochen vor der Gerichtsverhandlung übernimmt die neue Kanzlei den Fall. Einen Tag zuvor ist James McCann unter spektakulären Umständen aus dem Crumlin Jail entflohen – eine Hürde weniger für seine Mitangeklagten. Am 30. Juni fliege ich mit unserer Tochter nach Belfast. Und dies ist, unter der Schlagzeile »Mother flies from Austria for QUB case« im Belfast Telegraph zu lesen: »A German woman flew to Belfast today to attend the trial of her son, who is accused of arson at Queen's University. Dr. Hilde Spiel took her seat in the public gallery at the Courthouse after the lunchtime adjournment. She had flown from Australia early this morning.« Ganz ohne Australien geht es eben doch nicht ab. Und dann entwickelt sich eines der größten Dramen meines Lebens.

Den Sohn und seinen amerikanischen Mithäftling Joe Stevens hat man durch den unterirdischen Gang vom

Crumlin-Gefängnis jenseits der Crumlin Road in das gegenüberliegende Gerichtsgebäude gebracht. Dort steht er
nun im »dock«, einem erhöhten kreisrunden Zwinger, umgeben von Polizisten, mitten im Saal uns entrückt, während das Verfahren vor sich geht. Nach den Zeugenaussa-
gen und der Rede des Staatsanwalts tritt Boal ans Pult und
entwickelt eine forensische und verbale Brillanz, die uns
den Atem nimmt. Hinge nicht das Schicksal des Sohnes,
des Bruders davon ab, wir würden ihn bewundern wie in
einem perfekten Kriminalfilm. Unerträglich die Spannung,
bis nach eineinhalb Stunden Wartezeit die Jury zurückkehrt und der Richter das Urteil verkündet. Unbeschreib-
lich der Augenblick, in dem ein Türchen im Dock sich öffnet und der Sohn aus ihm heraustritt – ein freier Mann. Unvergeßlich die wenigen Tage, die wir noch in Belfast verbringen, wo es hell bleibt bis Mitternacht und eine unheim-
liche Stille herrscht vor dem erwarteten Sturm. »Sehen Sie
zu, daß er schleunigst abreist«, hatte Boal mir am Schluß
gesagt, »das wird ein heißer Sommer.« Und in der Tat beginnt alsbald die neue Welle des Bürgerkrieges zwischen
Protestanten und Katholiken in Ulster, beginnt die Serie
des IRA-Terrors, die bis heute nicht mehr abgerissen ist.

Auch in Wien und St. Wolfgang aber fangen nun gewisse
Verdüsterungen an. Flesch wird zunehmend launischer,
zänkischer. Er ekelt eine Haushälterin nach der anderen
hinaus. Zugleich fällt es mir immer schwerer, meine Aufgaben zu erfüllen. In der Zeitung weht ein neuer Wind; neben den übrigen Kulturberichten muß ich jetzt, was mir
freilich viel mehr Freude macht, mehr und längere Beiträge
zum Literaturteil liefern. Gleichwohl wird weiter von mir
erwartet, daß ich am Tag nach einer Premiere morgens um
sechs aufstehe, eine Rezension verfasse und sie dann zwei
bis drei Stunden lang durchtelefoniere. Danach noch ein
Essen zu bereiten, wenn wieder einmal keine Hilfe im
Haus ist, erschöpft mich bis fast zum Herzanfall. Auch die
Übersetzungen häufen sich. Überdies hat, ganz im Gegen-

*Dorli (gest. Mai 1990)*

satz zu Charlotte Bühlers Theorie, daß im Alter viele
Zweige des Lebensbaumes absterben, der meine sich in den
Siebzigerjahren in steigendem Maß verästelt. Der Sohn ist
von einer zweijährigen Nahostreise, die er bald nach Belfast angetreten hat, mit einer neuen Frau und einem kleinen
Buben, meinem ersten Enkel, zurückgekehrt und wird
seßhaft in Wien. Zuvor hat er uns im Flugzeug einen lö-
wengelben Wüstenhund geschickt, der ihm als kleines
»puppy« in Jerusalem zugelaufen war – unsere schöne
Dorli, bis 1990 am Leben und zwischendurch Gegenstand
vieler Liebeserklärungen in literarischer Form. Eine kleine
Enkelin wird geboren. Manchmal sind wir an Festtagen in
Sankt Wolfgang neun Leute im Haus, und mir wird, wenn
ich an der Reihe bin, der Küchendienst keineswegs erspart.

Gewiß: ich arbeite zuviel, ich reise zuviel. Aber ich versuche alles zu tun, um Flesch darunter nicht leiden zu

lassen. Ich nehme ihn, wo immer es möglich ist, auf die längeren Fahrten und Flüge mit. Er ist bei meinem zweiten Aufenthalt in Israel dabei, wir durchfahren gemeinsam das nun ausgedehntere Land, besuchen die Altstadt von Jerusalem und, damals noch gefahrlos, Jericho, Nablus, das ganze im Sechstagekrieg eroberte Gebiet. Nachdem ich Anfang 1976 eine große Lesetour zu zehn amerikanischen Universitäten gemacht habe – nach langem auch wieder in Taos, wo die alte Brett noch am Leben ist, und bis ins wildeste Montana, bei akademischen Freunden untergebracht im »Klapperschlangental« –, bringe ich Flesch im Jahr darauf zu seinem ersten und einzigen Besuch in die Vereinigten Staaten.

New York erschreckt ihn. Los Angeles, wo er einen Monat bei meiner Freundin Susi, der Witwe des Komponisten Zeisl, zu Gast ist, wird ihm rasch vertraut. Und an zwei Tagen mit mir in San Francisco – noch dazu im Fairmont Hotel, das in all seiner Pracht durch die Fernsehserie »Hotel« bekannt werden soll – gerät er in einen Glücksrausch. Er singt auf dem Vergnügungsdampfer, der uns bei strahlender Sonne durch die Bucht führt, aus voller Kehle »San Francisco, open your golden gate!« und behauptet, mir das letzte große Erlebnis seiner nun schon 82 Jahre verdankt zu haben. Aber andere stehen bevor. Im Vorjahr haben wir Bayreuth besucht und Chéreaus *Ring* gesehen, der Flesch, den alten Avantgardisten, begeistert. Noch dreimal mehr werden wir dem *Ring* und anderen Aufführungen an diesem magischen Ort beiwohnen, der ganz in des Meisters Manier neben den höchsten musikalischen auch gefährliche, ja böse Regungen zu erwecken vermag.

Und dann, in eben dem Sommer 1977, in dem wir in den Staaten waren und nachher wieder in Bayreuth gewesen sind, verliebt sich Flesch in eine um ein halbes Jahrhundert jüngere Person. Seine eigene Anziehungskraft auf die Generation der Enkel ist unleugbar. Der »vieillard terrible«, wie ich ihn nun manchmal nenne, beeindruckt die aufgeweckteren unter ihnen durch seinen Witz und originellen Verstand, seine scheinbar ungebrochene Vitalität – deren Erschütterungen der Öffentlichkeit verborgen bleiben –, durch seine immer hemmungsloser werdenden Beifalls- oder Mißfallens-Ausbrüche im Theater oder in der Oper. Nach einer Neueinstudierung von Wieland Wagners *Salome* durch dessen Witwe Gertrud, deren Kloaken-Ambiente halb Wien zu lautem Widerspruch reizt, schreit Flesch dem Buh-rufenden Chester Kallman »Kusch!« zu wie einem bellenden Hund. Er selbst brüllt »Schande!«, als in Wolfgang Bauers *Change* eine schwangere Frau mit Füßen getreten wird: die nicht unverständliche Reaktion eines Kavaliers aus dem 19. Jahrhundert. In Wien wartet man schon auf solche Exzesse, die keiner außer ihm wagt, während ich dann immer gezwungen bin, mich zumindest räumlich von ihm zu distanzieren.

Ende 1972 schon hat Flesch einen ersten Anfall von Aphasie erlitten. Lange wiederholt sich ein solcher nicht, doch sein stets hochgespanntes Sensorium hält Erschütterungen immer weniger aus. »Flesch, Sie sind ein maßloser Mensch«, hat ihm, oft zitiert, ein Berliner schon in der Jugend gesagt, und überhitzte Reaktionen auf private oder politische Katastrophen waren bei ihm stets zu erwarten. Nun stürzt er sich mit nahezu wahnwitzigem Ungestüm in seine neu erwachten Gefühle und mich in eine Verzweiflung, wie sie mir seit dem ersten Liebeskummer meines Lebens nicht mehr widerfahren ist. Es unterschätze niemand die Passionen alter, ja uralter Menschen! Flesch ist alsbald wahrhaft besessen von seiner Leidenschaft, kann in manischer Weise von nichts anderem mehr reden, und setzt sich immer rücksichtsloser über meine Leiden an dieser Lage hinweg.

Ohne eine bemühte kaltherzige Koketterie der geliebten Person, die seine Emotionen schürt und der Bedrohung seiner überreizten Nerven nicht achtet, wäre die Flamme vielleicht nach einer Weile wieder verlöscht. Doch sie wird ständig angefacht, all die Jahre hindurch bis zu seinem Tod, und was so lange, so lange ein Zusammenleben von einzigartiger Gleichgestimmtheit war, wird nun zur Hölle. In dem verblendeten Mann kommt ein Dämon zum Vorschein, den ich nie in ihm vermutet hätte, der mich täglich mehr peinigt, der mir keine Kränkung erspart. Doch wer kann einen Menschen verlassen, dessen Physis, bei zumeist noch hellwachem Geist, immer mehr verfällt, an dem man überdies hängt mit allen Fasern?

Unerklärlich bleibt, wie es zu einer solchen Bindung kommen kann. Daß Flesch mir in England die Heimat, meinen verstorbenen Vater, die fehlenden Geschwister oder Freunde ersetzt hat, daß wir in so vielen Dingen eines Sinnes waren, erhellt noch nicht ganz, weshalb ich mich nie mehr von ihm loszureißen vermag. Es liegt wohl doch an jener unbekannten Kraft, von der in den *Wahlverwandt-schaften* die Rede ist und die, man vergebe es mir, in der englischen Fassung »Elective affinities« vielleicht noch besser ausgedrückt ist. Ich bin denn gewillt, die Qualen dieses zu Ende gehenden Jahrzehnts durchzustehen; die Anfälle wahrer Geistesverwirrung, in denen Flesch auch vor Gewaltakten nicht zurückschreckt, machen immer wieder höchst luziden Phasen Platz, und nur allmählich steigern sich jene und verringern sich diese.

Es finden sich, der Reihe nach, einige polnische Damen, die als Krankenschwestern ausgebildet, aber bereit sind, halbtags die Hausarbeit und Sorge für Flesch zu übernehmen. Ich miete mir in Wien um die Ecke eine Garçonnière, in der ich zumindest vormittags in der Arbeit ungestört bin. So läßt sich die Existenz einigermaßen ertragen. Und langsam nehme ich hin, daß es hier eine zweite Euphorie zu begraben gilt, eine Lebenslüge, oder auch nur eine Wahrheit, die zur Unwahrheit geworden ist. In den Songs der *Dreigroschenoper*, die wir in der Jugend stets im Ohr hatten, wurden wir ja gewarnt: »Die Liebe dauert oder dauert nicht / an dem oder jenem Ort.«

Es gibt Tröstungen in diesen Jahren. Mir hilft die Zuneigung eines Salzburger Kunsthändlers und Mäzens, der mich mit Lithographien von Kokoschka, mit Zeichnungen von Wilhelm Thöny, mit einer Goldmünze von Manzù an einem Armband beschenkt und mich Dritten gegenüber als seinen »Herzensschatz« bezeichnet. Eine sehr galante, immer distante, immer diskrete Beziehung, die mein so schwer erschüttertes Selbstgefühl aufzurichten vermag. Mich erheitert der scherzhafte Heiratsantrag eines Paradiesvogels unter den Wiener Künstlern für den Fall, daß ich mich von Flesch trennen will. Vor allem aber stärkt mich die neuerliche Vertrautheit mit Peter, der eine Freundin hat, aber die alten ehelichen Bande wie selbstverständlich wiederherstellt, wann immer ich – um für das Theatertreffen eine Münchner Aufführung zu besuchen – bei ihm wohne. Erst als er, angesichts meiner ihm von anderen zugetragenen Situation in Wien, immer mehr auf meine Rückkehr zu ihm drängt, mir dann gar ein Ultimatum stellt, wird es wieder schwierig. Und schließlich stützt mich, aber belastet mich zugleich aus hier nicht näher zu erörternden Gründen, das Auftauchen eines zweiten jüngeren Wesens in unserem engsten Kreis: eines ebenso ungewöhnlichen wie hochbegabten Geschöpfes, das ich, wenn ich um eine Erwähnung nicht herumkomme, nach Trakls Schwester die »Jünglingin« nennen will.

Bei einem Symposium über eben jenen Trakl ist Flesch im März 1978 noch ein blendender Redner gewesen; im Januar darauf wirkt er bei einer Vorlesung aus seinem letzten Buch *Die Frumm* wie ausgebrannt. Gedächtnistrübungen, Sprachstörungen, Wahnideen sind Alarmzeichen, die er wohl selbst merkt, aber nicht beherrschen kann. In Bayreuth in diesem Sommer, wo wir nicht wie bisher in dem uns schon vertrauten Schloß Fantaisie, sondern in der gleichfalls schönen, ihm aber fremden Eremitage abgestiegen sind, wenden sich sogenannte Freunde von uns ab, weil der wirre alte Mann ihre Souperfreuden nach den Vorstellungen stört. Da gesellt sich, zu ihrem Ruhm sei's gesagt, die nach wie vor irisierende Joana Maria Gorvin mit ihrem Mann zu uns. Sie, die Jürgen Fehling in ähnlichen Nöten aufopfernd gepflegt hat, zeigt Verständnis auch für Fleschs zerrütteten Geist. Zerrüttet freilich nicht für immer. Im Herbst sagt ein berühmter Neurologe, derlei komme und gehe wieder, nichts sei dagegen zu tun, und in der Tat rafft Flesch sich wieder auf und extemporiert im kommenden Februar, an seinem 85. Geburtstag, eine Danksagung an seinen Laudator, die Bewunderung erregt.

Er ist entschlossen, dem Tod zu trotzen. Und eine Weile lang gelingt es ihm noch. Als seine Cousine Luiga in ihrem hundertsten Jahr in Baden-Baden stirbt, ruft er zornig: »Zu früh!« Er überlebt meinen Salzburger Kavalier, er überlebt meinen Feindfreund, dessen Hingang, abrupt auf dem Fernsehschirm verkündet, mich unversehens in einen Weinkrampf stürzt. Er beginnt in den Tagen nach jenem Geburtstag seine Lebenserinnerungen zu schreiben und sitzt allmorgendlich an der Schreibmaschine, bis an die 900 Seiten teils hervorragender, teils chaotischer Prosa zu Papier gebracht sind. Wir wollen in diesem Frühling 1980 noch einmal nach Venedig, doch auf der Reise dahin, in Triest, befällt ihn eine Pneumonie. Mit Hilfe eines altösterreichischen Arztes, des Dr. Michelazzi, übersteht er sie, und zwei Monate darauf holen wir die venezianische Reise nach. Die Jünglingin und ich heben und schieben ihn über zahllose Brückenstufen, er kreischt, wenn er den Spalt von dem schwankenden Landungssteg zum Vaporetto überquert, aber er setzt es durch, alle unsere Stätten aufzusuchen wie in früheren Tagen. Nur die Dernière des Chéreauschen Ringzyklus, zu der wir Karten haben, sagen wir ab im August, weil uns beiden die Kraft dazu fehlt, ihm und auch mir.

Das Kummerjahr 1981 hebt an. Einen letzten Geburtstag können wir begehen, sein Buch ist fertig, doch nun korrigiert er es täglich stundenlang. Seine geliebte Person teilt mir ein Geheimnis mit – sie erwarte ein Kind –, ich flehe sie an, es ihm noch nicht zu verraten, weil er darüber unweigerlich in Raserei verfallen wird. Sie verspricht es mir. Ich soll, nachdem ich im Monat zuvor bei einem Schnitzler-Symposium in Bari war, im Mai nun zu einem Rundgespräch über Heine nach Paris. Üble Vorahnungen lassen mich zögern. Aber die kleine Polin Maria und die Jünglingin versichern mir, sie würden Flesch behüten, zur Absage bestehe kein Grund. Paris ist in Aufruhr. Mitterrand hat gesiegt und zieht mit einer roten Rose ins Panthéon, um den Geistesgrößen Frankreichs seinen Dank abzustatten. Die Stadt ist betörender denn je. Am Abreisetag treibe ich mich in der Nähe des Panthéon herum, auf meinem kleinen Lieblingsplatz, der Place de la Contrescarpe, ich laufe zurück über die Seine, zum Louvre. Das Flugzeug landet nachts in Wien. Hier betrete ich ein Trümmerfeld. Die Person hat in meiner Abwesenheit Flesch ihr Geheimnis enthüllt, er hat zu toben begonnen, hat Maria mit dem Stock attackiert, Maria hat gekündigt. Hilflos lächelnd teilen mir der aus seinem Wutrausch erwachte Flesch und die Jünglingin dies lange nach Mitternacht mit.

Ich bewege anderntags unsere polnische Hilfe, die Kündigung zurückzuziehen. Ich versichere ihr, daß ich mich keinen Tag mehr aus Fleschs Nähe entfernen werde. Wir ziehen nach Sankt Wolfgang, wo er aus seinem Zimmer im Oberstock ins Parterre umgesiedelt wird. Oft liegt er in der Bauernstube auf dem Sofabett und verschreckt Besucher. Daß ich es ihm manchmal verweigere, habe ich nachher als herzlos empfunden und mir die bittersten Vorwürfe gemacht. Theatralisch wie immer, zieht Flesch den letzten möglichen Genuß aus seiner Hinfälligkeit. Das Haus erzittert vor ihm. Und wenn er sich abends ermattet zum Schlaf rüstet, das Wrack eines Körpers, der mir so nahe war, kann ich den Anblick nicht ertragen, und die Jünglingin, ich danke es ihr noch heute, nimmt sich seiner an. Kurz bevor er ins Ischler Krankenhaus muß, weil wir die besondere

Pflege, die er nun braucht, nicht mehr leisten können, unterhält er eine Freundin Eva Lernets mit der anregendsten Konversation, deren er jemals fähig war. Im Krankenhaus charmiert er sogleich die Oberschwester. So wage ich denn zwei Tage darauf, meine Pflicht wahrzunehmen und zur Rudolf-Noelte-Premiere von *Dantons Tod* nach Salzburg zu fahren. Am nächsten Morgen die übliche Tortur der eiligen Kritik, des langen Telefonats. Nach der Mittagspause in Ischl. Flesch liegt gefaßt und ruhig da, der Arzt teilt mir wie nebenbei mit, daß ein »kleiner Eingriff« nötig sei. Um halb sechs wird er in den Operationssaal abgeholt. Vor dem Abschied: ich solle doch morgen so früh wie möglich kommen. Dann: »Hast mich lieb?« Ich: »Ja.« Er, seufzend: »Jetzt wieder.«

Tags darauf liegt er im Koma und erkennt mich nicht mehr. Dennoch fühle ich, daß er aufnimmt, was man sagt, und verfluche die Ärzte, die im Krankenzimmer laut über seinen Zustand reden. Wer ahnt die seelischen Vorgänge in solchen letzten Stunden? Ich sitze bei ihm bis abends, auch wenn er mich nicht wahrzunehmen scheint. Am nächsten Morgen ist er dahin, an einem 1. August, dem Todestag auch seines Vaters. Das Begräbnis eine Woche darauf ist schön, Männer in Ischler Tracht tragen den Sarg, der junge Pfarrer hält eine so schlichte wie kluge Rede. Doch es gibt Unstimmigkeiten. Freunde sind aus Wien gekommen, und schon am Vorabend herrscht Unfriede zwischen ihnen und der Jünglingin. Nach ihrer Abfahrt verläßt auch sie das Haus.

Drei Monate habe ich Zeit – zumeist allein in St. Wolfgang mit der kleinen Frau Maria und Dorli, dem Hund –, über die Drangsale der letzten Jahre hinwegzukommen. Wie sich zeigen wird, nicht genug. Arbeit, gelegentliche Gäste, ein kurzer Besuch der Tochter und ihres neuen Mannes, ein Zwischenaufenthalt in Wien, um die Arbeitswohnung aufzulösen, unterbrechen immer wieder die versuchte Einkehr. Anfang Oktober, am Tag vor der endgültigen Rückkehr in die Stadt, fahre ich mit Maria und Dorli mit der Zahnradbahn auf den Schafberg und steige dann mit ihnen den steilen Weg zur Alm hinunter, »eine große Anstrengung«, notiere ich, »aber der Mühe wert«.

Wenig später werde ich in Wien nach Tisch von starken Krämpfen befallen, sollte sofort zum Arzt und komme nicht dazu. Vorerst müssen einem bedürftigen Freund Kleidungsstücke aus Fleschs Garderobe übergeben werden. Dann dringt, während ich mich bereits in Schmerzen winde, die Jünglingin darauf, daß ich um sechs Uhr einer Preisverleihung an sie und andere Künstler beiwohne. Halb besinnungslos, schleppe ich mich in den Vortrags-saal. Der Abend zieht sich hin. Endlich, des Gehens kaum mehr mächtig, zum Arzt, der sofort eine Operation in die Wege leitet. Um halb elf bin ich unterm Messer, alles verei-tert, entzündet und durchgebrochen: eine Rettung im letz-ten Augenblick. Doch in einer Woche soll ich nach Deutschland, wo zu meinem siebzigsten Geburtstag eine Reihe von Festivitäten und Ehrungen vorbereitet wird. Ich kämpfe, ich reiße mich zusammen, ich zwinge das Sanato-rium, mich vorzeitig zu entlassen, ich fahre los, die Wunde bricht auf, ich liege in den Hotelzimmern von Frankfurt und Darmstadt zwischen Blumen aufgebahrt wie eine Tote und verlasse sie nur, um auf Kliniken den Verband wech-seln zu lassen und die Preise entgegenzunehmen. Ein Krankenwagen des Roten Kreuzes fährt mich zuletzt an den Zug nach Wien.

Im Dezember hat mein angegriffenes Herz sich wieder beruhigt, ist die Wunde verheilt. Es folgt ein letztes Jahr in Wien, es folgt eine neue große Freude, ein neuerlicher nie-derschmetternder Verlust. Im Januar kommt mein drittes Enkelkind, Tochter meiner Tochter, in London zur Welt. Und im August, fast genau ein Jahr nach Flesch, erliegt Pe-ter einem schweren Leiden, das er zu verdrängen versucht, gegen das er sich nicht mit aller Macht aufgelehnt hat. Zu quälend, mir die letzten Stationen in Erinnerung zu rufen.

272

*70. Geburtstag. Mit Marcel Reich-Ranicki*

*70. Geburtstag. Mit Enkelin Anna*

Doch es ginge nicht an, zu verschweigen, wie eine lebenslange Beziehung erlischt.

Im Mai 1980 hat er denn jenes Ultimatum an mich gestellt, und weil ich es nicht in seinem Sinn beantworten konnte, sich wieder ganz von mir gelöst. Ein Jahr darauf haben wir nach dem Ende des Schnitzler-Symposiums noch gemeinsam mit Heinrich Schnitzler und seiner Frau ein paar Tage in Bari verbracht, fuhren zu viert in einem Mietwagen – den freilich ich allein lenken mußte, denn ich bin ja neben anderem immer auch eine Martha gewesen – in Apulien umher, aber Peter war bedrückt, gleichsam abwesend, eben schwer krank. An seiner Wiederwahl zum Präsidenten der Akademie teilzunehmen, hat er mich dort gebeten, und in der Tat wurde meine Stimme in Würzburg dringend gebraucht. Doch als ich im Herbst in Darmstadt einen Preis der Akademie empfange, zeigt Peter sich korrekt, aber teilnahmslos. Nach dem Festakt, als ich in mein Hotelbett zurückkehre, verabschiedet er sich nicht von mir.

Wir hören monatelang nichts voneinander. Er ist umgezogen, wohnt jetzt mit der Freundin, will nichts mehr wissen von mir. Ich soll in diesem Juni wieder nach Taos fahren, wo ich vor fünf Jahren, während Flesch in Los Angeles untergebracht war, vierzehn Tage lang an der Deutschen Sommerschule der Universität von New Mexico Seminare und Vorträge über Doderer, Bernhard und Handke hielt. Aber die Herz-Ärztin verbietet mir den Aufenthalt in 3000 m Höhe, wo im Taos Ski Valley der Unterricht abgehalten wird. Zum Trost spendiere ich mir selbst eine Reise nach Übersee, zu drei Freundinnen, die mich eingeladen haben. Bei Susi Zeisl, in dem schon geliebten Kämmerchen ihres hübschen Hauses in der Montana Avenue, Westwood, mit ihr auch in Palm Springs, wo ihre Tochter Barbara, die einen Sohn Arnold Schönbergs geheiratet hat, einen kleinen Bungalow besitzt, verbringe ich glückliche Wochen. Dann nach Ottawa zu Erika und ihrem kanadischen Mann, mit ihr im Auto nach Boston und weiter zu Sabina in North Cornwall, Connecticut. Schon in Ottawa hat mich die Nachricht von Peters Krankheit, seinem sich rasch verschlechternden Zustand erreicht. So steht der Rest dieser Reise im Schatten seines drohenden Endes.

Während der Zwischenlandung in Frankfurt wird mir ein aufregender Plan nahegelegt. Ich soll im kommenden Jahr für eine Weile nach London gehen, um meine Zeitung von dort mit Kulturberichten zu beliefern. Mein lang gehegter Wunsch, diese Tätigkeit endlich aufzugeben, wird durch die Aussicht auf eine, wenn auch begrenzte Rückkehr nach England mattgesetzt. Vorerst schiebe ich die Entscheidung vor mir her. Von Sankt Wolfgang aus kann ich endlich mit Peter telefonieren. Seine Stimme klingt zum Erbarmen schwach. Mit der Tochter und ihrem Kindchen dürfen wir ihn am 5. August in München besuchen. Er hält die blühende kleine Enkelin zum ersten und letzten Mal in den Armen. Ich bin zehn Minuten allein mit ihm und nehme Abschied. Darüber kein Wort. Fünf Tage später ist er gestorben. Noch einmal fahren wir nach München, um der Gedächtnisfeier beizuwohnen. Als Peter auf dem Bogenhausener Friedhof, in der Nähe seines Freundes Kästner, bestattet wird, bin ich nicht mehr dabei.

Nun, da beide Männer, mit denen ich mein Leben geteilt habe, aus der Welt sind, kann ich die Summe ziehen. Und ich muß erkennen, was mir in den letzten Jahren immer mehr bewußt geworden ist: Peter war, trotz seiner vielen schlimmen, aus traumatischen Jugenderlebnissen rührenden Ausfälle gegen mich, ganz einfach der bessere Mensch. Er war alles, nur kein Filou. Bei ihm zu bleiben, wäre möglich gewesen. Zu ihm zurückzukehren, nimmermehr. Daß hier ein Einschnitt in meine Existenz erfolgt ist, der mir nahelegt, eine neue Richtung einzuschlagen, wird mir ebenfalls klar. Und so sage ich bald danach zu, für ein oder zwei Jahre wieder nach England zu übersiedeln. Das löst in Wien Nervenkriege aus, hat auch andere unliebsame Fol-

gen. Es wird fälschlich behauptet, ich zöge für immer davon, Leute rennen mir die Türen ein, um sich meine Wohnung zu sichern. Auch mehren sich die Zeichen, daß es mit
meiner Gesundheit nur noch bergab gehen kann. Doch wie
Flesch, der unsterblich sein wollte, setze ich mich zur
Wehr.

In den letzten Septemberwochen in Sankt Wolfgang bin
ich viel mit Thomas Bernhard und seiner klugen, gütigen,
mütterlichen Gefährtin Hede zusammen. Sie ist eine Al-
tersgenossin Fleschs, hat sich gut mit ihm verstanden, und
jetzt scheint Thomas von mir lernen zu wollen, wie man eines Tages ohne den Menschen auskommt, der einem un-
entbehrlich war. Er wirft mir vor, ihn zu Fleschs Begräbnis
nicht gebeten zu haben, er besteht darauf, sich seine Gruft
auf dem Friedhof von Bad Ischl anzusehen, auch die alte
Dame steht sinnend davor. Wir sind uns einig, daß es gut
ist, zu wissen, wo man zur Ruhe gebettet wird, und er
rühmt den Grinzinger Friedhof, auf dem er und seine Gefährtin sich bereits ein gemeinsames Grab gesichert haben.
Ein Erlebnis von makabrer Gemütlichkeit, zwischen dem
Mittagessen im Freien und dem Tee im Café Ramsauer, jenem Ort im Salzkammergut, an dem die Zeit stillzustehen
scheint.

Doch sie steht nicht still, und im kommenden Januar
muß ich wieder unters Messer. Inzwischen hat Eva Lernet
den Kampf aufgegeben und sich kurz nach Weihnachten
im Krankenhaus von Bad Ischl, wie so viele unserer Nächsten vor ihr, von dieser Erde entfernt. Im März, nach kühlen Ostern im Haus am Bach, beschließe ich, mich vor
dem Umzug nach London noch einmal in der Wärme Kaliforniens zu erholen. Umsorgt von der Freundin im
Kämmerchen der Montana Avenue, im heißen Schwimm-
bad von Palm Springs, und wieder der rührende Auf-
marsch der hochbetagten Exilanten auf Susis Terrasse,
angeführt von den Doyennes »Feuchti«, Marta Feuchtwanger, und Gina Kaus. Gina erzählt mir von äonenweit

entfernten Tagen, von ihren täglichen Telefonaten mit Karl Kraus, ihrer Affäre mit dem bisexuellen Anton Kuh.

In der letzten Märzwoche, gestärkt vor allem von den Tagen in der Wüstenluft, bin ich in Wien und packe meine Koffer. Am 7. Mai treffe ich in London ein. Im Stanhope Court Hotel, das seitdem geschlossen wurde, steige ich ab, um von dort aus die Suche nach einer Wohnung zu betreiben. Doch schon zwei Tage nach der Ankunft bin ich in Oxford bei Dodos Tochter, zu einer Kafka-Ausstellung, die ihr Mann, der kritische Herausgeber und Retter so vieler Manuskripte Kafkas aus den Klauen der Zufallserbin, in der Bodleian Library zuwege gebracht hat. Abendessen im Magdalen College. Kafkas Nichte, die großzügige Spenderin eigener Besitztümer aus dessen Nachlaß an das College, ist mit dabei. In London sogleich zu verschiedenen Adressen in Chelsea und nahe der Church Street, Kensington, meiner bevorzugten Gegend, doch in allen Fällen komme ich zu spät.

Dann führt mich Miss Sutherland von der vornehmen Agentur Chestertons zur oberen Earls Court Road und durch ein schmales Gäßchen auf einen kleinen Platz, in dessen Mitte ein paar Bäume stehen, umgeben von niedrigen, verschiedenfarbigen Häusern. Ich werde an Pariser Plätze, an die freilich ausgedehntere Place de la Contrescarpe gemahnt. Ein Haus ist möbliert zu vermieten. Ich blicke durch das Fenster und auf einen grünen Delphin – die gleiche Vase aus englischem Steingut, die seit Jahren in der Bauernstube von St. Wolfgang steht. Das Omen ist deutlich genug. Mehr noch, in dem Schlafzimmerchen im Oberstock, das mir Miss Sutherland erschließt, hängen Drucke von Rosen des Kupferstechers Redouté, wie sie Peter und mir in Originalen von der Freundin Madge zur Hochzeit geschenkt worden waren. Die gleichen Reproduktionen, aus einem Kalender geschnitten, zieren den Treppenaufgang im Haus am Bach.

Ich erkläre, das Häuschen mieten zu wollen, wenn die

*Pembroke Place und der weiße Mini*

Zeitung sich einverstanden erklärt. Langwierige Verhandlungen folgen. Noch händigt man mir die Schlüssel nicht aus. Am 13. Mai lädt Patrick, wie so oft zuvor, meine Dodo und mich zum Lunch ins House of Lords. Dann fahre ich mit ihr in ihrem kleinen Wagen zum Pembroke Place, um ihr das Häuschen zumindest von außen zu zeigen. Dodo hat Jahrzehnte in nächster Nähe, auf dem feudalen Pembroke Square verbracht. Sie blickt wohlwollend auf meinen zukünftigen Aufenthalt und sagt in aller Naivität ihrer »mühelosen Überlegenheit«: »Ja ja, hier haben früher unsere Dienstboten gewohnt.« Ich umarme sie dafür. Dann fährt sie für ein Weilchen aufs Land, zuerst zu ihrem Sohn nach Cambridge, dann zu ihrer Tochter nach Oxford. Drei Wochen später wird sie von einer Gehirnhautentzündung befallen. Ich habe sie nicht wiedergesehen.

# IX.

# Das Haus am Pembroke Place

Wer zu warten weiß, dem fällt alles in den Schoß. So ungefähr tröstet uns ein französisches Sprichwort, von dem ich
vor Jahren meiner Mutter schrieb. Aber wie, wenn wir zu
früh dahingehen, um des Ersehnten, das sich irgendwo in
den Wolken für uns bereithält, noch teilhaftig zu werden?
Oder, nicht minder schlimm, wenn es uns so spät erreicht,
daß inzwischen viel von seinem Wert für uns verlorengegangen ist? Daß ich in dem beträchtlichen Alter von 72 Jahren noch in den Genuß eines Stadthauses in Kensington
gelange, das ich mir einst so heftig gewünscht hatte, das
vielleicht die Rettung meiner ersten Ehe gewesen wäre, läßt
wieder einmal vermuten, es schalte nicht immer nur ein
Tragiker, sondern zuweilen auch ein Ironiker an den He-
beln unseres Geschicks.

Mit meiner liebsten englischen Freundin wieder an meinem eigenen Kamin zu sitzen, in solcher Nähe, daß ein ra-
scher Besuch unter Tags immer möglich ist: darauf hatte
ich mich, als die neuerliche Niederlassung in London be-
vorstand, von Herzen gefreut. Über Jahrzehnte hinweg
hatte sie mir die Treue gehalten, hatte allein oder mit ihrem
Gefährten häufig Wochen in St. Wolfgang verbracht. Und
nun war sie mir entrissen, ohne auch nur das Innere dieses
von ihr leicht belächelten, in der Tat winzigen Häuschens
am ehemaligen Wohnort ihrer Domestiken gesehen und
gutgeheißen zu haben – wie sie es sicherlich getan hätte,
denn im Grunde war sie genügsam, hatte in reifen Jahren
zu der asketischen Lebensform ihrer Vorfahren in Wilt-

shire zurückgefunden, verachtete Luxus, bestand dennoch, oder eben darum, weiterhin auf Geschmack. Die alten Regency-Tischchen, die ich im »Kensington Furniture Mart« in der High Street zusammenkaufte, um das hübsche, aber unzureichende Mobiliar am Pembroke Place zu ergänzen, hätte sie gewiß gebilligt. Und auch sonst entsprach die Einrichtung ein wenig der ihres eigenen Cottage im Milborne Grove, in dem ich oft abgestiegen war.

Aber nicht allein für sie kam ich zu spät. Manche anderen, mit denen ich gern wieder Umgang gepflogen oder die ich, erst kürzlich in ihren Dunstkreis eingelassen, nun gern wiedergesehen hätte, waren inzwischen nicht mehr am Leben oder nicht mehr für mich da. Kurz vor dem Umzug hatte ich, gemäß dem Auftrag, ihre Portraits zu schreiben, zwei der bedeutendsten Wiener in England kennengelernt. Anna Freud, die mich mehrmals empfangen hatte, in deren Haus noch Paula Fichtl herrschte und täglich die numinose Couch des Begründers der Psychoanalyse abstaubte wie seit einem halben Jahrhundert, Anna Freud war im vergangenen Oktober verstorben. Und zu Karl Popper, dessen Werk ich monatelang studiert, den ich nach Schlick, dessen Schüler er ja auch gewesen war, am meisten bewundert und den ich in seinem Wohnsitz in High Wykeham hatte aufsuchen dürfen, war die Beziehung abgebrochen. Verärgert über eine mit allem Respekt abgefaßte Wendung in meinem Aufsatz über ihn, vielleicht auch über meine sicherlich naiv geäußerten Bedenken gegenüber seiner spät entwickelten »Drei-Welten-Theorie« – in der er einer »dritten Welt« menschlicher Feststellungen, Thesen und kritischer Beweise ebenso realen Bestand zubilligte wie Stühlen oder Tischen –, hatte er mir einen verletzenden Brief geschrieben, und ich selbst hatte ihm erwidert, ich zöge mich nun enttäuscht von ihm zurück. Einmal sollte ich ihm in Begleitung seines Freundes Ernst Gombrich im Gartenfoyer der Oper von Glyndebourne begegnen. Wir reichten einander die Hand, doch nichts weiter wurde gesagt, und zu meinem Schmerz blieben wir unversöhnt.

Ein paar Wochen nach meiner Ankunft gab Melvin Lasky auf dem wunderschönen Markham Square ein Willkommensfest für mich, auf dem alte Bande wieder geknüpft werden sollten. Doch nicht viel wurde daraus. Gleichwohl kann ich nicht genug betonen, wie sehr gewisse Ernüchterungen, denen ich bei der Rückkehr in die zweite Heimat ausgesetzt war, durch immer wiederkehrende Glücksmomente aufgewogen wurden, wie sehr ich, trotz diesem oder jenem Fehlschlag meiner Erwartung, das Geschenk einer oft erträumten, nun endlich erreichten Lebensform zu schätzen wußte und auskostete in dem Bewußtsein, daß sie mir nur für eine begrenzte Spanne zugestanden war.

Unbeschreibbar das Gefühl an jenem Tag im Mai, einem Sonntag, an dem ich in den Pembroke Place einzog, mit Küchengeschirr und anderem Hausrat, den ich zuvor bei Peter Jones am Sloane Square eingekauft hatte, mit viel Gepäck und Bücherkartons, mit meinen Sommerkleidern, denn für eine Jahresgarderobe war in den Wandschränken zu wenig Raum, und mir sogleich ein Arbeitszimmerchen einrichtete mit Ausblick auf den laubbewachsenen Hinterhof. Dieser Hof war in Wahrheit ein schmaler Pfad zwischen den niedrigen Ziegelmauern der gegenüberliegenden Gärten und den kleinen, zugemauerten, aber mit vielen hohen Topfgewächsen und da und dort auch Bäumen bestandenen »Patios«, die an jedes Haus in unserer Zeile angebaut waren. Zur Linken hatte jemand vor langer Zeit einen Weinstock eingesetzt, und dessen Zweige liefen nun alle Patios entlang und bildeten auf dem meinen eine Laube, unter der wir in der Sommerhitze Kühlung finden sollten.

Mein Eintreffen hatte einige Bewohner des Pembroke Place aus ihrer Ruhe geweckt, und bald stand eine kleine Gruppe in der Nähe und blickte verstohlen zu mir herüber, ganz als wäre man auf einem Dorfplatz und nicht in einem bürgerlichen Londoner Bezirk. Ich ging hinaus und machte mich, wie es offenbar erwartet wurde, mit ihnen bekannt, es waren die Damen Penny und Mary, und ein jüngerer Mann namens Barry, die mich als neue Nachbarin begrüßten, und alle, dazu noch Maggie, die ich bald darauf traf, sind rasch meine Freunde geworden und fast sämtlich geblieben bis zum heutigen Tag. Warmherzig, teilnahmsvoll, von liebreicher Treue seit der ersten Begegnung – in all den Jahrzehnten in Wimbledon hatten wir solche Menschen nicht kennengelernt. Bald stand ich mit dem ganzen Platz auf gutem Fuße, wurde immer wieder eingeladen in dieses oder jenes Haus. In kürzester Zeit war ich eingemeindet. Der klapprige weiße »Mini«, den ich mir bald kaufte, um abends leichter ins Westend oder zu entlegenen Adressen zu gelangen, parkte auf Grund eines »Residents' permit« unbehelligt unter den Bäumen oder vor meiner Tür. Ich bekam einen Pensionistenfreipaß für die Autobusse und Untergrundbahnen. Ich beschaffte mir einen Ausweis für die »Public library«. Und selbst auf die Liste der Wahlberechtigten wurde ich gesetzt, denn ich hatte neben der wiedererworbenen österreichischen Staatsbürgerschaft die britische behalten.

Jene Geborgenheit, die ich in den euphorischen ersten Jahren meiner endgültigen Rückkehr nach Wien empfunden hatte: hier fühlte ich sie nun wieder und sollte es nicht bereuen. Wohlmeinend waren sie eben, wie es dem englischen Grundcharakter entspricht – diese älteren und jüngeren Frauen, diese oft ledigen, graziösen jungen Männer mit ihrem Windhund an der Leine, diese kinderlosen Ehepaare auf dem Pembroke Place. Nichts von dem Hochmut, gar von einer »calculated rudeness«, einer wohlberechneten Grobheit, wie man sie zuweilen von der geistigen Elite dieses Landes erfährt, war bei ihnen zu spüren. Und Mary, die betagteste und belesenste meiner Nachbarinnen, konnte mir ein wenig den Verlust von Dodo ersetzen, denn sie kam aus einer ähnlich gehobenen, ebenfalls durch und durch liberalen Schicht.

All dies aber hätte nicht genügt, um mich in England sogleich wieder heimisch werden zu lassen, hätte hier nicht auch ein Teil meiner Familie gelebt: meine gute und geliebte Tochter, die mich, da sie unweit wohnte, mit der kleinen Enkelin im »push chair« nahezu täglich besuchte, ihr Mann, aber auch die erste Frau meines Sohnes und ihr eigener Sohn, den wir alle als Mitglied des Klans ansahen, der ja auch Peters Zunamen trug. Sie alle, und Freunde von ihnen, finden sich bald an Wochenenden zum Mittagessen bei mir ein. An schönen Tagen sitzen wir im Patio auf jenen feingeschmiedeten, weißgestrichenen Gartenmöbeln, die an Brüsseler Spitzen erinnern – ein alter Wunsch von mir, doch hatte ich den eigenen Garten dazu nicht gehabt. In der großen Gärtnerei Rassells am Pembroke Square kaufe ich verzierte Tontöpfe und Pflanzen. Ringsum ist alles grün.

Mit frischem Schwung mache ich mich denn auf meine Runden: zum Ballett oder zur Oper in den ehrwürdigen scharlachfarbenen Zuschauerraum von Covent Garden – in seinem Belle-Epoque-Prunk der richtige Rahmen für diese Künste des neunzehnten Jahrhunderts, wie es einst auch das nun in weißgoldenem Reichskanzleistil wiedererbaute Interieur des Wiener Opernhauses gewesen ist; zu Ausstellungen der Royal Academy; zu Lyriklesungen im Arts Theatre oder Symposien in diesem oder jenem Institut. Noch habe ich genug Kraft für den aufreibenden Beruf, noch reißen mich die Inszenierungen am National Theatre oder im Barbican Centre der Royal Shakespeare Company aus dem Überdruß, der mich in deutschen Schauspielhäusern zuletzt so oft befallen hat. Mein schäbiger, aber wendiger Mini tänzelt durch den Londoner Verkehr, ich befahre blitzschnell meine alten Routen. In die vollgedrängten, von den englischen Automobilisten jedoch so vorsichtig umsteuerten Kreisel von Marble Arch oder Hyde Park Corner mich einzugliedern und ihnen wieder zu entgleiten, ist eine Übung, die mir Freude macht.

Die Stadt gehört von neuem mir, ich gehöre zu ihr. Doch

wie sehr hat sie sich verwandelt! Man merkt es erst, wenn man dauernd in ihr lebt. Schon im engen Umkreis, auf der Earls Court Road, neben den wenigen alten Trödellädchen die von freundlichen, fleißigen Pakistanis – zumeist des Namens Patel – betriebenen »Supermarkets«, in denen man bis in die späten Nachtstunden, aber auch sonntags alles, was man nötig hat, kaufen kann. Umgänglich auch die allenthalben tätigen Schwarzen; als Busschaffner, Bahnwärter, Verkäuferinnen in den Warenhäusern haben sie die weißen Gesichter völlig ersetzt. Aber schon kann man, wie in New York, gewisse Gegenden Londons nachts nicht gefahrlos betreten, denn die jungen Westinder, häufig arbeitslos, gar die wilden Rastafarians mit ihren furchteinflößenden Zopffrisuren, werden in wachsendem Maße kriminalisiert. Keineswegs jagen mir die Punks Angst ein, die es immer noch, und in den einfallsreichsten Kostümierungen, gibt. Doch mit einigem Entsetzen sehe ich, etwa bei einem samstäglichen Einkauf in der King Street, Hammersmith, brutale Skinheads das Blatt der rechtsradikalen *National Front* verkaufen.

Maggie Thatchers England hat, so scheint mir, dem alten Spottbild nicht des perfiden, aber des hartherzigen und eigensüchtigen Albion erst Berechtigung verschafft. Die humane Haltung der früheren Tories, ihr stets, bei unerschütterlichem Klassenbewußtsein und entschlossenem Festhalten an ihrem Besitz und ihren Privilegien, latentes Sozialgefühl, vielleicht auch nur ihr schlechtes Gewissen, das sie zu privater Wohltätigkeit anhielt und, wie Disraeli es ihnen vorschrieb, die Nöte der Benachteiligten, der »zwei Nationen« dieses Landes, nicht übersehen ließ – all das hat die Krämerstochter über Bord geworfen. Die Kluft zwischen den beiden Nationen, den Haves und Have-nots, vergrößert sich von Tag zu Tag.

Am schlimmsten sind die Mieten und Häuserpreise hinaufgeschossen. Wenn ich mir überlege, etwa doch wieder in London seßhaft zu werden, mir zumindest ein *pied-à-*

*terre* hier zu sichern, werde ich von den Kosten sogleich abgeschreckt. Meine Nachbarin zur Rechten, aus der vornehmen Familie Cavendish, beschwört mich, Nummer 12 Pembroke Place zu kaufen. Doch weder würden seine schottischen Eigentümer es veräußern wollen, noch brächte ich die horrende, in wenigen Jahren auf das Fünfzehnfache gestiegene Summe dafür auf. Daß ich hier nur von Gnaden meiner Zeitung existieren kann, wird mir klar. Aber wie lange kann ich das Gewerbe der Kulturberichterstatterin wirklich noch betreiben? Auch hier ruft die Redaktion, trotz meiner rastlosen Tätigkeit, immer wieder an, um diesen oder jenen zusätzlichen Beitrag zu bestellen. Am mangelnden Willen liegt es nicht, wenn ich nun langsam doch ermüde. Als ich Anna Freud zum ersten Mal sah, hielt sie mich für wesentlich jünger als meine Jahre. Sie fragte: »Wie machen Sie das?« Ich sagte: »Arbeit.« Sie nickte: »Ja, so hab ich's auch gemacht.« Noch wird sich, in diesem Frühsommer und Herbst, das mir auferlegte Pensum bewältigen lassen. Aber im beginnenden Winter werde ich erkennen müssen, daß ich das Jahr in London nicht verlängern kann.

Jedoch: wie heftig wünsche ich mir manchmal ein Festhalten an der wiedergewonnenen zweiten Identität! Bei Dodos Begräbnis in Oxford, das ungewöhnlich verlief, weil sie im Alter Anthroposophin geworden war und einen Gottesdienst im Sinne der Steinerschen Lehre erbeten hatte, wurde William Blakes »Jerusalem« gesungen. Erst da brach ich in Tränen aus. Mit dieser ans Herz gehenden Hymne haben die Briten seit langem ihre edelsten Ziele bekräftigt. »I will not cease from mental strife.« Auch mich rüttelt sie immer auf. Wie sehr werden wir doch von Liedern geprägt! Ich kann alle Phasen meines Lebens mit ihrer Hilfe verfolgen. Die Wienerlieder aus der Kremserschen Sammlung, die ich als kleines Kind in der Wollzeile sang. Die Brecht-Eisler-Lieder, die uns in unserer Solidarität mit den Armen, unserer Auflehnung gegen den drohenden

Nationalsozialismus stärkten. Die so naiven wie oft rätsel-
haften Nursery rhymes, die wir mit den eigenen Kindern
lernten. Die alten Volkslieder der Inseln, aus Irland und
Schottland oft. Was bewegt mich nun mehr? »Greenslea-
ves« mit seinen Anklängen an die Elisabethaner, an Shakespeares Poesie? Oder das schlichte Heurigenlied »Steht ein
alter Nußbaum drunt in Heiligenstadt«? In diesem Zweifel
ist die Schizophrenie meines Daseins beschlossen.

Nicht lange, nachdem ich mich am Pembroke Place ein-
gewohnt hatte, erschien ein Fernsehteam aus Wien, das be-
auftragt war, ein Portrait von mir zu filmen. Das ging sicherlich auf meinen Entschluß zurück, der Vaterstadt von
neuem den Rücken zu kehren. Lust an der Selbstkritik,
auch an der Selbstironie, ist ja ein Merkmal, das die Österreicher, oder zumindest ihre Hauptstädter, von den deutschen Nachbarn unterscheidet: eine Tugend, wie ich
meine, fruchtbarer als das ungeschmälerte Selbstbewußt-
sein, das ein fragwürdiger Bundespräsident ihnen später
empfahl. Da Laskys Einladung Mitte Juni auf den Tag nach
ihrer Ankunft fiel, baten die Filmleute um Erlaubnis, dort
ein Weilchen drehen zu dürfen. Ob die Zuschauer daheim
erfassen würden, wer da anwesend war, tat nichts zur Sache. Jedenfalls waren Tom Stoppard und James Saunders
gekommen, deren Stücke ich seit langem übersetzte, auch
der Philosoph »Freddie« Ayer, mein alter Bekannter, mit
dem ich in den Nachkriegsjahren manchmal allein ausge-
gangen war und der mich jetzt, obwohl er wußte, aus welchem Anlaß er hier war, mit einer Beiläufigkeit begrüßte,
die dem schon zitierten »British freeze-up« ziemlich nahe
kam.

Im übrigen hatte Melvin, nebst meiner Tochter und dem
Jugendfreund f.th., vor allem seinen eigenen Kreis um sich
versammelt, Mitarbeiter der von ihm herausgegebenen
Zeitschrift *Encounter,* die mich interessierten, mit denen
mich aber wenig verband. Die Freundschaft zu ihm und
seiner Gefährtin sollte darunter nicht leiden; wir sahen ein-

*Mit Tom und Miriam Stoppard in der Colomba, Venedig*

*Mit James Saunders*

ander danach gern und oft. Auch Jimmy Saunders fuhr häufig aus Twickenham zu mir in die Stadt. Tom Stoppard aber, in seinen Anfängen noch so zutraulich – als wir einander einmal zufällig in Venedig trafen, gingen wir wiederholt zu viert in unsere und seine Lieblingsrestaurants –, Tom hatte mit wachsendem Erfolg immer mehr die Allüren der Londoner Intelligentsia angenommen und suchte in dem ganzen kommenden Jahr kein einziges Mal meine Gegenwart. Im *New Statesman* war ich längst vergessen. Einstige Freunde, aus der akademischen Hierarchie in Cambridge in die höchsten Ränge der Londoner Kunst- und Geisteswelt übersiedelt, luden mich, kurz bevor ich England wieder verließ, einmal zu sich. Der P.E.N., nun im Vergleich zu Glebe House bescheiden untergebracht, nahm mich freundlich auf, doch die meisten Mitglieder meiner Generation waren verschwunden, und den jüngeren war ich fremd. Höflich eher als herzlich luden sie mich zu einem Glas Sherry an die kleine Bar.

Einmal fuhr ich, noch vor dem Sommer, nach Chichester, um mir dort eine Vorstellung von John Osbornes *A Patriot for me* anzusehen und zuvor Christopher Fry zu besuchen. Er war mir dafür dankbar geblieben, daß ich im *Monat* zum ersten Mal begeistert über seine frühen Dramen schrieb. Ich bewunderte ihn immer noch, seine sprachschöpferische Phantasie, seine in der Quäkerfamilie Fry überlieferte und seit der Kindheit in ihm verwurzelte tiefe Nächstenliebe und Seelengüte. Er war stiller und trauriger geworden, das Ende seines allzu kurzlebigen Ruhms hatte sein weiteres Dasein überschattet, zudem war sein Haus in »Little Venice«, am Regent's Park Canal, in dem ich vormals oft zu Gast gewesen war, mit all seinen unveröffentlichten Jugendgedichten und Briefen an seine Frau, seinem gesamten Besitz an Möbeln, Bildern, Büchern ausgeraubt worden. Ein riesiger Spediteurwagen war vorgefahren und hatte den gesamten Inhalt entleert. Nur in Chichester war Christopher Fry nun daheim. In einem seiner

288

Wohnzimmer stand ein künstlicher oder auch nur präparierter Baum, über und über bedeckt mit ausgestopften Vögeln. Ich hätte ihren Anblick nicht ertragen, aber er erfreute sich daran. Ich habe ihn einige Male in London wiedergetroffen, doch sein Eremitendasein ließ häufigere Zusammenkünfte nicht zu.

Im Sommer habe ich wenig Zeit, mich zu erholen. Anfang Juli fliege ich nach München und Wien, bald darauf lasse ich mich für einen Monat in St. Wolfgang nieder. Dorli ist wieder bei mir, auch die Jünglingin. Es meldet sich von neuem das Fernsehteam, das in London alle Stätten meiner Vergangenheit aufgenommen hat. Die Enkelin Anna darf im verwaisten Lernetschen Bootshaus meine eigene Kindheit verkörpern. Und bald beginnen die Festspiele in Salzburg, über die ich ja auch berichten soll. Zwischendurch löst eine Steuerprüfung eine Krise bei mir aus, so daß ich für acht Tage ins Spital muß. Und in der zweiten Augustwoche steht mir das Festival von Edinburgh bevor, das mich anregt, aber freilich auch anstrengt. Schon im September erhebt sich die Frage, wie das kleine, aber kühle und zugige Haus hinreichend zu erwärmen sein wird. Zu der schwachen Zentralheizung kaufe ich einen Ofen für »Calor Gas« hinzu. Und bald melden sich Krankheitssymptome, die Kälte ruft sie hervor. Auch dies ein Grund, mir bewußt zu werden, daß ich allein des Klimas wegen in meinem Alter diese Existenz nicht aufrechterhalten kann. Um so trotziger werfe ich mich mit aller Energie in die Schilderung englischer Zustände, ich begnüge mich nicht mit der Kultur, sondern dringe zu dessen Leidwesen in das Gebiet des politischen Korrespondenten ein.

Von Margaret Thatcher, nach dem von ihr gewonnenen Falkland-Krieg nun auf der Höhe ihrer Popularität, ein Bild als »britische Bellona« zu entwerfen, versage ich mir nicht: »Hatte sich dafür die Suffragette Emily Davison auf dem Derby von 1913 unter die Hufe des königlichen Pferdes gestürzt, hatten sich dafür ihre Gefährtinnen an die

Gitter des Parlaments gekettet? Keine friedliebende Freundin der Armen, eine martialische Monetaristin ist in 10 Downing Street eingezogen.« Welch unerwartete Gestalt die Hoffnungen der – in diesem Lande entstandenen – Feministinnen angenommen haben, geht mir nah. Ebenso empören mich die Verflechtungen des Mosley-Klans mit der englischen Oberschicht, denn nur zu gut entsinne ich mich der Gewalttaten der Schwarzhemden vor dem Krieg, ihres Bekenntnisses zum deutschen NS-Staat.

Die Freigabe des nahezu gesamten Dossiers des Innenministeriums über Sir Oswald Mosley und seine »Union britischer Faschisten«, aber auch eine Biographie dieses so verführerischen wie fatalen Mannes, in der sein eigener Sohn Nicholas die Jekyll-und-Hyde-Natur des jovialen Familienvaters, Frauenhelden und wüsten Demagogen rückhaltlos geschildert hat, zwingen mich geradezu, mich mit seiner immer noch virulenten Nachwirkung zu befassen. Seine Witwe, eine Schwester der unseligen Unity Mitford und selbst einstige Freundin Hitlers, ist ja dauernd um Mosleys Legende bemüht. Und schließlich werde ich im kommenden März, wenn der endgültige Abschied von meiner britischen Daseinsform schon feststeht, mit großer innerer Anteilnahme den Umschwung beschreiben, der hier seit einiger Zeit die Intellektuellen ins Lager der Tories treibt.

Wie so viele europäische Bewegungen, ist auch die »Wende« im Denken führender Geister zuerst in England erfolgt. Hier hat sich nun, als Plattform der »Neuen Rechten«, eine »Conservative Philosophical Group« etabliert, der sich äußerst scharfsinnige und redegewandte Persönlichkeiten angeschlossen haben. Zu ihren Gründern gehört der Oxforder Epistemologe Anthony Quinton, mir wohlbekannt, weil ich gegen ihn und John Julius Norwich, den Sohn des großartigen Staatsmannes Duff Cooper und dessen berühmt schöner Frau Diana, im Rahmen des »Round Europe Quiz« der BBC mehrmals amikale Wettkämpfe ausgefochten habe. Immer sind mir die beiden als Inbegriff souveräner und humaner Weltoffenheit erschienen. Nun ist Quinton, wenn auch nicht Lord Norwich, zu einer Leitfigur der Thatcherites geworden und wurde auch schon mit einer Peerage dafür belohnt.

Hat er selbst jedoch den Trennungsstrich zwischen dieser neuen und seiner einstigen »liberal-elitären« Haltung noch nicht fest gezogen, so ist sein Mitstreiter, der junge Philosophieprofessor Roger Scruton am Londoner Birkbeck College, ein Konservativer der mitleidlosesten Art. Den Begriff »soziale Gerechtigkeit« will Scruton nicht gelten lassen, er verwirft den Feminismus, die Gewerkschaften, die Anti-Atom-Kampagne, er sehnt sich nach der Rückkehr des Galgens und findet den »Klassismus« der Sozialisten ebenso schlimm wie den Rassismus der Antisemiten und Negerfeinde. Zugleich erklärt er sich gegen jede Rücksichtnahme auf die multikulturellen Bedürfnisse der ethnischen Minderheiten in seinem Land. Und sobald die Umstürze im Osten sich ereignet haben werden, wenige Wochen nach Václav Havels Einzug auf dem Hradschin, taucht Scruton auch schon in Prag auf, um diese Ansichten unter den enttäuschten Marxisten zu verbreiten.

Der Zug zu einer Neuen Rechten im britischen Geistesleben liegt nun mehr als sechs Jahre zurück. Kaum irgendwo in Europa steht der Geist noch links, und das Wort Sozialismus ist für viele zu einem Schimpfwort geworden. Aber schon damals, als ich meine schwache Stimme gegen eine Weltanschauung erhob, deren primäre Sorge nicht mehr eine gerechtere Verteilung der Güter, sondern die Sicherung des Wirtschaftswachstums war, damals schon hatten die Bezeichnungen rechts und links ihren Sinn verloren. Und weil dieses Buch mit der Beschreibung meines englischen Jahres zu Ende gehen soll – nur ein Abgesang mag ihm folgen –, darf ich hier noch einmal, wie an früherer Stelle aus Anlaß des beginnenden Kalten Krieges, meinen Standort bestimmen, an dem sich durch die Revolutionen in den früheren »Volksrepubliken« nichts geändert hat.

Am liebsten möchte ich ihn illustrieren, denn abstrakte Überlegungen, die ich möglichst vermeiden möchte, scheinen mir auch hier nicht am Platz. So erzähle ich vielleicht, was am 1. Februar 1984 in der Londoner Festival Hall geschah. Da hatten sich, zu einer vom London County Council veranstalteten Gedächtnisausstellung und Gedenkfeier zum fünfzigsten Jahrestag des Wiener Bürgerkrieges und der Vernichtung der österreichischen Sozialdemokratie, drei große britische Zeugen eingefunden: Lord Elwyn-Jones, Justizminister im letzten Labour-Kabinett, die schottische Schriftstellerin Naomi Mitchison und Dora Gaitskell, Hughs Witwe und nun als »Life peeress« Mitglied des House of Lords. Sie alle, mit denen ich mich bald nach dem 12. Februar angefreundet hatte, riefen nun in mir den Glauben an eine selbstlose, opferwillige, wahrhaft menschenfreundliche Form des Sozialismus wieder wach.

Aus Wien war zu dieser Feier ein hoher Politiker der SPÖ gekommen und hatte Elwyn, Dora und Naomi Mitchison zum Dank für ihre Hilfe zu jener Zeit die Victor-Adler-Medaille überreicht. Als er mich nach der Zeremonie im Saal entdeckte, trat er zu mir und teilte mir mit, die Ausstrahlung meines im Vorjahr gedrehten Fernsehportraits habe daheim die Gemüter erregt. Ich hatte darin in einer Aussage, die im vergangenen Juli aufgenommen worden war, den als Aufstieg betrachteten Niedergang der Sozialdemokratie in Österreich beklagt. Ich hatte, da die Verbindung der in den sogenannten »AKH-Skandal« Verwickelten mit dem »roten Nobelclub 45«, ansässig in dem von Udo Proksch geführten Demelhaus, schon bekannt waren, über die Veränderungen in der alten Zuckerbäckerei gesprochen, aus der einem nun üble Dünste in die Nase stiegen, und allgemein kein Hehl aus meinem Widerwillen gegen viele der heutigen »Genossen« gemacht.

Nach dem gestrigen Ministerrat, so sagte mir nun der

Politiker – selbst übrigens ein völlig integrer Mann –, habe man im »Pressefoyer« den Bundeskanzler Sinowatz gefragt, was mich denn bewogen haben könnte, die SPÖ derart heftig anzugreifen. Er wisse es nicht, habe der Bundeskanzler erwidert, es müßten persönliche Gründe gewesen sein. Ob das stimme, wollte der Politiker aus Wien jetzt von mir erfahren. »In gewissem Sinne ja«, sagte ich, »denn ihr habt die Ideale meiner Jugend verraten.« Daß zumindest vierzehn Jahre lang, nach dem Ersten Weltkrieg, im Rahmen einer »roten« Stadtverwaltung ein »Sozialismus mit menschlichem Antlitz« verwirklicht worden war – das kann ich bezeugen, das habe ich miterlebt. »Wo es Stärkere gibt, immer auf Seiten der Schwächeren.« Und keine neue Parole von einem »Kapitalismus mit menschlichem Antlitz« wird mich von der höheren Ethik einer rein marktwirtschaftlich ausgerichteten Gesellschaftsordnung überzeugen.

Hier will ich auch wiederholen, was ich in einem alten Roman geschrieben, worauf ich schon an früherem Ort angespielt habe und was heute so oft bestritten wird: daß die extreme Linke und die extreme Rechte zumindest in ihren Wurzeln nicht miteinander verglichen werden können. Der Emigrant Thomas in meinem Buch, der dem Kommunismus längst abgeschworen und selbst an dem Nutzen gemäßigter Weltverbesserungstheorien zu zweifeln begonnen hat, stellt eine Reihe von Fragen, die er nicht beantworten kann. Die letzten davon sind: »Wenn Hitler um den Preis von Coventry und Dresden vernichtet werden durfte, wieviel war Stalin wert? Wenn der Faschismus die Inkarnation des Bösen, der Kommunismus aber nur ein gefallener Engel war – sollte man für ihren Sturz die gleichen Opfer bringen?« Und immer noch meine ich, es dürfe trotz der entsetzlichen Praxis, in die jene beiden Ideologien umgesetzt worden sind, nicht vergessen werden, daß am Urgrund der marxistischen Lehre ein Wunsch nach jener von Scruton verhöhnten »sozialen Gerechtigkeit«, an dem der

nationalsozialistischen Bewegung ein inhumaner Herr-
schaftsanspruch liegt. Damit ist freilich nichts entschul-
digt, was in beider Namen geschehen ist.

Nie wieder habe ich mich, nach der allerletzten Rückkehr nach Wien, auf eine unmittelbare Kritik an öffentlichen Zuständen oder Vorgängen eingelassen, habe nur ein
oder zweimal, wenn meine Vorstellung von politischer
Moral allzusehr beleidigt wurde, ein kleines Zeichen gesetzt. Zu einer Instanz fand ich mich, die ich im privaten
Bereich gewiß keine Heilige gewesen bin, nicht berufen.
Die »Wende« im Bewußtsein der englischen Intelligenz
aber hat mich noch mehr erschüttert als die Entartung des
anständigen *Sozialismus militans*, wie ich ihn in der ersten
Republik Österreich erfahren hatte, zu der Korruption in
den Reihen des *Sozialismus triumphans* der Siebzigerjahre.
An die »mühelose Überlegenheit« der Engländer, in der
von Lord Asquith geprägten Formel, über die ich mich oft
genug lustig gemacht habe, glaubte ich im Grund ja auch.
Zu lange war die Überlieferung demokratischer und libera-
ler Denkformen, von der Magna Charta über Milton bis zu
den britischen Staatsmännern der Vor-Thatcher-Zeit, in
diesem Land tonangebend gewesen, als daß man nicht in
ihm deren einzigen zuverlässigen Hüter sah. Und nun gingen sie alle zu einer herzlosen Geldsack-Philosophie über
und bezogen sich auch noch auf Edmund Burke und Lord
Salisbury. Tom Stoppard hatte sich ebenfalls bald in der
»Conservative Philosophical Group« gezeigt, an deren Zusammenkünften die Regierungschefin zuweilen teilnahm.
Und die Gegenbewegung, nach meinem Abgang aus England von Harold Pinter und seiner Ehefrau Lady Antonia
Fraser in ihrem Salon unter dem Namen »June 20 Group«
ins Leben gerufen, hatte sich nach der eindrucksvollen
Verkündung einer »Charter 88« als vorübergehende Laune
der schönen Pakenham-Tochter erwiesen und ihren Impe-
tus bald wieder eingebüßt.

Gleichwohl war die Erinnerung noch wach an einen

Geistesadel, in dessen Kreis der Mangel an »charity«, wie er der Neuen Rechten anhaftete, verpönt gewesen wäre. Die wunderbare Virginia Woolf war unter anderem auch ein Snob, doch sie hätte ihr letztes Hemd zur Linderung wahrer Not hergegeben, wenngleich ihr der Geruch von Armut zweifellos widerwärtig war. Auf J.M. Keynes' Beschäftigungstheorie stützten sich die Thatcher-Ökonomen, doch ihre weit eher dem italienischen »sacro egoismo« verwandte Haltung in sozialen Dingen war ihm sicherlich fremd. Einem Nachfahr Bloomsburys, dem Sohn von Harold Nicolson und Vita Sackville-West, sollte ich damals mehr als einmal begegnen. An einem Abend im November fand in den Riverside Studios, einem ungemein lebendigen, von rebellischer Bohème betriebenen und besuchten Kulturzentrum in Hammersmith, ein seltsames Spektakel statt. Aus Paris waren Eugène Ionesco, Alain Robbe-Grillet, Nathalie Sarraute und andere Größen gekommen, um ein vergessenes Stück von Virginia Woolf aufzuführen – *Freshwater*, eine Satire auf die viktorianischen Dichter und Künstler Lord Tennyson, George Frederick Watts, Ellen Terry und eine Großtante der Autorin, die Fotografin Julia Margaret Cameron. Diese bezaubernde Abstrusität, zuerst 1935 gespielt von Mitgliedern der Familien Woolf und Bell, war nun von den eminenten Parisern ausgegraben worden. Das Ergebnis: eine englisch-französische Bizarrerie.

Unvergeßlich, wie Ionesco als Lord Tennyson mit weißem Umhängebart seinen Text mühsam aus einem Heftchen ablas, wie vollendet Nathalie Sarraute, noch dazu als behoster Butler mit Glacéhandschuhen, die Magd Mary Magdalen mimte. Vor dem Beginn war Nigel Nicolson an ein Pult getreten und hatte in freier Rede von seinen jugendlichen Erlebnissen in und mit Bloomsbury erzählt. Nachher gab es eine zwanglose Feier zu Ionescos Geburtstag – es soll der siebzigste gewesen sein –, eine riesige Torte mit unzähligen flammenden Kerzen wurde auf die Bühne getragen, und die Zuschauer, wir alle, stürmten hinauf, bekamen Tortenschnitten zu essen und Wein zu trinken, gratulierten Ionesco und verbrüderten uns mit dem Ensemble, den Herrschaften vom Nouveau roman. Im Januar darauf traf ich Nicolson bei einem der berühmten Empfänge jenes aus Wien stammenden Verlegers wieder, dessen stiller Partner er war, und er versicherte mir, dies sci der einzige literarisch-künstlerisch-politische Salon in London, auch der einzige seiner Art seit jenen von Bloomsbury. »Leider werde ich nicht immer eingeladen«, sagte Nicolson scherzhaft-traurig. Um so mehr wußte ich zu schätzen, daß ich in diesen letzten Monaten in England, und seither bei gelegentlichen Besuchen, immer wieder gebeten war. Und wenn ich, im Schoß meiner Nachbarn am Pembroke Place, gelegentlich die Gesellschaft Geistesverwandter vermißte: hier, in Lord Weidenfelds Salon in Chelsea, wären sie zu finden gewesen. Doch die mir verbleibende Zeit war zu knapp. Jene Geduld aufzubringen, die man braucht, um sich in London neue Freunde in den Kreisen der Schriftsteller, Publizisten, Verleger zu erwerben, war mir nicht mehr vergönnt.

Im Dezember schon hatte ich wieder zu kränkeln begonnen, verbrachte viele Tage im Bett. Zu Weihnachten flog ich dennoch nach Wien und besuchte am Heiligen Abend, bevor ich zu meinen Kindern fuhr, Thomas Bernhard und seine alte Dame in ihrer nahegelegenen Wohnung; es war das letzte Mal, daß ich Hede sah, ganz schwach schon und halb erloschen. Sie starb im folgenden April. Auch im Haus am Bach hielt ich mich noch eine Woche auf. An Woyzeck, der noch im Himmel donnern helfen muß, dachte ich wieder einmal, als ich an dem schönsten Schnee- und Sonnentag, während meine Familie sich zum Skilauf auf die Postalm begab, unten zu sitzen und an einem Filmskript über George Orwell zu arbeiten gezwungen war. Am Tag danach überwand ich mein Pflichtgefühl und kam mit, doch der Himmel war bewölkt und ich fror, indes die

*Mit Thomas Bernhard vor der Premiere von* Heldenplatz

anderen sich auf den Pisten vergnügten. In London war die Luft wärmer, aber es war eisig in dem kleinen Haus, die Feuchtigkeit drang ein durch alle Poren. Immer wieder auf mein Lager oben inmitten der Redoutéschen Blumendrucke getrieben, die Wärmflasche am schmerzenden Leib, fand ich mich endlich damit ab, daß ich das Angebot meiner Zeitung, mich weiter in London zu beschäftigen, würde ablehnen müssen. Am schwersten fiel mir dabei die neuerliche Trennung von meiner Tochter, die an mir hing wie ich an ihr und trotz eigener familiärer und beruflicher Lasten täglich nach mir sah.

Der Rhythmus kleiner Zusammenbrüche und trotziger Versuche, mich davon nicht unterkriegen zu lassen, setzte sich den Rest des Winters lang fort. Die Dreharbeiten zu dem Fernsehfilm über Orwell begannen, ich traf das Team in Paris und erforschte mit ihm die Gegend, in der Orwell in seinen Elendsjahren gewohnt hatte, das Haus in der Rue du Pot de Fer, noch dazu an meiner geliebten Place de la

Contrescarpe, speiste auf Kosten der Produktion in Robes-
pierres Restaurant Chez Procope und erschien dann bei
Edouard Roditi, um ihn vor der Kamera über seine Erleb-
nisse mit Orwell zu befragen. Eigentlich hätte ich bei ihm
wohnen sollen, doch er war irrtümlich nicht daheim, als
ich ankam, und so zog ich zu dem Team in ein Hotel in der
Rue de Richelieu, das mir, die ich diese Stadt zu kennen
meinte, ein ganz neues Viertel erschloß. Kaum zu glauben,
daß ich zum ersten Mal die Place de la Victoire für mich
entdeckte.

Roditi, dieser klügste und liebenswürdigste aller Exzen-
triker, gab uns willig Auskunft über jenen Eric Blair, aus
dem Orwell geworden war, und dachte keinen Augenblick
daran, sich zu zieren. Anders der letzte Vertreter, auch
Chronist, der »rosa Dekade« in England, selbst schon,
gleich den einstigen Gefährten Auden, Isherwood und
MacNeice, eine gottlob noch höchst lebendige Legende.
Stephen Spender hatte sich, ein wenig unwillig von Anbe-
ginn, zu einer kurzen Aussage bereit erklärt, doch nachdem er sie abgegeben hatte, seinen Ärger über die Störung
mehr als deutlich gemacht. Während die Geräte abgebaut
wurden, verschwand er und nahm, als wir im Hinausgehen
an der halb geöffneten Tür seines Arbeitszimmers vorbei-
kamen, unseren Dank und unsere Abschiedsworte nicht
zur Kenntnis. Sich von seinem Schreibtisch zu erheben und
zumindest mir, die ich ihm oft im P.E.N. oder in privatem
Kreis begegnet war, Adieu zu sagen, fiel ihm nicht ein.
»Calculated rudeness«, ich habe sie schon erwähnt. Wir
zogen ab wie begossene Pudel. »I hate the English intellec-
tual elite«, trug ich wütend in meinen Kalender ein.

Im März hatte mich die Universität von Californien in
Los Angeles zur Teilnahme an einer Tagung über Exil-
schriftsteller eingeladen, und so machte ich mich, auch dies
zum letzten Mal, auf in die Montana Avenue. Tom Stoppard, den ich zuvor im Haus des Verlegers traf, äußerte seinen Unmut darüber, daß ich in die Staaten und nicht zur

*Edouard Roditi im Orwell-Film*

deutschsprachigen Premiere seines von mir übersetzten Stückes *Night and Day* am Wiener Akademietheater flog. Bald darauf war unsere Zusammenarbeit beendet. Die Heilkräfte der warmen, ruhigen Tage auf Susis Terrasse, vor uns die üppige, leuchtend grüne subtropische Flora um ihren blauen »pool«, Stunden im Liegestuhl, »lime yoghurt« löffelnd oder uns erfrischend an einer Mango- oder Pomelo-Frucht, halfen mir über die Spanne bis zum Frühling in England hinweg. Dort, schon eingedenk des nahenden Abbruchs, gibt es Ausflüge nach Kew Gardens nach frühestem Muster, denn auch der Sohn hält sich vorübergehend in London auf; einen Besuch der Hampstead Heath Fair mit f.th., der mich mit Tochter und Enkelin dazu ermuntert hat; Samstagvormittage auf dem Portobello Market, wo Henekey's Pub jetzt »The Lonsdale Arms« heißt. Und für die wenige Zeit, in der ich mich seiner noch erfreuen kann, kaufe ich Pflanzen für meinen Patio ein, sogar eine Magnolie, deren nächste Blüte ich nicht mehr sehen werde, die dann auf dem Balkon meiner Tochter in der Glazbury Road steht.

Auch eine kurze Lesereise ins nahe Belgien versage ich mir nicht, ohne in Brüssel freilich dem Urbild des Flamen Vincent aus einem meiner frühen Romane zu begegnen – jenem guten, treuen und über alle Maßen sensitiven Mann, der sich bald darauf, nach fünfzig Jahren, bei mir meldet und mir seitdem die poetischsten Briefe schreibt, Illuminationen meiner späten Tage. Wenige Wochen vor dem Auszug aus Pembroke Place, denn wir haben schon Mai, fahre ich mit der englischen Familie in ihrem Wohnbus in den Lake District. Und dort gehen mir die Augen auf, denn was ich vor mir sehe, ist ein stilles, ein so gut wie unberührtes Salzkammergut, Seen und Berge von unsäglicher Anmut, doch von den Besuchern kaum gestört, denn man bewegt sich hier voll Ehrfurcht vor der Landschaft, ohne Trubel, ohne Lärm.

Ich wohne im Bauernhaus der Mrs. Batty dicht am

*Mit Fritz Thorn: im Alter*

dunklen Coniston Water, meine Kinder kampieren nahe-
bei. Nur Kühe und ihre rosigschnäuzigen Kälber auf den
Wiesenhängen, weiter oben an der Straße Ruskins pom-
pöse Wohnstatt Grantwood im viktorianischen Stil, die
wir ebenso erforschen wie Wordsworths schöne georgiani-
sche Villa Rydal Mount und sein erstes Domizil in Grasmere, das kleine Dove Cottage, in das er 1799 mit der
Schwester Dorothy zog. All die Seen – Grasmere, Winder-
mere, Derwent Water, Rydal Water, der winzige Tarn
Hows – und die Kreisstadt Keswick, in der die beiden anderen »Lake poets«, Coleridge und Southey, sich zeitweilig niedergelassen hatten. In dem unheimlich benannten
New Dungeon Ghyll Hotel halten wir uns ein wenig auf,
in den zerklüfteten Bergen rings um das Tal, den Langdale
Pikes, ist der Mann meiner Tochter, unweit in Bolton geboren, als Kind gewandert. Ich verstehe nun, daß er sich in
Sankt Wolfgang, dem leider schon so zerstörten, dennoch
zu Hause fühlt.

Am 17. Mai beende ich einen Bericht über das Londoner
Theater, »the last of its kind, I hope«. Und am Tag darauf
eine Rezension des *Elisir d'amore* in Covent Garden –
froh, diese »final exertion« hinter mich gebracht zu haben,
dennoch voll Wehmut, weil ich es sehr vermissen werde,
das scharlachfarbene Haus. Noch ein Empfang in dem
Salon von Chelsea, neben Harold Wilson und der Witwe
Anthony Edens sind einige Österreicher gekommen, der
verehrungswürdige Ernst Gombrich, Alfred Brendel,
überraschenderweise auch Josef Krainer, Landeshaupt-
mann der Steiermark. Die erste Heimat holt mich ein. Am
letzten Tag des Monats ist Nr. 12 meiner Besitztümer entleert, die nun in den Kellern der Nachbarinnen lagern dürfen, unzählige Bücherkisten und Koffer sind in dem uralten geräumigen BMW verstaut, den schon Peter in München gebraucht gekauft hat, den dann die englische Familie
übernahm und in dem ich jetzt auf den Kontinent zurück-
fahre, um ihn dort an meinen Sohn weiterzugeben. Mary,

Maggie und Penny winken, während das Ungetüm sich langsam um die Ecke in die kleine Gasse zur Earls Court Road schiebt, Tochter und Enkelin werfen Kußhände, ich bin davon. Vorbei das Jahr am Pembroke Place. Wie muß ich dem Schicksal für diese Erfüllung meines Lebenstraumes danken.

# X.

## Drei Bauernkästen

### ABGESANG

Sie standen im Laden des Vergolders und Restaurators
Alois Scherrer in der Mitte des Ortes im Schwesternhaus,
so benannt nach den geistlichen Schwestern, die lange im
Oberstock gewohnt und kleine Kinder betreut hatten, und
gegenüber vom Schloß. Das Schloß, eins mit der Fassade
des benachbarten Bürgerhauses, hatte bis ins späte acht-
zehnte Jahrhundert als Benediktinerpriorat auch hohen, ja
kaiserlichen Pilgern zur Wallfahrtskirche des Heiligen
Wolfgang Unterkunft gewährt, und nach der Säkularisie-
rung war es immer noch zum Teil im Besitz des Bistums
von Mondsee gewesen, bis der Rest dieser alten kalten
Räume in unseren Zwanzigerjahren von einem Pfarrer, der
lieber einen gemütlichen Pfarrhof mit einem Obstgarten
haben wollte, im Tausch gegen einen solchen an die weltli-
chen Miteigentümer des Schlosses veräußert worden war.

Ein Bruder des Vergolders war Malermeister, der andere
ein Kunstmaler und Holzschnitzer, den man mit Herr Professor ansprach, doch dieser war längst weggezogen und
nun Direktor an der Holzfachschule in Hallein. Der kleine
Herr Alois Scherrer im Schwesternhaus war kein geringe-
rer Künstler als der Professor, denn er hielt die wunderbaren Altäre der Kirche in bestem Stand, besonders den ba-
rocken von Schwanthaler – eine dauernde Mühe, weil das
Blattgold der vielen Engelchen immer wieder abfiel. In seinem dunklen Antiquitätenladen hatte er sogar einen gotischen Stangenengel, angeblich aus der Schule jenes Michael
Pacher, der 1481 den Hochaltar der Kirche schuf, doch der

305

Herr Scherrer verkaufte den Engel nicht, wie er auch sonst nur wenig verkaufte. Es lagen und hingen in dem schlecht beleuchteten Raum noch viele andere, schwer erkennbare Dinge herum, Truhen, Kästchen, Regale und auch Pilgerfläschchen, naive Heiligenbilder, sakrale Gegenstände aller Art, in denen wieder ein anderer Pfarrer in einer nahen Gemeinde nur altmodisches und nutzloses Gerümpel gesehen hatte und die der sachkundige Vergolder von ihm erwarb.

Die drei Bauernkästen waren nicht die einzigen in der überfüllten Düsternis, aber die schlichtesten und schönsten. Dem ersten waren zwischen einem oberen und einem unteren Viereck, in deren reliefartigen Rahmen rötliche Tulpen aus einem umzäunten Rasenstück wuchsen, zwei Zifferblätter auf die blaß marmorierte Tür gemalt, und darüber las man, links und rechts von den mit Kreuz und Herz versehenen Initialen Christi, die Zahlen 17 und 94 – das Jahr des Pariser Terreur. Der zweite war lieblich mit blumengefüllten Amphoren in den Farben Zinnoberrot und Meergrün bedeckt, sein Jahr war 1828, mitten im friedlichsten Biedermeier, und er war gekrönt von einem edel, obschon ein wenig unregelmäßig geschwungenen Architrav, wenn man es so bezeichnen kann. Der dritte und größte, nur mit vier kleinen, ebenfalls quadratisch eingefaßten Blumenpinselungen geschmückt, war 1841 im schon gärenden Vormärz entstanden und trug über einem Auge Gottes einen majestätischen Aufsatz in doppelter Schneckenform. Wir schrieben 1955. Der Herr Scherrer wollte für zwei der Kästen jeweils tausend Schilling haben, für den dritten, den Uhrenkasten, verlangte er zwölfhundert, weil dieser der älteste war.

Dann standen die drei im Haus am Bach, noch in halbleeren Zimmern, doch bald bekamen sie Gesellschaft. Dem Uhrenkasten war die feinste zugedacht. Zwei Fauteuils im Louis-Seize-Stil, nicht echt wohl, aber nachgebaut vermutlich noch im vorigen Jahrhundert, denn auch hier war die Goldfassung an vielen Stellen längst abgeblättert oder verblaßt, hatten sich im Wiener Dorotheum gefunden. Ein Sofa, mit nahezu dem gleichen Zierat und den gleichen kannelierten Armlehnen und Beinen, hatte im Schaufenster eines Trödelladens in der Chepstow Road lange auf einen Käufer gewartet; seine Verschiffung kostete mehr als es selbst. Vom Tapezierermeister Rechberger in Sankt Wolfgang einheitlich mit grünweißgestreiftem Seidendamast aus London bespannt, sahen die Möbel so aus, als hätten sie seit je zusammengehört, und der Uhrenkasten brauchte sich ihrer nicht zu schämen. Ein Barockluster an türkisch gedrechseltem Stiel war aus Salzburg hinzugekommen, und an den Wänden des kleinen Salons hingen Kupferstiche von Hogarth nebst vielen kleinen Londoner Veduten aus der gleichen Zeit.

Die beiden anderen Kästen waren nach oben gebracht worden, ins Herrenschlafzimmer der Schneckenkasten, ins Damenschlafzimmer der mit Amphoren verzierte Biedermeierschrank. Die Bewohner des ersteren, zuletzt die Enkelkinder, klagten der Reihe nach, daß im Schneckenkasten zu wenig Platz für Kleider und Schuhe sei, und hätten ihn am liebsten durch einen modernen und geräumigeren Garderobebehälter ersetzt. Er war von dunkelgebeiztem, bäuerlich geformtem Mobiliar umgeben, einem breiten Bett, später zwei schmäleren, und einem riesigen Refektoriumstisch mit mächtigem Lehnstuhl, solange Schriftsteller dort hausten. An der Wand war unter anderem ein alter Stich nach dem bekannten Gemälde der Familie Mozart von Johann Nepomuk della Croce zu sehen, auf dem die verewigte Mutter nur im Konterfei zugegen und Wolfgang Amadeus als ein recht unhübscher junger Mensch am Klavier dargestellt ist. Der Schrank im Damenschlafzimmer wurde geliebt und gehegt mehr als drei Jahrzehnte lang, vor allem des so sanften und unerklärlich beruhigenden Schwunges seines Aufsatzes wegen, den vom Bett aus wahrzunehmen immer die erste Freude eines neu erwachenden Tages war. Seine Muster wiederholten sich nicht

307

nur, durch eine glückliche Fügung, in den Fenstervorhängen und dem Bettüberzug aus englischem Chintz, seine Farben flossen auch in diesen und später noch in andere Räume des Hauses über, denn alle Tische, Nachtkästchen, Bücherregale, ja selbst die neu hinzugekauften Betten für einen späteren Anbau wurden, nachdem sie gleichfalls mit bäuerlichen Kurvenlinien gezimmert worden waren, zinnoberrot und meergrün bemalt.

An all dem verändert sich in drei Dekaden nichts. Doch der Ort Sankt Wolfgang beginnt mit dem wachsenden Wohlstand des ganzen Landes sein Gesicht zu verlieren. Die Bürger- und Handwerkerhäuser im »Markt«, zumeist noch aus dem fünfzehnten oder sechzehnten Jahrhundert, bis nun schön proportioniert und umrahmt von zart getönter Ornamentik, werden aufgestockt und mit größeren Fenstern, bäuchigeren Balkonen versehen. Es erscheinen Fresken an den frisch gekalkten Wänden, die auf hilflos steife Weise Figuren und Szenen im Trachtenkitsch darstellen. Als erstes wird der Gasthof Zum weißen Rößl ganz und gar umgebaut. Der Tondichter der gleichnamigen Operette, der nach der Rückkehr aus dem Exil seine Ferien dort verbracht hat, ist dahin und auf dem Ortsfriedhof beigesetzt. Nun entsteht am Seeufer ein Hotel im städtischen Salzburger Stil. Giebeldach, braune Holzbalkone, grüngestrichene Fensterläden sind abgerissen worden, ein gelbliches, kahles, flachdächiges Gebilde tritt an ihren Platz. Die frühere reizvolle Verwinkelung, die Sicht zum Kirchturm hin vernichtet, ganz und gar verstellt. Aber auch anderwärts ringsum schießt es nun hoch, bläht und brüstet sich in unsinnigen Dimensionen, bricht in überladene, manchmal schmiedeeiserne Verzierungen aus. Wenige Häuser nur, darunter das des Lebzelters und Konditors Wallner, dem 1520 die »Wachsziehergerechtigkeit« gewährt wurde und das seit 1606 im wesentlichen gleichgeblieben ist, zeugen noch von der uralten baulichen Überlieferung des Gnadenortes.

Dann geht es an die Natur. Daß immer mehr Behausungen die Wiesen und Gärten im Markt verdrängen, liegt im
Zug der Zeit und muß als unaufhaltsam hingenommen
werden. Jenseits des Dittelbaches aber, schon im Salzburgischen, in der von Sankt Wolfgang noch mit allem Le-
bensnotwendigen versorgten »Ried«, erstreckt sich eine
letzte große grune Fläche, wie man sie sich schöner nicht
denken kann: 42 000 Quadratmeter Gras, flankiert von
hohen Bäumen und dichten Sträuchern, in ihrer Mitte eine
Baumreihe, die sich vom sogenannten Försterheim bis zur
Seestraße zieht. Auch sie wird nun, in den frühen Siebzigerjahren, zum Baugrund erklärt, ohne daß der Naturschutz dagegen Einspruch erhöbe. Sieben riesige Apart-
menthäuser mit hunderten von Wohnungen werden darauf
errichtet – in Gottes Namen mit jenen Satteldächern, auf
denen allein die Behörde noch besteht. Nur die Form,
nicht das Ausmaß liegt den Nichtschützern der Natur am
Herzen; daß dieses Übermaß, daß die ganze Siedlung in ihrer pseudorustikalen, eintönigen Architektur der Landschaft widerspricht, kümmert die Herren nicht. Und so
wird denn auch zum ersten Mal die Ruhe des Hauses am
Bach gestört, wenn drüben auf der einstigen »Fritzwiese«
zahllose lärmende Tätigkeiten vor sich gehen, wenn mit
unerbittlicher Regelmäßigkeit motorisierte Rasenmäher
das Mahl auf der Terrasse und die Mittagsruhe ratternd unterbrechen.

Noch bleibt das Haus in diesem ehedem stillen Winkel
am Bachrand vor dem Anblick, wenn nicht den Geräu-
schen, der Kolonie am anderen Ufer verschont, Gebüsch
und Trauerweiden säumen das Wildwasser, das an Regen-
tagen und in den Zeiten der Schneeschmelze so wunderbar
rauscht, wie man es ein Leben lang nicht mehr vergißt.
Dies zur Rechten. Zur Linken läuft der ein wenig wilde,
mit Obstbäumen und Sträuchern spärlich besetzte Grund,
von dem mit den Jahren immer mehr, schließlich der
ganze, zu dem kleinen Anwesen gehören wird, bis hin zu

einer harmlosen Hinterfassade. Jenseits des verrosteten Ei-
senzaunes aber, der sich entlang der Zufahrt bis zu der
hundert Meter weit entfernten Margaretenstraße zieht,
und gegenüber dem Haupteingang des Hauses, seiner Terrasse, seinem Balkon im ersten Stock, liegt jener 60 Ar
große Naturpark des Nachbarn und Freundes Alexander,
den seine Mutter, ein geborenes Fräulein Sidonie von Holenia, dann eine Baronin Boyneburgk und schließlich, nach
der Witwenschaft, die Frau des Marineleutnants Lernet in
einer mit dem Hochzeitstag auch schon beendeten Ehe zugleich nach dem Bau ihrer Villa im Jahr 1902 anzulegen begonnen hat.

Was bis dahin ein dichtes, ungeordnetes Wäldchen gewesen war, ließ sie mit Buchen, Eschen, Ahorn, Linden,
Birnbäumen, Kastanien und Fichten bepflanzen. An der
Gartenseite des Hauses, auf das die volle Nachmittags-
sonne fiel, wurde ein Platz mit Kies bestreut und für weiß-
gestrichene Korbmöbel freigehalten. Dann dehnte sich ein
stets schöngeschorener Rasen, umstanden von Bosketten,
bis zum Anfang eines gepflegten, sorgsam durchforsteten
Haines, in dessen Mitte, auf einer kleinen Anhöhe, ein
Blockhaus errichtet wurde, das später verfiel. In diesem
Haus und Park wuchsen ihre kleinen Söhne heran, der äl-
tere, ein Baron, und der jüngere, der nur einen bürgerlichen, wenn auch einen Doppelnamen hatte, weil er von einem Onkel Holenia adoptiert worden war. Mehr als an
dem kärntnerischen Patrizierhaus, in dem er geboren war,
hing dieser jüngere Sohn an der Villa in Oberösterreich,
und er tauschte mit dem Bruder diese gegen seinen Anteil
an jenem, als die Mama in hohem Alter in ihr verstorben
war. Seit seinem fünften Lebensjahr war sie sein wahrer
Wohnort und Ruhepunkt, und selbst als ihm, dem damals
längst Hochberühmten, eine Wohnung in der Wiener Hofburg eingeräumt worden war, hat er immer wieder in seinem ramponierten Volvo aus zweiter Hand die Hauptstadt
verlassen, um in Sankt Wolfgang seinen Rasen zu mähen

und das Grab seiner Mutter auf dem Friedhof zu besuchen. Seine Sommer im Salzkammergut begannen im Juni und zogen sich bis in den Oktober hin.

In diesem Abgesang, der vor allem eine Wehklage um einen einstmals nahezu paradiesischen, nun zerstörten Flekken Erde ist, sollen die irdischen Verfehlungen und Verirrungen des Dichters Lernet-Holenia vergessen sein. Hier tut zur Sache nur seine Liebe zu seinem Haus und seinem Park, an denen er nichts ändern mochte, die ihm in vielen Jahrzehnten ans Herz gewachsen waren – nichts ändern an dem immer dichter werdenden Baumgestrüpp an dem unteren, dem Bach nahe gelegenen Ende, nichts an den Fichten, die inzwischen an die fünfundzwanzig Meter hoch geschossen waren und von denen er keine, und hätte sie selbst unter den anderen zu wenig Luft gehabt und braune Nadeln bekommen, jemals fällen ließ. Wie er denn auch aus dem Haus nichts entfernen mochte, was seit seiner Kindheit darin gewesen war, nicht die hölzernen Vorhangstangen, nicht die seit Beginn des Jahrhunderts kaum zerschlissenen Draperien, nicht die Ahnenbilder und nicht ein Stück des Mobiliars, es wäre denn die golden und silbern verzierte Wanduhr aus der Renaissance gewesen, die er, weil denn doch zu höfisch für den Landaufenthalt, eines Tages in die kaiserliche Burg übersiedelt hatte. Alles blieb beim Alten, so wollte er es, und er gewann Trost daraus, denn die Vergänglichkeit der Dinge hatte ihn seit je bedrückt.

Die Furcht davor, hier nicht ewig und für immerdar zu bleiben, hatte er schon um die Mitte der Dreißigerjahre in einem seiner schönsten Gedichte, der »Weissagung des Teiresias«, in diese Worte des Sehers an Odysseus gefaßt: »Träumtest du auch vor dich hin / über dem Wellenschlag, / wie daheim die Wiese im / Sonnennachmittag / weht, und daß der Birnbaum hoch hängt darüber her, / ach, die Wiese ist ja doch / längst die Wiese nicht mehr, / – ach, der Wald nicht der Wald mehr, ach / nicht dein Haus mehr dein

Haus! / Leise weinet nur der Bach, / der Wind geht ein und aus, / und in dem, was dir gehört, / bist du ich weiß nicht wer, – / immer, wenn einer wiederkehrt, kennt ihn keiner mehr.« Die Angst, zu gehen und nicht wiederzukehren, hat Lernet-Holenia zeitlebens begleitet, und dazu die Vorahnung, daß auch, was ihm so nah war wie er sich selbst, eines Tages ganz und gar verschwinden könnte. »Nicht du«, schrieb er später in dem Gedicht »Die Abreise«, »was du verlassen hast weicht ja / vor dir zurück, verändert sich wie eines Toten / Antlitz sich ändert, wandelt sich, schwindet. / Wie leise entstellt sich die Landschaft.«

Und wie sehr wurde wahr, was er vorausgesagt hatte! Den Besitz unangetastet zu lassen, später in die Hände eines zu legen, der dies gleichfalls zusicherte, hatte er vor seinem Tod verfügt. Seine Witwe glaubte, in seinem Sinn zu handeln, als sie das unbewegliche Gut – nicht den literarischen Nachlaß – einem entfernten Großneffen versprach, doch sie mußte schließlich erkennen, daß es ein Unwürdiger war, und zerriß ihr Testament, ohne die Kraft für ein neues zu haben. In einem »mündlichen Vermächtnis« wurde der siechen, schon verwirrten Frau am Sterbebett, vier Tage vor ihrem Tod, das gesamte, auch das anderen Neffen zugedachte dichterische Erbe abgewonnen. Und dann ging der Unwürdige ans Werk. Er leerte, kaum daß die Verblichene in der Grube lag, das Haus bis auf das letzte Bild und Möbelstück. Dann ließ er die Bäume ringsum fällen, so daß es einsam und frierend dalag, jenen Blicken Neugieriger ausgesetzt, denen sich der Dichter zeitlebens entzogen hatte. Als nichts dagegen eingewendet wurde und geschah, hieß er im Jahr darauf den Forstmeister von Sankt Wolfgang die riesigen, achtzigjährigen Fichten schlägern, an die vierzig im ganzen Park. Und als immer noch niemand eingriff, weder die Marktgemeinde noch der Naturschutz von Oberösterreich, gab er im nächsten Jahr den Auftrag, alles und jedes auf dem Grundstück abzuholzen, Ahorn und Esche, Buche, Birnbaum und Kastanien-

*Weihnachten 1986. Die Familie im kleinen Salon*

baum. Der Park, angelegt von der »Frau Baronin« Sidonie, wie sie bis zu ihrem Ende bei den Einheimischen hieß, ist nun in seiner Gänze dem Erdboden gleich. Sie selbst aber darf nicht einmal mehr im Erdreich des örtlichen Friedhofs ruhen. Der Unwürdige hat die Miete ihres Grabes nicht verlängert, eine andere Tote liegt nun darin.

Im Dezember des Jahres 1986 war im Haus am Bach ein letztes Mal das Weihnachtsfest gefeiert worden. Die Familien aus Wien und aus London hatten sich hier wieder einmal vereint, im Salon stand, in der Ecke zwischen dem Uhrenkasten und dem Louis-Seize-Sofa aus der Chepstow Road, der Christbaum, geschmückt mit uraltem und auch neuerem Zierat, darunter die im Kerzenlicht so herrlich schimmernden, aus farbigen Metallplättchen gestanzten Drei Könige, Vögelchen und Reitersmänner, ein Geschenk von Johanna Hofer, Fritz Kortners Frau. Wir sangen Weihnachtslieder und Christmas Carols. Dichter Schnee häufte sich auf der Terrasse, so daß man nur den Seiteneingang benutzen konnte, und lag in hohen Gupfen auf den zwei Laternen links und rechts von der Treppe. Dahinter, im Lernetschen Park, bogen sich die Buchen und Eschen unter der Last. Alles nahm seinen Gang, wie seit Jahrzehnten. Zu Silvester, der Schnee war inzwischen etwas eingesunken, schoß man auf der Terrasse aus leeren Weinflaschen die Raketen ab; an die Riesenbuche in jenem spitzen Winkel, der zwischen dem weiter unten am Bach sich hinziehenden »Kennewegschen« Grundstück, dem Lernetschen und dem unseren die Grenze bildete – aber noch im Lernetpark, so daß auch sie alsbald dem Vandalen zum Opfer fiel –, wurde das große Feuerrad genagelt, das seine Funken weithin versprühte, und die drei Kinder tanzten mit wild geschwungenen Wunderkerzen im Garten bis lange nach Mitternacht. Im neuen Jahr sahen wir uns die Glöckler von Sankt Wolfgang an, die mit ihren holzgestützten, bemalten und von innen erleuchteten Papiergebilden von Kirchen und Heiligenfiguren auf dem Kopf laut klingelnd ihre Rundläufe machten, und fuhren auch nach Bad Ischl, wo der Brauch noch prächtiger im Schwange war.

Ich nahm Abschied vom Haus am Bach und wußte nicht, daß es für immer war. Im Februar rief der treue Herr Hutterer bei mir an und berichtete, Holzfäller seien im

*Weihnachten 1986. Die Familie in der Bauernstube*

*Die Gupfen auf den Laternen*

*Nach der Verwüstung*

Park des Herrn Baron Lernet – dies sein Titel im Ort – und am Werk, einen völligen Kahlschlag vorzunehmen. Ich bat ihn, sogleich zum Gemeindeamt zu eilen und Beschwerde zu führen, dort wußte man nichts davon oder wollte davon nichts wissen. Niemand wehrte der Untat, bis sie ganz und gar beendet war. Ich fing zu trauern an und trauere bis heute, wie man um einen Menschen trauert, und faßte den Entschluß, Sankt Wolfgang nie wieder zu betreten und das Haus zu verkaufen. Wenn wir aber, wie ich schon geschrieben habe, nach den Verheerungen im Ort und im Umfeld einer Verfinsterung der politischen Landschaft in ganz Österreich, erwogen hatten, »ob jenes himmlische Dasein vielleicht nur ein Blendwerk gewesen sei« – jetzt, nachdem es vorüber ist, müssen wir es als die wahrste Verwirklichung eines solchen Daseins empfinden, die auf Erden möglich ist. Denn wann immer wir gezweifelt haben, wo wir hingehören oder lieber hingehören wollen, ob es London wäre oder Wien: hier fühlten wir uns, meine Kinder und ich, in jedem Fall zu Hause, und was sonst im Land geschah, das hatte uns, wenn wir auf der Terrasse an der Bachseite um den Tisch saßen oder im Lernetschen Boots-haus, so lange es uns nicht entrissen war, in der Sonne lagen und gelegentlich ins Wasser sprangen, um triefend auf die heißen morschen Bretter zurückzukehren, wenn wir bei Regen in der Bauernstube Schach und Karten spielten, oder wenn wir zum Hof und der Gastwirtschaft Aschinger hinaufstiegen, an der ab und zu die Zahnradbahn auf den Schafberg vorbeipuffte und sich der schönste Anblick dar-bot auf den See – all das hatte uns nicht berührt.

Im Herbst dieses Jahres wurde das Haus geräumt, viel-mehr wurden jene Besitztümer aus ihm entfernt, die wir dem Käufer und neuen Bewohner nicht zurücklassen woll-ten. Vieles ließen wir ihm zurück, denn die eigens für diese Räume gezimmerten und bemalten Möbel, die Vorhänge und Bespannungen, die erst vor kürzerer Zeit in Bad Ischl entdeckte hölzerne Hängelampe in der Bauernstube und die anderen Deckenleuchten gehörten nun einmal hierher, und wir hätten es gar nicht über uns gebracht, sie auseinan-derzureißen. Die Bilder denn, die Louis-Seize-Garnitur und der Barockluster im Salon, vor allem aber die drei Bau-ernkästen wurden abgeholt. Und ihr weiteres Schicksal ist es, das die nochmalige Zerstreuung einer ohnehin gespalte-nen Familie, die nur hier immer wieder zusammenkam, au-genfällig macht. Der heitere Biedermeierkasten mit den Blumenamphoren und der schön geschwungenen Linie steht bei der Tochter in ihrem Schlafzimmer in der Londo-ner St. Stephen's Avenue, und wenn er die Nähe der ähn-lich gemusterten englischen Chintzgehänge vermißt, so hat er dafür einen im Haus am Bach ausgedienten und leicht verblaßten, aber immer noch heilen Fenstervorhang aus handgewebtem Salzburger Leinen zur Seite, der grün auf weiß die gotischen Ranken alter Inkunabeln trägt. Sein Schwung wiederholt sich auch hier, durch eine glückliche Fügung, an den oberen und unteren Kanten des Ehebetts. Im Unterstock hängt die Familie Mozart mit dem unhübschen Wolfgang Amadeus, vierhändig klavierspielend mit seiner Schwester, zwischen den zwei Hogarth-Kupferstichen der »Strolling Players« und der »Beggar's Opera«, und im Vorraum und längs des Treppenaufgangs sind die kleinen Londoner Veduten an ihren Ursprung zurückgekehrt. Den Schneckenkasten hat der Sohn in jener Hälfte seines großen Wohnzimmers in einem Haus zu Füßen des Wiener Wilhelminenberges aufgestellt, in der auch der Barockluster und die abgeblätterten Goldmöbel aus dem Salon Platz gefunden haben.

Der Uhrenkasten aber hat jetzt einen unerwarteten und ihm keineswegs angemessenen, für mich gleichwohl befriedigenden Standort: in dem einzigen Raum einer Hütte, die freilich fest aus Mauerwerk und Holz gebaut ist, am oberen Ende eines Gartens zwischen Neuwaldegg und Pötzleinsdorf. Diesen, zuvor noch seinen Nebengarten, habe ich aus dem mir verbliebenen Anteil an dem Erlös des Sankt Wolfganger Hauses gekauft, und nur, weil beide ganz und gar umgeben sind von bewaldeten Hängen. Vorne sieht man den Schafberg, nicht den uns früher vertrauten, doch dieser heißt nun einmal ebenso, hinten den Michaelerberg, dazwischen läuft im engen Tal ein Fahrweg, der mittendurch gesperrt und den Anrainern vorbehalten ist, und an den abschüssigen Grundstücken, die von ihm bis zu einem Bachgerinsel am Waldesrand reichen, liegen nichts als Gärten, Ziergärten, keine Schrebergärten, und auf nahezu jedem ein kleines Blockhaus oder auch nur ein Schuppen für Klappmöbel und Gerät. In meiner Hütte thront der Uhrenkasten, der um ein Haar an die niedere Decke stößt, neben Korbstühlen und einem großen Sofabett, einer »Denise«, auf der, wie auch in dem kleinen, durch eine Leiter mit dem Raum verbundenen Kämmerchen unter dem spitzen Dach, die englische Familie auf Sommerbesuchen nächtigen kann. Die Gärten, die Bäume, die Sträucher, das Geißblatt, die Rhododendren und Azaleen, das Weinlaub, die Rosen, der Blick auf nichts anderes

*Hütte im Wienerwald*

*Die grüne Michaelerwiese*

als das dichte Grün des hügeligen Wienerwaldes: es ist eine späte Gunst, die mir zuteil geworden ist und meinem Leben eine letzte, unverhoffte Helligkeit verleiht.

Neulich erschien mir Flesch im Traum, heiter, überlegen wie in seinen besten Zeiten, und begleitet von dem Nachspiel des letzten der Vier letzten Lieder von Richard Strauss. Zu welcher Musik möchte man in die Ewigkeit, oder in das Nichts eingehen? Ich hatte mir immer eine Schubertmelodie gewünscht. Oder die c-moll-Sonate von Telemann für Oboe und Cembalo. Und nun drängte sich dieser Ausklang des Strauss-Liedes auf – wie sind wir wandermüde –, in dem das Motiv von *Tod und Verklärung* sich wiederholt. Nun gut, sage ich mir, wenn das der Vorschlag aus dem Jenseits ist, dann will ich ihn annehmen. Ich habe mich im Grunde immer einem Wink, der von außen kam und einsichtig war, gefügt.

# Namenregister

321

331

## BILDNACHWEIS

Für die freundliche Genehmigung zur Veröffentlichung des Bildmaterials danken wir:

Archiv für Kunst und Geschichte, Berlin: S. 77

Bildarchiv der Österreichischen Nationalbibliothek: S. 170

Bildarchiv Preußischer Kulturbesitz, Berlin: S. 20 unten, 289

Bilderdienst Süddeutscher Verlag, München: S. 46, 68, 118, 171

Bilderdienst Ullstein, Berlin: S. 20 oben, 33, 92, 114, 158, 163

Aus ihren eigenen Beständen hat die Autorin die übrigen Aufnahmen zur Verfügung gestellt: S. 17 (Foto Berger, Berlin), 18 (Foto Berger, Berlin), 48, 64, 71 oben (P. u. J. Severin, Berlin), 71 unten (Foto Berger, Berlin), 72, 104, 107 (Foto Ernst Kloss, Wien), 120 (Foto Ferruzzi, Venezia), 123 (Foto G. A. Duncan, Dublin), 125, 166 (Copyright Rowohlt Verlag, Reinbek), 177, 198, 223 oben, 223 unten, 230 oben (Foto Joco Znidaršič, Ljubljana), 230 unten, 234, 242 (Foto Bellingrath, Wien), 246 (Foto Bellingrath, Wien), 250 (Foto Bellingrath, Wien), 258, 264, 273 oben, 273 unten (Foto Bellingrath, Wien), 278, 287 oben, 287 unten (Foto Bellingrath, Wien), 298 (Foto Kurier, Wien), 300, 302, 313, 315 oben, 315 unten, 316, 319 oben, 319 unten

# Hilde Spiel

# Die hellen
# und die finsteren Zeiten
### Erinnerungen 1911-1946

240 Seiten mit 50 schwarzweißen Abbildungen,
Leinen

»Die Lebenserinnerungen von Hilde Spiel haben
eine ganz ungewöhnliche Kraft über den Leser; sie
suggerieren keine Sentenzenweisheit, keine Summe
des Lebens: sie wiederholen Lebenszeit und ändern
den Leser.«

*Frank Schirrmacher, FAZ*

»... Die hier zu Worte kommt, äußert sich als Zeu-
gin der Epoche, als Geschöpf und auch als Opfer
ihrer Zeit ...«

*Marcel Reich-Ranicki, Die Weltwoche*

# LIST